MADAME ÉLISABETH,
SŒUR DE LOUIS XVI

Élisabeth Reynaud

MADAME ÉLISABETH,
SŒUR DE LOUIS XVI

ÉDITIONS FRANCE LOISIRS

Édition du Club France Loisirs,
avec l'autorisation des Éditions Ramsay

Éditions France Loisirs,
123, boulevard de Grenelle, Paris.
www.franceloisirs.com

© Éditions Ramsay, Paris, 2007.
ISBN : 978-2-298-01041-1

À tous mes anges.

« C'est dans la mort que l'amour est le plus doux. »
NOVALIS

Avant-propos

Cette nuit-là, le 16 octobre 1793, dans les cachots humides de la Conciergerie, se tient une jeune femme maigre, exsangue, méconnaissable. Elle fut blonde. Les angoisses ont blanchi ses cheveux.

Elle perd son sang comme si sa vie s'en allait peu à peu. Elle est privée de toute intimité. Les geôliers la dévisagent en ricanant ; jusqu'aux abords de sa couche misérable. Elle a demandé des linges et s'est changée derrière un paravent de fortune. Silencieuse et résignée, digne dans ce dénuement.

C'est la reine de France, Marie-Antoinette de Lorraine Habsbourg, française par son père, le duc François de Lorraine, et autrichienne par sa mère, l'impératrice Marie-Thérèse qui régna sur la cour de Vienne de 1740 à 1780.

Dans cette aube grise, précédant son supplice sur l'échafaud, elle emploie ses dernières forces à écrire une lettre à sa jeune belle-sœur, Madame Élisabeth.

Celle-ci, incarcérée à la prison du Temple, reste auprès de sa nièce, Marie-Thérèse, dite Madame Royale, âgée de douze ans, et du petit Dauphin, Louis XVII, âgé de huit ans. Il est, pour sa part, confié aux soins avinés du savetier Simon, qui lui apprend principalement à s'enivrer et à proférer des injures. Au point que l'enfant mourra dans cette indignité deux ans plus tard.

La reine ne s'adresse plus à son neveu François II, l'empereur d'Autriche, qui vient de succéder à son père, Léopold II. Il n'a rien tenté pour la sauver. Il s'est payé de mots dans des courriers qui ne l'engageaient à rien. Des intérêts politiques puissants ne lui ont pas permis d'aller s'aventurer dans ce guêpier qu'est devenue la France révolutionnaire aux yeux de l'Europe. Elle n'écrit pas plus à l'homme qu'elle a aimé à la folie, le comte Axel de Fersen. C'est trop tard. Ni même à ses enfants qu'elle adore et dont on l'a tôt séparée, de façon brutale et inutile.

Elle écrit à sa « tendre sœur », Madame Élisabeth, sœur de Louis XVI, guillotiné cette année-là, le 21 janvier 1793. Elle écrit cette lettre chargée de larmes et de taches d'encre, où elle la conjure de ne jamais laisser ses enfants se désunir, ni tenter de venger leurs parents. Dans un sanglot, lui échappe le cri ultime : « Je vous embrasse de tout mon cœur, ainsi que ces pauvres et chers enfants. Mon Dieu, qu'il est déchirant de les quitter pour toujours ! Adieu, adieu… »

Élisabeth ne recevra jamais cette lettre.

La missive fut d'abord conservée dans les papiers de l'accusateur public, Fouquier-Tinville, qui, lui-même, fut condamné à mort par le Tribunal révolutionnaire ; ses documents furent saisis par les agents de l'inventaire. Elle ne revint au jour qu'en 1816, contresignée par les officiers des différents bureaux où elle était passée. On peut la voir aujourd'hui exposée au musée de l'Histoire de France.

Par-delà les affres de l'histoire, la folie des hommes et le déchaînement de la haine qui broie toute humanité, deux femmes se rejoignent pour un dernier adieu, unies dans la tourmente par un lien de sang.

Au cœur de cette tourmente qui déchire la France se dresse, incorruptible et droite, la figure claire et fraîche de Madame Élisabeth, née le 3 mai 1764.

Elle sera elle-même guillotinée le 14 mai 1794. Jour pour jour, vingt ans après la mort de son grand-père, Louis XV le Bien-Aimé, emporté par la petite vérole à l'âge de soixante-quatre ans. Elle venait d'avoir trente ans.

De sa naissance à sa mort, chaque coup du sort, et ils furent incessants, fut un coup de couteau qui tranchait les amarres d'une âme s'élevant chaque fois un peu plus haut. Comme une alouette en plein vol, ivre de liberté.

Sous le règne de Louis XV, dévots et libertins

Au Registre des Baptêmes de l'Église Royale et Paroissiale de Notre-Dame de Versailles, diocèse de Paris, pour l'année 1764, on trouve l'extrait suivant :

« *L'an mil sept cent soixante-quatre, le trois may, très haute et très puissante princesse* Madame Élisabeth Philippine Marie Hélène de France, *née d'aujourd'huy, fille de très haut, très puissant et excellent prince Louis, Dauphin de France, et de très haute, très puissante et excellente princesse Maris-Josèphe, princesse de Saxe, Dauphine de France, son épouse, a été baptizée par Monseigneur Charle-Antoine de la Roche-Aimon, archevêque-duc de Reims, pair et grand aumonier de France, en présence de nous curé soussigné. Le parein a été très haut et très puissant prince Dom Philippe, infant d'Espagne, duc de Parme, Plaisance et Gustalle ; la mareine a été très haute, très puissante et très excellente princesse Élizabeth, princesse de Parme, Reine douairière d'Espagne. Le parein représenté par très haut et très puissant prince Louis-Auguste de France, duc de Berry, et la mareine représentée par très haute et très puissante princesse Madame Adélaïde de France, fille du Roy, qui ont été nommés l'un et l'autre à cet effet. Sa Majesté présente à ce baptême.* »

La petite princesse Élisabeth, que l'on croyait trop frêle pour survivre, fut donc baptisée de toute urgence le jour même de sa naissance en présence du roi Louis XV, son grand-père. Elle porte les prénoms de son parrain et de sa marraine qui, n'ayant pu se déplacer aussi soudainement, sont représentés pour la cérémonie par les proches de la famille. Le frère aîné d'Élisabeth, duc de Berry et futur Louis XVI, âgé de dix ans,

13

remplace le parrain. Et l'une de ses tantes, fille de Louis XV, Madame Adélaïde, qui prendra son rôle très au sérieux, remplace la princesse Élisabeth de Parme. La mère de la petite, et de son frère, le futur roi, est d'origine allemande, princesse de Saxe. Ce qui est assez piquant puisque le plus chaud grief qui sera fait à Marie-Antoinette, son épouse, sera d'être de mère autrichienne.

Il sera commode d'oublier que le père de Marie-Antoinette est un prince lorrain tandis que la mère de Louis XVI est une princesse allemande ! Mais ces deux-là n'ayant pas régné, il faut croire qu'ils ne comptent pour rien dans les dynasties.

En effet le Dauphin et la Dauphine de France, Louis Ferdinand, fils de Louis XV, et Marie-Josèphe de Saxe, son épouse, ne régneront jamais. Élisabeth est leur huitième et dernière enfant. Ils en ont déjà perdu trois : leur fille aînée morte en 1755 à l'âge de cinq ans, le petit duc d'Aquitaine mort à un an en 1754, et surtout, si l'on peut dire, la prunelle de leurs yeux, le duc de Bourgogne, héritier présumé du trône, mort le 22 mars 1761 à l'âge de dix ans.

Ils avaient mis en lui tous leurs espoirs, pensant qu'ils trouveraient dans leur fils aîné un successeur idéal qui les consolerait de ne pas avoir eux-mêmes régné. L'enfant est impérieux, pénétré de son destin, il se conduit en souverain envers son frère cadet, Louis Auguste, étonne ses maîtres par sa maturité d'esprit et fait montre d'un incroyable orgueil en de multiples circonstances. Louis XV s'entiche de son petit-fils, ignorant à peu près les suivants, le comte de Berry, qui sera Louis XVI, le comte de Provence, futur Louis XVIII, né en 1755, et le comte d'Artois, futur Charles X, né en 1757. Puis viendra la sœur chérie d'Élisabeth, Clotilde, née en 1759, cinq ans avant la petite « Madame Dernière », comme on surnomma Élisabeth dans son jeune âge.

Bourgogne, malgré ses prétentions au trône, est atteint, après une chute de cheval, d'une vilaine tumeur à la hanche qui le fera cruellement souffrir et le conduira à la mort. Une maladie opportune évite à Louis de participer aux funérailles de ce frère qui lui donnait, cloué sur son fauteuil de douleur, de sévères leçons de morale et le tenait dans une servitude odieuse.

Louis quitte donc sa gouvernante, Mme de Marsan, grande dame née Marie-Louise de Rohan-Soubise, veuve d'un prince de Lorraine, le comte de Marsan. Il poursuit maintenant son éducation sous la férule du duc de La Vauguyon, précepteur sombre et grandiloquent, qui écrase le jeune prince sous le souvenir imposant de son frère martyr.

Il rappelle sans cesse à son élève qu'il ne doit son rang qu'à la mort injuste de son incomparable frère. Le spectre de ce frère idéal hantera à tout jamais l'esprit de Louis, exerçant sur sa vie une influence castratrice. N'est-il pas destiné lui-même à s'offrir en sacrifice, soit en imitant celui qu'on lui présente comme un modèle de perfection, soit parce que telle est la promesse faite à celui qui accédera injustement au trône ? Il écoute les prêches en silence et s'enferme dans un mutisme obstiné.

Mais les deuils vont scander de façon tragique l'enfance du jeune prince, taciturne, emprunté, qui se prend d'amour pour la petite sœur dont il est le parrain par procuration. En effet l'infant d'Espagne, Dom Philippe, est bien loin et la petite Élisabeth va bientôt se retrouver, ainsi que ses frères et sœurs, privée de ses parents.

Louis Ferdinand, aigri par l'impossibilité de régner où le maintiennent la vitalité et le despotisme de son père, et qui se sent blessé par la dépravation de la cour, sombre dans la maladie et se met à maigrir dangereusement. Aux portes de la mort, vexé de voir ce fils indigne du trône prêt à lui succéder, en passant devant lui, il répond aux larmes du jeune garçon à son chevet par ces mots cruels : « Eh bien, mon fils, pensiez-vous donc que je n'étais qu'enrhumé ? » Puis il meurt ayant recommandé au roi son père de « laisser sa femme maîtresse absolue de l'éducation de ses enfants ». Il a lui-même écrit un testament spirituel à l'intention de son héritier, intitulé : *Écrits pour l'éducation de mon fils de Berry.* Élisabeth a un an et demi, elle est déjà la source de consolation de son frère.

La Dauphine, sa mère, fait tendre ses appartements de noir et ne s'éclaire plus qu'à la bougie jaune, s'abîmant dans un désespoir morbide. Elle fait exécuter et placer dans sa chambre une réplique en miniature du monument funéraire de son défunt époux. Puis, prise d'une fièvre nouvelle et mystique, à bout de forces, elle rédige un plan d'éducation pour faire de son fils un roi saint, à l'image de Saint-Louis. Elle s'écrie : « Puissé-je, comme la reine Blanche, voir germer les pieux sentiments que je ne cesserai jamais de vous inspirer ! » Religion, justice et moralité sont les trois mots d'ordre qu'elle lui donne en mourant.

Les cinq enfants sont orphelins. Ils appelleront désormais leur grand-père « Papa-Roi ». Élisabeth n'a pas tout à fait trois ans. Elle va devenir une petite sauvage. Éprouvant ses gouvernantes jusqu'aux limites de leur résistance. Orgueilleuse, indocile, volontaire, coléreuse, elle donne beaucoup de mal à Mme de Marsan, puis à Mme de Mackau, venue remplacer cette dernière qui n'en peut plus.

La reine Marie Leczinska, épouse de Louis XV, meurt à son tour le 24 juin 1768. Ces deuils successifs assombrissent la cour, sans pour autant entamer les plaisirs du roi. Soupers fins, bals, réceptions se succèdent à un rythme soutenu. Le souverain s'abandonne à sa passion pour sa nouvelle favorite, Mme du Barry. Le 22 avril 1769, il lui prend même le caprice de la présenter officiellement à la cour. Mesdames Tantes, les quatre – vieilles – filles de Louis XV, sont consternées. Elles ne se font pas faute de monter le jeune Dauphin contre elle, toutes aigries, jalouses et bigotes qu'elles sont. Adélaïde, l'aînée, est impérieuse et revêche, Victoire est si douce qu'on ne l'entend pas, Sophie est une ombre aux côtés de sa sœur aînée et Louise, chétive mais ardente, se propose d'entrer prochainement au carmel de Saint-Denis ; pour racheter la vie dépravée de son père, dit-on. Victoire, Sophie et Louise ont d'ailleurs été élevées à l'abbaye de Fontevraud, par mesure d'économie. Cela évitait que leur « maison » soit trop nombreuse. Elles y resteront dix ans pour Victoire et douze ans pour Sophie et Louise. Elles en ressortent très endommagées, avec l'obsession dévote chevillée au corps.

Mais « Papa-Roi », comme l'appellent les orphelins royaux, manifeste à ses petits-enfants une réelle tendresse. Il les voit chaque matin chez Madame Adélaïde où il prend son café depuis la mort de la Dauphine. Madame Élisabeth monte sur ses genoux et l'entoure de ses petits bras sans aucun égard ni pour son grand âge ni pour son rang. Le splendide vieillard ne l'impressionne pas. Il lui rend d'ailleurs ses caresses, et marque une nette inclination pour cette petite fille impétueuse et emportée.

Quant à Louis Auguste, profondément choqué de voir son grand-père installer sa favorite dans l'appartement qu'occupait sa mère, Marie-Josèphe de Saxe, deux ans auparavant, il fuit tout commerce charnel comme la peste et considère que les frasques de son grand-père, follement amoureux de la du Barry, comme menant droit aux enfers. Le vieux souverain et son petit-fils ne se retrouvent qu'aux parties de chasse. Encore que Louis se garde bien de participer aux fins soupers qui les suivent, organisés par les soins de la triomphante maîtresse du roi. Il partage néanmoins avec son aïeul cette passion de la chasse qu'il transmettra à sa petite sœur Élisabeth et à sa femme Marie-Antoinette.

La petite sauvageonne

Que devient la petite fille sous les ors des salons de Versailles ? Elle échappe sans cesse à ses gouvernantes, s'adresse aux serviteurs sans aucun souci de l'étiquette, donnant bien du fil à retordre à ses éducatrices.

Celle qui remplace la mère disparue et dirige toutes les autres est la gouvernante des Enfants de France, Mme de Marsan, roide et sévère. Ses principes stricts ne s'accommodent pas du tout des incessantes lubies de « Madame Dernière ». Autant la princesse Clotilde, douce, docile et souriante, la comble de satisfactions, autant Élisabeth, vive et fluette, toujours en mouvement, lui échappe totalement. La première est ronde, gourmande et indolente, ses joues pleines comme une lune lui ont valu le surnom de « Gros Madame ». Elle obéit sans protester à tous les ordres qu'on lui donne pendant qu'Élisabeth s'enfuit dans les allées de Versailles comme un poulain échappé, ne tient aucun compte des défenses et des interdictions, s'approche du canal et des pièces d'eau au risque de culbuter en se penchant pour voir les poissons. Elle galope jusque dans les endroits les plus reculés, jette ses balles dans les bassins et appelle à grands cris pour qu'on vienne les retirer. Le jardinier descend dans l'eau et ressort ruisselant. Élisabeth trépigne de joie et bat des mains comme au spectacle. Elle affole tout le monde en se cachant dans les buissons ou derrière les statues. Déjà on la croit noyée au fond du canal, quand soudain Clotilde, qui sait toujours où la trouver, découvre sa petite sœur et la ramène non pas contrite mais toute prête à recommencer. Elle écoute à peine la semonce et cherche ce qu'elle pourrait bien encore faire pour déjouer la surveillance perpétuelle dont elle est l'objet.

Clotilde lui est sans cesse montrée en exemple pour ses nombreuses qualités, tandis qu'elle ne reçoit que réprimandes et punitions pour son indiscipline. Elle devient peu à peu jalouse de son aînée. Ainsi le jour où elle demande le droit d'aller nourrir les oiseaux de la volière, et qu'on lui oppose un refus catégorique en représailles de sa mauvaise conduite, elle rétorque : « Si ma sœur Clotilde vous avait fait cette demande vous la lui auriez certainement accordée ! »

Lorsque Mme de Marsan conduit les petites Mesdames chez le roi ou chez leurs tantes, l'exercice se révèle des plus compliqués. En traversant les longues galeries, les appartements dorés et les nombreux escaliers, Clotilde marche sagement à côté de sa gouvernante. Élisabeth lui lâche la main pour aller se regarder dans les miroirs, court au-devant et prend la fuite pour aller interpeller les hommes de garde. Il faut sans cesse la chercher et la réprimander malgré toutes les recommandations qui lui ont été faites avant l'expédition.

Pendant la visite à Mesdames Tantes, Mme de Marsan tremble devant ce que la petite fille va inventer ; elle craint toujours une inconvenance ou une réflexion saugrenue. Il y a des fleurs, des oiseaux, des chiens qui l'intéressent bien plus que ses vénérables aïeules. Sa révérence expédiée, elle se précipite sur ses chiens favoris pour leur tirer la queue, les oreilles ou les embrasser à la folie.

— C'est à mesdames vos tantes que vous faites une visite, lui rappelle sévèrement Mme de Marsan, cessez de vous occuper de ces animaux !

— La visite m'ennuie, répond l'incorrigible, je préfère m'amuser avec les chiens.

Et, de fait, les relations sont distantes entre Madame Adélaïde et sa petite-nièce, dont les tempéraments sont à l'opposé. Car le clan des Tantes ne voit les enfants que quelques minutes chaque jour, selon la sacro-sainte étiquette, qui ne leur permet pas de se mêler de l'éducation de leurs nièces. Les enfants vivent à l'écart, à l'extrémité de l'aile du Midi, au-dessus de l'Orangerie.

Chez Madame Adélaïde ou dans le salon de musique blanc et or qui donne sur la cour de marbre, la gouvernante conduisant les deux orphelines a pu croiser le jeune Caron, futur Beaumarchais, qui s'infiltre au château par tous les moyens. Il a dès longtemps compris qu'en s'attirant les bonnes grâces des vieilles filles désœuvrées, il s'ouvrait un accès à la cour. Il leur joue de la harpe, de la viole ou de la guimbarde au cours de petits concerts où elles invitent le roi.

Un jour, Mme de Marsan conduit ses élèves dans un couvent qu'elle visite, ce qui ennuie fort Élisabeth. Aussi la petite fille exige-t-elle, pour accepter d'entrer à la chapelle, de quitter sa robe à volants et ses jupons de coton et de revêtir un habit de novice. Elle déclare qu'elle n'entrera pas sans cela. On tente de la détourner de cette nouvelle lubie, mais Mme de Marsan a beau la raisonner et la supérieure des religieuses lui expliquer qu'il n'y a pas de costume à sa taille, Élisabeth se hausse sur la pointe des pieds et proteste avec colère : « J'ai cinq ans et je suis grande maintenant ! »

Mais il lui faut renoncer. Alors, butée dans son entêtement, elle refuse de parler et de regarder qui que ce soit pendant toute la visite.

Clotilde a mieux compris sa petite sœur que ne l'a fait Madame de Marsan. Elle sait combien l'enfant manque d'amour. Elle cherche l'occasion de montrer son vrai tempérament. Élisabeth tombe malade et doit rester couchée quelques jours. Clotilde supplie qu'on la laisse soigner la petite malade. Mais Mme de Marsan, ne voyant pas ce qui lie profondément les deux orphelines, refuse prétextant la jeunesse de Clotilde. On lui accorde seulement de mettre son lit dans sa chambre pour jouer le soir avec elle et la distraire. Élisabeth est enchantée de ce nouvel arrangement qui brise la monotonie des jours. Clotilde joue les petites mamans. Élisabeth, touchée de la tendresse de sa sœur, n'est plus jalouse, elle a désormais une alliée dans ce désert affectif qui la rongeait jusque-là. Elle guérit en un éclair et se trouve riche d'un nouvel atout, l'amour de sa sœur, qu'elle n'avait pas soupçonné.

Mais à cinq ans et demi, elle ne sait ni lire ni écrire. La préceptrice se désespère : Élisabeth se moque bien des lettres de l'alphabet. Elle détourne la tête, bâille, demande quand cela se

21

termine, pose toutes sortes de questions hors sujet. Mme de Marsan, prévenue, commet une nouvelle erreur en la réprimandant sèchement :

— Il est honteux de ne pas savoir lire à votre âge. La paresse est un vilain défaut. Une princesse doit donner l'exemple.

Blessée, la petite fille, répond :

— Pas du tout ! Au contraire ! Les princes et les princesses n'ont pas besoin de savoir lire et écrire !

— Comment cela ? s'écrie Mme de Marsan indignée, une princesse ne peut rester ignorante comme une gardeuse d'oies !

— Si ! reprend Élisabeth, il y a toujours auprès des princes et des princesses des gouvernantes et des dames d'honneur qui sont là pour lire et écrire à leur place. Ce n'est donc plus la peine de m'ennuyer avec cet horrible alphabet.

Choquée, Mme de Marsan s'éloigne, pensant que son élève est irrécupérable. Elle se voit devenir impuissante à lui inculquer quelque connaissance que ce soit.

Clotilde, désolée, s'approche de sa sœur :

— Écoute, Babet, nous allons faire une surprise à tout le monde. Je vais t'apprendre à lire en cachette sans que personne le sache. Tu verras, ce sera très amusant de les surprendre. Et quand tu sauras lire, tu ouvriras un livre devant Papa-Roi, Mme de Marsan tombera à la renverse, grand-père te prendra dans ses bras et l'on fera une grande fête pour toi.

Comme cela, c'est tout différent. La gageure séduit Élisabeth. Elle se jette au cou de sa sœur et lui promet d'apprendre avec elle ce qu'elle a refusé jusque-là.

Tous les jours, quand elles sont seules – plus souvent qu'on ne pourrait le croire –, dans l'appartement des Enfants de France, Clotilde apprend à sa sœur les lettres, les syllabes, les mots puis les phrases. En quelques semaines, Élisabeth lit couramment et écrit même des petites phrases de cette grande écriture déjà ferme et nette dont il nous reste quelques exemples. Mme de Marsan n'a plus lieu de s'affliger. Clotilde a gagné. Élisabeth aussi.

Les deux petites ont le droit d'assister aux leçons d'équitation de leurs frères. Tous trois montent parfaitement à cheval. C'est le coup de foudre. Élisabeth s'écrie :

— Moi aussi je veux monter à cheval, tout de suite ! Amenez-moi un cheval, j'en veux un !

Les officiers et les écuyers s'amusent de ce nouveau caprice et proposent à Mme de Marsan d'aller chercher une monture. Celle-ci, horrifiée de la mauvaise tenue de son élève, répond vertement qu'il ne peut en être question. Madame Élisabeth attendra l'âge fixé pour les premières leçons d'équitation d'une princesse royale, à sept ou huit ans. Élisabeth fait une colère, tape du pied, laisse éclater sa rage. La séance est interrompue. Mme de Marsan décide de rentrer sans délai au château. Clotilde, pour adoucir la mauvaise impression, est tout sourire et amabilité, donnant sa main à baiser aux écuyers qui l'entourent. Élisabeth se détourne en pleurant et suit sa gouvernante le cœur déchiré. Elle sera plus tard et d'ici peu, une excellente cavalière, folle de chasse à courre, suivant ses frères à Versailles, Fontainebleau, Montreuil ou Choisy.

De retour au château, Mme de Marsan fait un long discours à l'enfant révoltée, mais ses paroles glissent comme sur les ailes d'un oiseau. Élisabeth détourne ses regards avec insolence, attendant la fin des reproches. On en vient aux punitions :

— Madame Élisabeth sera privée de dessert et de récréation aujourd'hui.

On lui apporte deux feuilles de papier qu'elle doit couvrir de son écriture en copiant une phrase sur l'obéissance de Jésus-Christ pendant son enfance. Sans dire un mot, elle entame son long pensum. Tout doucement, Clotilde vient s'asseoir près d'elle. Les larmes font des taches sur le papier, les doigts se crispent, la sueur perle à son front, mais Élisabeth, rouge et essoufflée comme si elle avait couru, continue obstinément sa pénitence. Clotilde aussi a des larmes plein les yeux mais elle ne cesse de l'encourager. Enfin quand c'est terminé, Élisabeth lève son visage soudain grave et couvert de pleurs et se jette dans les bras de sa sœur :

— Oh Clotilde, dit-elle, si tu n'étais pas là avec moi... les gens sont si méchants.

Un matin, elles jouent dans les parterres du château. Clotilde, sous les grands arbres, s'est assise pour lire sa leçon. Soudain elle entend les cris de colère d'Élisabeth et les plaintes d'un petit chien qui est son compagnon habituel. Elle se précipite et trouve sa sœur échevelée, tenant d'une main la petite bête par son collier, et de l'autre, la cinglant vigoureusement avec une baguette de madrier.

— Que fais-tu ? Arrête ! s'écrie Clotilde. Ton pauvre petit chien, dans quel état le mets-tu !

— Il ne m'écoute jamais ! dit Élisabeth en se redressant, je suis bien obligée de le punir.

— Mais Babet, tu es trop grande pour agir ainsi. On ne peut pas punir avec cette cruauté.

Élisabeth regarde alors le petit chien qui gémit à ses pieds et, jetant au loin la baguette, le prend dans ses bras et le couvre de baisers en pleurant et en s'excusant. La pauvre bête n'y comprend plus grand-chose et lèche les larmes de sa maîtresse repentante. On lui donne le dessert dont elle se prive elle-même pour se punir.

Mme de Marsan a donné son autorisation pour le désert et se demande si Madame Élisabeth n'est pas enfin en train de changer.

En revanche, Élisabeth se fait une joie de ses visites avec sa sœur à Saint-Cyr, le pensionnat pour jeunes filles nobles et désargentées fondé par Mme de Maintenon. Une ou deux fois par semaine, les religieuses et les élèves accueillent les petites princesses. Là, les usages de la cour s'assouplissent. On oublie l'étiquette, si lourde pour cette enfant turbulente. Elle retrouve les compagnes de son âge qui courent, sautent, poussent des cris et jouent en liberté. Clotilde rejoint les élèves plus raisonnables et laisse sa petite sœur se dépenser sans compter. Que dire du soulagement de sa gouvernante ! Mme de Marsan ferme les yeux. Les rires et les jeux bruyants fusent dans les jardins. Parfois, les trois jeunes princes, Berry, Artois et Provence, se joignent à leurs sœurs. Ils ont le droit d'aller partout, dans les couloirs, dans les classes, au réfectoire. Au verger, ils cueillent et mangent les fruits de saison, fraises, cerises, pêches, poires, raisins. Ils vont même dans les cuisines, ce qui leur est formellement interdit au palais.

À Saint-Cyr comme à Versailles, le comte d'Artois, plein de malice et de vivacité, est le compagnon de jeux préféré d'Élisabeth. Comme elle, il aime les farces et les aventures. Tout ce qui l'ennuie provoque son aversion, il ne cherche qu'à s'amuser. Il ne sera jamais plus ravi que lorsque la future reine Marie-Antoinette, âgée de quinze ans, se joindra à leurs jeux. Provence est plus indolent, quant à Berry, il couve sa petite « filleule » d'un air protecteur et se sent responsable d'elle. Plein d'indulgence, il dit souvent : « Babet est le rayon de soleil de la famille. C'est un perpétuel printemps. » Certains jours, elle récite des fables de La Fontaine ou de Florian, et quand on lui demande s'il n'est pas ridicule de faire ainsi parler des animaux, elle répond : « Non, puisqu'ils disent ce que les hommes n'osent pas dire. »

D'autres fois elle joue dans de petites saynètes quelle a répétées avec Mme de Marsan. Elle les reprendra un peu plus tard avec Marie-Antoinette, qui retrouvera ainsi l'atmosphère de Vienne où elle faisait du théâtre avec ses frères.

Élisabeth se passionne pour ses amies de Saint-Cyr. Il nous reste la toute première lettre qu'elle écrivit à l'une d'elles. Elle a six ans et le ton y est, l'orthographe moins :

Il ma été ordonné ma chère Bua-Bua de toujours écrire dessus du gran papier, ainsi ne vous effaiyez pas de sa grandeur, vous êtes de charmante créature mais vous ne nous avez pas donné de vos nouvelles. Adieu je finit car la lèchevin se lève (nom de la servante),

je vous embrasse de tout mon cœur et René et Coco, encore une fois adieu Bua-Bua.

ÉLISABET DE BOURBON

Même dans leur jeune âge, les princesses doivent se montrer en public : tandis que les carrosses remontent les avenues de

Paris, elles saluent la foule qui les acclame. Elles se rendent aux Tuileries et distribuent des gâteaux aux enfants, ou bien vont au parc de Saint-Cloud assister à un feu d'artifice qui embrase le ciel de Paris.

Une amie pour toujours

La comtesse de Marsan, gouvernante des Enfants de France depuis 1754, rigide et bigote, est proche de La Vauguyon et l'ennemie acharnée du puissant ministre Choiseul. Mme de Pompadour la déteste cordialement. Toujours aussi peu au fait de ce qui peut encourager une enfant si jeune à l'étude, elle a l'idée de demander à la marquise de la Ferté-Imbault, fille de la célèbre Mme Geoffrin, et des plus instruites, de l'aider dans sa tâche et de choisir dans son vaste répertoire philosophique les morceaux les plus « propres à influencer de jeunes esprits ».

La marquise n'hésite pas à proposer à ses élèves des fragments choisis d'Aristote, de Confucius et de Plutarque ! Toutes ces honnêtetés et ces maximes excellentes n'atteignent pas leur but. On inflige déjà aux petites les leçons de physique de l'abbé Nollet, les leçons d'histoire de Guillaume Le Blond, et l'abbé de Montaigu est chargé de leur instruction religieuse. Malheureusement Élisabeth, comme son frère Louis, aime la géographie, et n'a de goût que pour la botanique. Sans doute parce qu'elle a une passion pour la nature et les animaux, mais aussi grâce à l'enseignement chaleureux du « bon docteur Lemonnier ». Celui-ci a été successivement médecin des Enfants de France, puis médecin de Mme Élisabeth et enfin premier médecin du roi. Il partage la charge de Mme de Marsan. Le jeune Augustin Dassy, qui à cette époque est âgé d'à peine trente ans et est aussi médecin, accompagne Lemonnier dans ses promenades en forêt et ses herborisations. Élisabeth leur témoignera à tous deux un grand attachement jusqu'à la fin de sa vie. Le docteur Lemonnier, qui est un botaniste fameux possède une maison de campagne dans le domaine de Montreuil appartenant à la princesse de Guéménée. Celle-ci deviendra à son tour gouvernante des Enfants de France à partir de 1775.

Clotilde et Élisabeth passent de grands après-midi de bonheur à écouter le vieil homme intarissable sur son jardin botanique, qui contient pas moins de deux cent quarante-cinq plantes rares et cent quatre-vingt-dix arbustes. Il continuera de visiter Élisabeth jusque dans la prison du Temple.

Les princesses apprennent aussi l'anglais, l'italien, l'espagnol, et puis la musique et le dessin. Élisabeth n'est pas musicienne mais elle aura une vraie passion pour le dessin et la peinture. Elle n'aimera jamais rien un peu. Tout ce qu'elle goûte, c'est avec excès. Elle fait sa communion et est confirmée dans la chapelle de Versailles par l'évêque de Senlis. On l'emmène souvent voir sa tante Louise, qui est entrée au carmel de Saint-Denis. Louis s'en inquiète. Il dit à sa sœur : « Je veux bien que vous alliez voir votre tante, mais je ne veux pas que vous l'imitiez. J'ai besoin de vous. »

Parole énigmatique dans sa précocité mais qui sera à tel point vérifiée qu'on reste étonné de l'intuition du jeune homme.

Mme de Marsan arrive au bout de sa carrière. Élisabeth a fini d'épuiser sa patience. Elle demande au roi Louis XV d'être soutenue dans sa tâche par une sous-gouvernante. Elle en a parlé aux dames de Saint-Cyr qui lui ont recommandé l'une de leurs anciennes élèves, Marie-Angélique de Soucy, baronne de Mackau. Celle-ci vit modestement à Strasbourg. Elle arrive à Versailles accompagnée de sa fille Angélique. Mme de Marsan lui est infiniment reconnaissante d'accepter la charge empoisonnée qu'on lui confie.

On présente à Élisabeth la petite Angélique, qui n'a que deux ans de plus qu'elle. C'est le coup de foudre. Elles resteront amies toute leur vie. Mais Mme de Mackau n'a pas de fortune pour élever sa fille à la cour, aussi demande-t-elle au roi qu'on la place chez les dames de Saint-Cyr. Élisabeth est désespérée. Elle insiste sans cesse pour voir sa nouvelle amie. Angélique devient la récompense de ses bonnes notes. Mme de Marsan, ayant enfin trouvé le moyen de faire obéir son élève récalcitrante, demande au roi que la petite Angélique devienne sa compagne d'études, avec la promesse que lorsqu'elle serait en âge de se marier, le souverain lui donnerait un parti digne de l'épouser. Le roi consent à tout, ravi de mettre fin aux doléances de la gouvernante vieillissante. Angélique sera mariée à un jeune diplomate, le marquis Marc-Marie de Bombelles, qui appartient à l'ancienne noblesse d'Alsace et a reçu sa première éducation avec le duc de Bourgogne, frère aîné de Louis, décédé en 1761. Il a été mousquetaire, maréchal de camp, avant d'entrer dans la carrière diplomatique. Le roi donne à Angélique, pour plaire à sa sœur, une dot de cent mille francs, une pension de mille écus et une place de dame d'honneur.

Mme de Mackau parvient sans peine à se faire aimer de son élève envers qui elle use de sentiments plus maternels que rigoureux. Angélique de Mackau aime autant les jeux de cache-cache que les petites charades composées par la vicomtesse d'Aumale, une des sous-gouvernantes, également élève de Saint-Cyr, que l'on nomme aussi maison de Saint-Louis. Aumale tient le rôle du souffleur lorsque les petites jouent devant le roi. Quand Élisabeth est présente aux soupers de la famille royale, Angélique l'accompagne. Ainsi tout rentrerait dans l'ordre si de nouveaux bouleversements n'étaient sur le point de se produire.

Le 7 juin 1769, l'impératrice d'Autriche Marie-Thérèse reçoit une lettre du roi de France Louis XV lui demandant officiellement la main de sa fille, l'archiduchesse Marie-Antoinette âgée de quatorze ans, pour son petit-fils, le Dauphin Louis, âgé, lui, de quinze ans. Les deux souverains se sont dès longtemps entendus : après l'alliance très impopulaire qu'ils ont signée entre leurs deux pays en 1757, ils ont prévu de sceller leur accord par le mariage de deux de leurs enfants.

On dit que ce traité coûte très cher en hommes d'armes et en finances à la France, on considère la cour de Vienne comme la sangsue de l'État français. Cependant, aux yeux du roi Louis XV, c'est le moyen de maintenir l'équilibre européen : France, Autriche, Espagne d'un côté, Angleterre, Prusse et Russie de l'autre.

On envoie l'abbé de Vermond à Vienne pour parfaire l'éducation de la princesse Marie-Antoinette qui laisse encore à désirer. Elle aime, comme Élisabeth, le jeu, le théâtre, le cheval et la folle gaieté qui règne chez la jeunesse dorée de la cour de Vienne. Il faut rattraper le temps perdu. Elle révise avec l'abbé ses cours de religion, de littérature et d'histoire de France. Elle apprend à jouer du clavecin et de la harpe. Elle est pleine de grâce et de charme, on vante la carnation « éblouissante » de son teint, « son ton de bonté, d'affabilité et de gaieté ».

Avant ce départ de la cour de Vienne qui lui déchire le cœur, car elle sait qu'elle ne reverra jamais sa famille, ni Vienne ni surtout sa mère à laquelle elle est profondément attachée, des fêtes splendides sont données en son honneur. Elle allait devenir reine de France. Cela se ferait d'ici peu, pensait-on à tort, car rien ne devait aller aussi vite.

Dotée de deux cent mille florins et d'autant de bijoux, l'archiduchesse va vivre un conte de fées qui tournera au cauchemar. Un carrosse garni de fleurs d'or et de velours cramoisi, escorté de centaines de cavaliers en grand apparat, s'ébranle à petites étapes vers la France. Le voyage dure vingt-quatre jours. Le 8 mai 1770, on remet la princesse à la cour de France, dans un pavillon de bois installé sur une île du Rhin et séparé en deux parties. L'une à l'Est, autrichienne, et l'autre à l'Ouest, française. Elle abandonne sa tenue de voyage et se retrouve aux mains de la comtesse de Noailles, qui lui fait très mauvaise impression par sa sévérité.

Lorsqu'on s'adresse à elle en allemand, elle s'écrie : « Ne parlez pas allemand, messieurs, à dater d'aujourd'hui je n'entends plus d'autre langue que le français ! » Et son sourire enfantin séduit tout le monde autour d'elle.

Le 13 mai, en forêt de Compiègne, le roi Louis XV, escorté d'une partie de sa maison, gardes du corps, chevau-légers, mousquetaires et gendarmes, s'avance aux côtés du Dauphin Louis et de Mesdames Tantes, ses filles. Marie-Antoinette s'élance vers le roi, s'agenouille et l'appelle papa. Louis XV tombe sous le charme de son teint pastel, de sa grâce enfantine et de sa fraîcheur.

Voici le Dauphin Louis qui dépose un baiser sur la joue délicate comme le veut l'étiquette. Est-il ému ? On ne saurait le dire, tant il semble gêné. Voici Mesdames Tantes, Adélaïde, Victoire, Sophie, l'une revêche, l'autre boulotte et dévote, la dernière « d'une rare laideur » selon l'expression de Mme Campan, qui fut première femme de chambre de Marie-Antoinette. Elles savent qu'à la cour la nouvelle venue va occuper la place d'honneur, celle qu'elles guignent depuis la mort de Louis Ferdinand et Marie-Josèphe.

Marie-Antoinette fait encore la connaissance de ses deux beaux-frères Provence, gros et compassé, Artois, joueur et séduisant, et de Clotilde, surnommée « Gros Madame ». Mme de Marsan a tenu à la lui présenter, laissant Élisabeth à Versailles aux soins de Mme de Mackau et d'Angélique. Ces deux-là ont fort à faire car la petite bout d'impatience. Elle rêve de rencontrer la princesse d'Autriche dont tout le monde parle et qui va bientôt épouser son frère.

Quant à Madame Louise, elle venait, comme elle l'avait dit, d'entrer au carmel de Saint-Denis le 11 avril précédent, sans doute pour échapper aux fêtes somptueuses que l'on annonçait et préparait à grands frais dans tout le pays. Elle allait bientôt prendre l'habit sous le nom de sœur Thérèse de Saint-Augustin. Le 15, la cour se rend au carmel pour y saluer la plus jeune fille du roi, surnommée Chiffe par son père, âgée tout de même de trente-deux ans, et lui présenter sa future reine.

C'est seulement le 16 mai 1770 que la Dauphine franchit les grilles de Versailles. Une nuée de dames d'atours s'activent autour d'elle pour la messe de mariage. Les préparatifs ne durent pas moins de deux heures. Elle est parée d'or et de diamants. Les joyaux scintillent sur sa robe à panier en drap d'argent, à ses bras, à son cou. Voilà qu'on annonce la venue du roi qui vient lui présenter sa dernière petite-fille, Élisabeth, et lui offrir la corbeille royale.

L'enfant est éblouie par la jeune Dauphine, brillant de tous ses feux, plus ravissante encore que sur la miniature peinte par Ducreux, cette miniature qu'Élisabeth a si souvent supplié de contempler. Elle reconnaît le grand front clair, les yeux bleus rieurs, le teint de nacre, la grâce incomparable de l'adolescente. Elle est muette de ravissement. Mais il faut rejoindre la chapelle royale. Marie-Antoinette embrasse gentiment sa toute jeune belle-sœur et lui murmure une tendre parole pour s'excuser de la laisser si vite. Mme de Marsan est vexée : Marie-Antoinette, à Compiègne, à part son salut, n'avait pas adressé la parole à Clotilde.

On apporte la corbeille royale qui regorge de pierres précieuses, grappes de rubis, guirlandes d'émeraudes, bandeaux piqués de diamants, ornements de coiffure incrustés de saphirs et de perles, petites boîtes en lapis lazuli, éventails richement décorés de perles fines, étuis de nacre, bourses et montres en or, que la reine conservera jusqu'au Temple. Ce que la joaillerie française a de plus fin et de plus gracieux se trouve réuni là. Élisabeth a les yeux qui brillent mais son regard ne quitte pas la mariée une seule seconde, comme si de tous ces joyaux, seul le sourire de l'adolescente lui importait.

Elle veut à tout prix assister à la messe de mariage de son frère et de sa « sœur », comme elle l'appelle déjà. Mais elle est trop petite. Mme de Marsan refuse. De nouveau, Angélique est là pour consoler son amie. Mme de Mackau propose de cueillir dans les allées du parc un bouquet de fleurs pour la Dauphine et qu'on le place dans la chambre nuptiale. Élisabeth écrit sur une grande feuille « de la part de votre sœur Babet » et se console ainsi de devoir attendre le retour de la jeune mariée.

Les fêtes splendides se succèdent à un rythme effréné, présentation des ambassadeurs, jeux du roi dans la galerie des Glaces, festin dans la nouvelle salle de l'Opéra, bleue et or, récemment construite, spectacle de Lully, bal à l'Opéra sur le plancher amovible, feux d'artifice grandioses, bal masqué donné par l'ambassadeur de Vienne, Mercy-Argenteau, grand espion de l'impératrice Marie-Thérèse auprès de sa fille, représentation d'*Athalie*. Des lampions, des chandelles, des pots à feu, des illuminations partout. Les grandes eaux de Versailles fonctionnent à plein régime en ce mois de mai ensoleillé. Élisabeth vit un rêve, elle se couche chaque soir épuisée et comblée, elle a vu danser la nouvelle venue qui enchante le palais, elle adore sa jeune belle-sœur qui le lui rend bien. Un lien profond s'est tissé entre elles dès leur première rencontre. Elles ne se quitteront plus.

La ville de Paris finance un feu d'artifice sur la place Louis-XV, la Concorde actuelle. Quatre cent mille personnes se pressent pour y assister. Une fusée enflamme un échafaudage. Cent trente-deux victimes périssent piétinées ou étouffées. La fête en est d'autant plus assombrie. La Dauphine, bouleversée, accablée devant un si triste présage, envoya les six mille livres que le roi lui versait mensuellement pour ses menus plaisirs. « Je ne puis disposer que de cela, dit-elle, secourez les plus malheureux. »

Le Dauphin, au festin précédant sa nuit de noces, avait dit au roi qui lui conseillait de ne pas trop manger : « Je dors mieux lorsque j'ai bien soupé. » Il avait donc l'intention de dormir, cet innocent. Il ne semblait point trop se préoccuper de sa descendance. Son devoir d'époux et de géniteur royal attendrait un peu.

Deuils et réjouissances

Élisabeth est ravie : les festivités ne sont pas près de cesser. Les mariages de ses deux frères Provence et Artois sont annoncés. Louis XV a choisi des princesses italiennes afin de se rapprocher des États du Piémont et de Savoie. Provence aura droit à Marie-Joséphine de Savoie, qu'il épouse le 14 mai 1771. Marie-Antoinette peut dormir tranquille : la nouvelle princesse qui portera le titre de Madame, comme son époux que l'on nomme Monsieur, ne présente aucun des attraits dont la nature l'a comblée. D'abord celle-ci est brune. Elle n'est pas dotée de cette blondeur très à la mode qui auréole la Dauphine d'une grâce aérienne. Le roi avoue qu'il la trouve « bien laide », il écrit à l'infant de Parme, son petit-fils : « Elle n'est pas grande, a de très beaux yeux, un vilain nez, la bouche mieux que sur son portrait, fort brune de cheveux et de sourcils ».

En effet, ses sourcils d'une épaisseur peu commune se rejoignent presque à la racine du nez – qui est large et retroussé – et lui mangent une partie du front. Elle porte à la lèvre supérieure un inquiétant duvet, on dit même que cette pilosité envahissante se propagerait sur la poitrine. Marie-Antoinette, pleine de malice, écrit à sa sœur : « Monsieur le Dauphin ne la trouve pas bien du tout, et lui reproche d'avoir de la moustache. » Voilà déjà une supériorité que le destin accorde à Louis sur ses frères : son épouse est la plus belle de toutes. Provence a beau se vanter d'avoir été « quatre fois heureux » durant sa nuit de noces, en reste dubitatif eu égard à sa piètre réputation en la matière.

Bientôt le mariage du troisième frère, Artois, est annoncé… avec la sœur de sa belle-sœur, l'autre princesse savoyarde ! Marie-Thérèse proteste : Comment ! deux sœurs de la même maison ! « La partie devient forte, écrit-elle à sa fille, vous aurez d'autant plus à vous préserver. » Mais aucun danger à l'horizon, la deuxième fiancée est aussi laide que sa sœur, si ce n'est peu mondaine.

Ainsi, Marie-Thérèse de Savoie, dix-sept ans, épouse le 16 novembre 1773 le comte d'Artois qui en a seize. Mercy-Argenteau écrit à la cour de Vienne : « Elle a le visage maigre, le nez fort allongé et désagréablement terminé, les yeux mal tournés, la bouche grande, elle danse très mal... » Quelques grossesses arrondiront tout cela. Mais pour l'heure, il ne s'agit là, pour le plus grand bonheur d'Élisabeth, de Clotilde et de leur amie Angélique, que d'un grand vent de jeunesse qui souffle sur le château vieillissant.

Les jeunes gens de quinze à dix-sept ans ne pensent qu'à s'amuser, entraînant les petites dans une perpétuelle farandole. Si l'on en croit le portrait pris sur le vif par Marie-Joséphine préparant ses bagages au printemps 1773 pour le séjour à Compiègne, on est point trop affligé de l'ambiance qui règne dans les appartements des Princes : « Je ne sais pas comment je ne deviens pas folle, écrit-elle à ses parents, Je suis entourée de cassettes, de papiers, de livres par terre. J'avais déjà fait ma cassette, patatras ! la voilà renversée. Il faut recommencer. Voilà comme je suis ! Madame la Dauphine qui a la bonté de renverser une pile de livres par terre, je me mets en colère, on rit, on s'arrache le papier, avec le comte de Provence qui chante à casser la tête et d'une fausseté admirable... Bon Dieu, quel tintamarre ! Je n'y puis plus tenir. Je suis encore, comme je vous l'ai dit, dans un petit coin entourée de bagages. Madame la Dauphine renverse tout, le comte de Provence chante, le comte d'Artois conte une histoire qu'il a déjà recommencée dix fois et crie à tue-tête avec de gros rires et par-dessus le marché Monsieur le Dauphin qui lit une tragédie tout haut. J'ai encore deux oiseaux qui chantent et trois chiens. Un à moi, deux à Madame la Dauphine, qui font un sabbat à ne plus s'entendre. » Et avec cela on voudrait qu'ils engendrent de la mélancolie ! Les fâcheux avis des commentateurs sont bien loin de la folle gaieté de ces jeunes gens, vivant sans le savoir les derniers feux d'une époque appelée à sombrer.

Des privilèges sans objet se perpétuent à la cour, grevant dangereusement le budget de l'État, les institutions sont lézardées par un esprit critique qui se lève de tous côtés, l'ordre social est ébranlé sur ses bases. Louis XV, d'abord, s'aveugle sur les grandes réformes nécessaires, et oublie dans les bras de ses puissantes favorites la déliquescence de l'État. Les ministres en place dirigent le pays en fonction de leur intérêt personnel. Choiseul est surnommé « le roi Choiseul » tant son pouvoir est exorbitant.

Louis XV laisse faire et pousse même à ce jeu étrange avec une incurie qui ne s'explique pas, sinon par son propre aveu : « Je crois bien, dit-il, que tant que je vivrai, je resterai à peu près le maître de faire ce que je voudrai, mais après moi, mon successeur n'aura qu'à bien se tenir. » Le Dauphin Louis, qui a l'esprit droit mais indécis, le cœur bon mais faible et hésitant, honnête homme mais prince incapable, sera la victime toute désignée de cette vague destructive qui se prépare à faire voler en éclats les institutions exsangues. Les coteries de toutes sortes, plus nobiliaires que d'État, s'arrogent de plus en plus de privilèges et visent la déchéance du roi. De sacré qu'il fut, il devient meurtrier. N'a-t-on pas fait courir le bruit que Louis XV faisait enlever et égorger de jeunes enfants pour prendre des bains de sang neuf ?

Cependant on ne peut oublier l'accueil triomphal réservé au jeune couple par les Parisiens lors de son entrée solennelle dans la capitale. Lorsqu'ils arrivent dans leur carrosse doré, ils sont accueillis par les salves des canons, de l'Hôtel de Ville jusqu'aux Invalides. Après la messe à Notre-Dame, ils prennent leur repas en public aux Tuileries, puis ils se montrent au balcon, où ils reçoivent un tonnerre d'acclamations, et vont ensuite se mêler à la foule dans les jardins.

Comme à son habitude, Marie-Antoinette raconte la scène dans une lettre à sa mère : « Pour les honneurs, nous avons reçu tous ceux qu'on peut imaginer. Tout cela, quoique fort bien, n'est pas ce qui m'a touchée le plus, mais c'est la tendresse et l'empressement de ce pauvre peuple, qui, malgré les impôts dont il est accablé, était transporté de joie de nous voir. Lorsque nous avons été nous promener aux Tuileries, il y avait

37

une si grande foule que nous avons été trois quarts d'heure sans pouvoir avancer, ni reculer. Monsieur le Dauphin et moi avons recommandé aux gardes de ne frapper personne, ce qui a eu un très grand succès. Malgré le monde énorme qui nous a suivis partout, il n'y a eu personne de blessé… Nous sommes montés sur une terrasse découverte, je ne puis vous dire, ma chère maman, les transports de joie, d'affection, qu'on nous a témoignés dans ce moment… Qu'on est heureux dans notre État de gagner le peuple à si bon marché. Il n'y a pourtant rien de si précieux : je l'ai bien senti et je ne l'oublierai jamais. »

Elle n'a encore que seize ans et entame une carrière d'étoile. L'Hôtel de Ville, les Tuileries, le peuple, les gardes… On entend résonner l'écho d'un futur tragique, comme si le jeune couple avait parcouru la face radieuse d'un autre voyage terrifiant qu'il referait vingt ans plus tard, insulté, conspué, traqué, par ce même peuple convaincu de sa noirceur, après l'avoir porté aux nues.

Élisabeth, qui serait parmi les dernières victimes expiatoires de ce maelström, n'est pas encore parue sur la scène publique, mais deux événements royaux vont l'y faire entrer de plain-pied, par la place qu'elle y occupe.

Dans les premiers jours de mai 1774, le roi contracta la petite vérole. Sa solide constitution ne laissait pas prévoir un décès imminent. Cependant son âge avancé ne résista pas et, le 10 mai 1774, il rendit l'âme. Parmi les serviteurs attachés à son service, dix personnes touchées par la vérole moururent. C'est pourquoi tous les enfants de la famille royale étaient confinés dans leurs appartements, attendant l'annonce de la mort du roi pour quitter le château.

La comtesse du Barry avait été renvoyée dès l'agonie du roi à l'abbaye de Pont-aux-Dames et tous ceux qui s'avisèrent de l'y rendre visite furent marqués du sceau de l'infamie pour longtemps. La comtesse était exilée, bannie, n'existait plus à la cour. Marie-Antoinette, dans une lettre à sa mère, la nomme « la créature ».

Au signal de la bougie éteinte qui annonçait la mort effective, toute la famille royale devait grimper dans les voitures prêtes à partir. Soudain il y eut comme un bruit de tonnerre.

C'était la foule des courtisans martelant les parquets qui, à l'annonce du dernier soupir de Louis XV, venait se mettre aux pieds du nouveau souverain. Chacun voulait être dans les premiers à lui rendre hommage afin d'en tirer plus tard avantage. Mais le jeune roi fit savoir que la famille royale ne voulait recevoir personne. Versant des larmes de chagrin et d'angoisse, Louis XVI s'écria : « Ah ! mon père que n'êtes-vous à ma place pour faire le bonheur d'un peuple qui n'a pour seule ressource que ma jeunesse ! » Il aurait pu ajouter « et mon incompétence » mais il ne le savait que trop.

Élisabeth, présente dans ce moment tragique, comme toute la famille royale, versait de chaudes larmes et se tenait assise tout contre le fauteuil de son frère. Elle était persuadée de la nécessité de le soutenir dans une heure pareille. Cela n'échappa pas à la jeune reine Marie-Antoinette, touchée au cœur par l'attitude de la petite fille.

La comtesse de Noailles ne perdant en aucune occasion le sens de l'étiquette vint saluer la première la nouvelle reine de France et pria le couple de venir dans la chambre royale recevoir l'hommage des grands officiers de la cour. Le nouveau roi s'y résolut à contrecœur.

La famille des princes au complet partit dans l'après-midi pour le château de Choisy, dans plusieurs voitures, Élisabeth se glissant contre l'avis de Mme de Marsan dans celle du couple royal. Il faut dire que son frère Louis la tenait par la main et qu'Élisabeth, habituée aux tendresses de son grand-père, était peut-être une des seules personnes présentes à être authentiquement blessée par la mort de celui qu'on surnomma « le Bien-Aimé » avant d'en faire une figure monstrueuse. Les courtisans n'ont pas la fibre sensible : l'ambition coiffe leur peine.

Mme Campan évoque avec esprit la servilité des gens de cour en écrivant : « À l'heure du dîner on ne rencontrait dans les escaliers, que de braves gens qui, après avoir vu la Dauphine manger sa soupe, allaient voir les princes manger leur bouilli et couraient ensuite à perdre haleine pour aller voir Mesdames manger leur dessert. » Étonnons-nous ensuite que Marie-Antoinette, excédée par ces manières obséquieuses qui ne tendaient qu'à obtenir des faveurs des souverains, ait instauré une nouvelle vie avec les seuls membres de sa famille, bannissant toute ostentation.

Le 11 juin, jour de la fête de La Trinité, les hauts dignitaires, les grands officiers de la Couronne, les chevaliers du Saint-Esprit et les chanoines de la cathédrale de Reims se rendirent en procession pour aller chercher Louis XVI au palais épiscopal où il était arrivé la veille. Les portes de la chambre royale s'ouvrirent et le roi parut sur son lit de parade. Puis, vêtu de son manteau bleu, semé de fleurs de lys, la tête coiffée d'une tiare ornée de diamants et d'une aigrette blanche, il se rendit dans la cathédrale, accompagné d'un imposant cortège de dignitaires. Il allait recevoir la couronne de Charlemagne sertie de saphirs et de rubis qui le sacrerait roi d'essence divine.

Il arriva dans la nef, marchant lentement sous la voûte du bel édifice, précédé par le duc de Clermont-Tonnerre qui brandissait son épée nue. Aussitôt Élisabeth, placée dans le chœur avec les membres de la famille royale, vit son frère comme dans un rêve, vêtu d'une longue toge d'argent, s'étendre face contre terre, puis se relever pour être oint du saint chrême en sept endroits précis de son corps. Le vieux cardinal de La Roche-Aymon prononçait les paroles rituelles de consécration : « Par cette huile sanctifiée, je vous sacre roi, au nom du Père, du Fils et du Saint-Esprit. » À cet instant, pénétrée d'une ardente conviction, elle se sentit liée à lui pour toujours.

Puis le cardinal posa sur sa tête la couronne de Charlemagne en disant : « Que Dieu vous couronne de gloire et de justice. Qu'il vous arme de force et de courage, afin que plein de foi et de bonnes mœurs vous arriviez à la couronne du règne éternel. » Enfin Louis fut de nouveau vêtu du manteau à fleurs de lys et le cardinal cria par trois fois : « *Vivat rex in aeternum* ! » (Que le roi vive éternellement !). Alors les orgues et les cloches se déchaînèrent par la ville, les coups de canon furent tirés des remparts, ainsi que les salves des gardes français et suisses.

Cela avait-il encore un sens que cette histoire du saint chrême, du sacre et de la divinité du roi ? Pour les assistants bouleversés, pour le peuple en délire, pour Marie-Antoinette transportée d'émotion, pour Élisabeth confondue de respect et d'amour pour son grand frère transfiguré, répondant de son peuple devant Dieu, oui, sans doute. Mais il y eut aussi le clan des sceptiques, des persifleurs, qui trouvaient ces cérémonies surannées et inutilement dispendieuses. Il y eut ceux qui les trouvaient inutiles et ridicules. Turgot aux Finances aurait préféré Paris à Reims parce que c'était plus près et que cela aurait stimulé le commerce ; et puis il voyait un sacre laïcisé où l'on aurait supprimé les formules religieuses devenues archaïques.

Et pourtant ce sacre est peut-être bien le lieu où s'enracine toute la tragédie de la famille royale, celle du roi, de la reine et de Madame Élisabeth. Car Louis, persuadé d'être chargé d'une mission de droit divin lui interdisant de se dresser contre le peuple dont il a la charge, se laissera égorger comme un mouton. Quant à Élisabeth, dévouée corps et âme à son frère et à sa famille, elle sera convaincue que rien n'est plus beau, n'est plus grand que de donner sa vie pour eux, puisque Dieu lui-même a béni ce destin. Marie-Antoinette elle-même, à qui on proposera des dizaines de fois de s'enfuir de France, au cœur de la tourmente, refusera toujours de quitter celui que cette cérémonie avait rendu sacré. Quelles que soient les exceptionnelles qualités humaines qui seront mises en œuvre pour l'accomplissement de ces sacrements religieux pleins d'utopie, ils nous donnent à voir l'exercice le plus délirant de la bonne volonté – celle du roi – aux prises avec l'absurdité, l'incompréhension et le déchaînement d'un peuple écrasé d'injustices et de charges.

Ainsi, au moment où les assaillants décapiteront ses gardes du corps au sein même du château des Tuileries, Louis XVI interdira à ses hommes de faire usage de leurs armes. « Je ne verserai jamais le sang de mon peuple » jurera-t-il, pénétré de sa mission de droit divin.

Il aurait pu déclencher une guerre civile pour sauver sa propre vie et celle de ses proches, mais jamais il ne s'y serait

41

résolu, il préféra se laisser assassiner. Il se devait d'être « le saint de Dieu » pour obéir à sa mère, Marie-Josèphe, à son père Louis Ferdinand, et aux mânes de celui qu'on lui avait donné comme modèle, Louis IX, le roi saint.

Aux yeux d'Élisabeth, il est l'oint du Seigneur, mais elle ne sera jamais d'accord avec la passivité insensée dont il fit preuve, disant même dans une de ses lettres : « En gouvernement comme dans l'éducation, il ne faut dire "je le veux" qu'à coup sûr, mais lorsqu'on l'a dit, il ne faut jamais s'en dédire. » C'était aussi une des maximes favorites de Marie-Antoinette.

Élisabeth et Marie-Antoinette

Depuis son sacre, le roi se rend souvent à Saint-Hubert, rendez-vous de chasse construit par Louis XV dans la forêt de Rambouillet. La comtesse d'Artois accouche. « Le peuple souffre de la cherté du pain », écrit Marie-Antoinette. Et les Provence rencontrent un prétendant de Clotilde, Charles-Emmanuel de Savoie, mais qui finalement ne l'épousera pas.

On songe en effet sérieusement à marier Clotilde, qui a maintenant seize ans, au grand désespoir d'Élisabeth. Lorsque les princes de deux États se marient, la princesse quitte son pays pour toujours, en général dans le plus grand déchirement. Marie-Antoinette en sait quelque chose, elle qui ne cesse d'écrire à sa mère à Vienne pour lui faire vivre en direct tous les détails – avouables – de sa vie. Les princesses quittent leur famille, leur pays, leurs amis, le décor de leur enfance, leur maison. La correspondance doit être officiellement estampillée et suivre le canal diplomatique, les agents secrets des gouvernements les passent au crible. On ne peut s'abandonner au naturel, ni tout dire impunément de ce que l'on sait. Il faut user de subterfuges ou de messagers privés, comme le fait l'impératrice Marie-Thérèse, pour faire passer des lettres qui expriment autre chose que des formules protocolaires.

Madame Clotilde sera autorisée à venir de temps à autre faire une visite officielle à Chambéry, mais on roule en diligence ou en carrosse pendant de longs jours et les routes sont mauvaises. Il n'y a pas encore de voies ferrées. Elle aura l'occasion de revoir ses deux frères, mariés eux-mêmes à des princesses italiennes, mais elle ne reverra plus la jeune sœur qu'elle a tant protégée et aimée toute son enfance. Des deux, la plus affectée n'est pas l'aînée, qui n'est pas fâchée d'être soustraite à l'emprise de sa vieille gouvernante, Mme de Marsan. De plus, elle sera reine de Sardaigne : l'avenir qui s'offre à elle n'est pas dénué d'agrément.

Le 16 août 1775, à l'annonce des fiançailles de Clotilde, Élisabeth, qui n'a que onze ans et ne sait pas dissimuler, s'abandonne à un grand désespoir. Toute la cour est témoin de la violence de sa peine. De telles manifestations étaient généralement étouffées sous la contrainte des conventions et la banalité de l'étiquette.

Marie-Antoinette, qui l'aime de plus en plus, en est désolée. Elle écrit à sa mère avant le mariage de Clotilde : « Je suis enchantée de ma sœur Élisabeth. Elle montre à l'occasion du départ de sa sœur et de plusieurs autres circonstances une honnêteté et une sensibilité charmantes. Quand on sent si bien à onze ans, cela est bien précieux. Je la verrai davantage à présent qu'elle sera entre les mains de Mme de Guéménée. » Connaissant l'aversion d'Élisabeth pour la comtesse de Marsan, Marie-Antoinette avait précipité sa retraite pour la faire remplacer par la nièce de la vieille dame, la princesse de Guéménée, chez qui Élisabeth et Clotilde ont couru toute leur enfance.

La pauvre petite partira peut-être dans deux ans, poursuit Marie-Antoinette Je suis fâchée qu'elle aille si loin que le Portugal. Ce sera un bonheur pour elle de partir si jeune, elle en sentira moins la différence des deux pays. Dieu veuille que sa sensibilité ne la rende pas malheureuse ! Pour ma sœur Clotilde, elle est ravie de partir. Il est vrai qu'elle compte aller tous les deux ans à Chambéry… Je n'imagine pas qu'elle ait très grand succès à Turin, mais, du reste, on en fera tout ce qu'on voudra : elle est bonne enfant, n'a pas beaucoup d'esprit et ne s'affectionne vivement pour rien. »

On voit quelle différence la jeune reine fait entre les deux sœurs. Elle affectionne l'une et se montre railleuse envers l'autre. Elle oublie que la pauvre Clotilde a été dûment cadrée par la terrible Mme de Marsan, gouvernante des Enfants de France depuis 1750. Elle oublie la patience et la gentillesse dont la sœur aînée a fait preuve envers la redoutable fillette qui n'écoutait personne au monde qu'elle.

Enfin, bien qu'on parle beaucoup d'un éventuel mariage pour Élisabeth, elle n'épousera ni le prince du Portugal, ni l'archiduc d'Autriche, ni personne. Car privée de ses parents à peine âgée de trois ans, elle en a trouvé de nouveaux dans les personnes de son frère Louis et de sa belle-sœur, Marie-Antoinette. Elle ne se résoudra jamais à s'en éloigner, restant ainsi étroitement liée à leur destinée.

Le 27 août a lieu le mariage de Clotilde par procuration dans la chapelle de Choisy. Élisabeth est pétrifiée, elle porte courageusement la traîne d'or de la mariée mais elle est d'une pâleur inquiétante. Elle sait que le lendemain Clotilde va s'éloigner pour toujours. Mme de Mackau lui fait quitter la cérémonie pour épargner son chagrin aux gens de la cour qui la dévisagent avec curiosité.

En rentrant à Versailles, la reine obtient le droit de la faire souper chez elle. Élisabeth ne peut rien avaler. Elle passe la soirée dans les bras de Marie-Antoinette et rejoint ses appartements avec l'intention de passer la nuit à écrire une longue lettre à sa sœur chérie. Celle-ci, occupée à ses bagages avec ses dames, contemplant les bracelets de diamants que lui a fait porter son fiancé et sermonnée in extremis par Mme de Marsan, qui chante son chant du cygne, n'a pu rester auprès d'elle ces jours derniers. Il y a tant de choses qu'elle aurait encore voulu lui dire. Et surtout lui demander pardon d'avoir été si méchante étant petite.

On retrouve Élisabeth au matin couchée sur son « grand papier », elle a seulement écrit : « Si tu oublies Babet, Babet ne t'oubliera jamais, on se retrouvera au ciel, je tenpri n'oubli jamais de m'écrire toutes les semaines et même si tu peut tou les jours… »

On dit que les princesses n'étaient pas tenues à l'orthographe. Pour Élisabeth, cela se vérifiera encore quelque temps.

Lorsque, le lendemain, elle doit se séparer de sa sœur, qui s'en va vers ce prince de Piémont qu'elle ne connaît pas, Élisabeth, devant la foule des courtisans, tombe évanouie. C'est encore Marie-Antoinette qui raconte dans une lettre à sa mère : « Ma sœur la princesse de Piémont est partie de Choisy le 28, où nous étions tous allés avec elle la veille au soir. Elle a été médiocrement affligée de la séparation. Cela est assez naturel, elle vivait peu avec nous, et Mme de Marsan, qui était de nom et de cœur "sa chère petite amie", l'avait totalement subjuguée. Nous sommes à peu près débarrassés de cette fameuse gouvernante. Je dis à peu près, car elle conserve son logement, quoiqu'elle ait abandonné ses fonctions. Depuis son départ je connais beaucoup plus ma sœur Élisabeth. C'est une charmante enfant qui a de l'esprit, du caractère et beaucoup de grâce. Elle a montré au départ de sa sœur une sensibilité charmante et bien au-dessus de son âge. Cette pauvre petite a été au désespoir et, ayant une santé très délicate, elle s'est trouvée mal et a eu une attaque de nerfs très forte. J'avoue à ma chère maman que je crains de m'y trop attacher, sentant pour son bonheur et par l'exemple de mes tantes combien il est essentiel de ne pas rester vieille fille dans ce pays-ci. »

Marie-Antoinette a en effet déjà beaucoup souffert des cabales montées contre elle par Mesdames Tantes, qui l'ont surnommée l'« Autrichienne » et forment un clan de quarantenaires à part, infesté de jalousie, médisance et jugements à l'emporte-pièce sur la jeune souveraine, trop gâtée à leur goût.

Louis XVI, le maladroit, le timide mais d'un entêtement sans limite, est en adoration devant cette épouse ravissante que le sort lui a réservé. Elle est si belle à ses yeux, lui qui n'a jamais rien reçu d'aussi charmant, qu'elle le rend impuissant.

La comtesse de Provence, que l'empereur Joseph II, frère de Marie-Antoinette, trouvera « laide et grossière » et, la comtesse d'Artois, qu'il décrira « imbécile absolument », font des enfants sans problème. Et voilà que le mariage de Marie-Antoinette n'est pas même encore consommé. Indolent et transi d'amour, Louis le seizième ne se presse pas. Il laisse son épouse être heureuse, la contemple, se cache, l'observe, chasse beaucoup, mais ne consomme toujours pas l'union qu'il a contractée en grandes pompes.

Marie-Thérèse s'affole des nombreux courriers où sa fille lui explique que son cher époux ne manifeste aucun goût marqué pour l'amour, déserte son lit la plupart du temps quand ce n'est pas elle qui rentre des bals à des heures indues. Alors en mars 1777, n'y tenant plus, l'impératrice envoie son fils Joseph II pour y mettre bon ordre.

Celui-ci se montre d'une sévérité et d'une énergie surprenantes. Il se mêle de tout, a un avis sur tout et tout le monde, jugeant chacun sans connaître les faits. Il traite sa sœur, à qui il reproche violemment ses sorties et ses jeux, comme une péronnelle, et son beau-frère comme un benêt. Il écrit à son frère Léopold une lettre pleine d'emportement et d'indiscrétion, dont voici les termes, qui semblent d'une verdeur à faire pâlir d'envie les auteurs les plus légers : « Dans son lit, il [Louis XVI] a des érections fort bien conditionnées, écrit-il. Il introduit le membre, reste là sans se remuer, deux minutes peut-être, se retire sans jamais décharger, toujours bandant, et souhaite le bonsoir. Cela ne se comprend pas, car avec cela, il a parfois des pollutions nocturnes, mais, en place, ni en faisant l'œuvre, jamais. Et il est content, disant tout bonnement qu'il ne faisait cela que par devoir et qu'il n'y avait aucun goût. Ah ! si j'aurais pu être présent une fois, je l'aurais bien arrangé. Il faudrait le fouetter pour le faire décharger de foutre comme les ânes. Ma sœur avec cela a peu de tempérament et ils sont deux francs maladroits ensemble. »

Bigre, c'est une lettre d'un frère à son frère, certes, mais si elle est authentique, elle rend compte que Louis XVI, en tout cas, n'était pas bégueule, pour en dire autant à son beau-frère sur un sujet si intime.

Joseph II semble oublier que le roi se débat avec la guerre d'Indépendance en Amérique et que si Lafayette s'y couvre de gloire, les finances de la France s'y engloutissent de façon vertigineuse sans que cet investissement lui rapporte grand-chose. Le roi n'a que vingt ans et la charge du royaume est si lourde qu'il n'a pas encore trouvé la maîtrise de lui-même. Joseph II, qui, lui, règne sous les auspices de son impératrice de mère, a beau jeu d'accabler son beau-frère.

Et puis l'éducation castratrice du comte de La Vauguyon a laissé des traces. Son élève a toujours été prié de ne pas s'épancher. Le corps lui fut montré comme un objet de honte. À la mort de sa mère, il écrit dans son journal intime : « Mort de ma mère à huit heures du soir. » Puis il tombe malade de chagrin. Le jour où il rencontre sa future femme, il écrit : « Entrevue avec Madame la Dauphine. » Il a du mal à croire que ce bijou de femme lui soit destiné. Le ressort amoureux s'est bridé depuis longtemps.

Pourtant, Louis aime sa femme de toute son âme, si ce n'est de tout son corps, et pour le lui prouver, il vient de lui offrir le Petit Trianon, afin qu'elle puisse s'éloigner des perpétuelles intrigues de la cour. Intrigues politiques, d'ambition, de charges, de décorations, de pensions, qui rythment inlassablement la vie des courtisans.

Entrée à la cour

Il a été question que le futur empereur d'Autriche, Joseph II, l'infant du Portugal ou le duc d'Aoste se mettent sur les rangs pour épouser Élisabeth mais ce n'est du goût de personne, ni du roi, ni de la reine, ni de la jeune fille elle-même. Non, Élisabeth ne quittera jamais son pays. Elle l'a dit, elle l'a écrit : « Je ne puis épouser que le fils d'un roi, étant princesse de France, et le fils d'un roi doit régner sur les États de son père. Je ne serai plus française et je ne veux pas cesser de l'être : mieux vaut rester ici, aux pieds du trône de mon frère, que de monter sur un autre. »

Maintenant que Clotilde est partie, la reine ne veut pas que sa jeune belle-sœur s'ennuie seule dans les appartements des Enfants de France. Elle se soucie beaucoup d'Élisabeth et voudrait qu'elle quitte l'aile des Princes et obtienne ses appartements privés. La jeune princesse prend donc maintenant ses repas à la table royale avec ses frères et ses belles-sœurs.

Malgré ses obligations et ses plaisirs mondains, Marie-Antoinette, qui a à peine vingt ans, aime courir, jouer sur les terrasses, au volant, aux grâces, à la balle, avec Élisabeth. Elle suit ses leçons d'équitation dès qu'elle le peut. Elles font de grandes randonnées dans les forêts alentour, suivies de leurs écuyers.

Élisabeth a aussi une passion pour les mathématiques. Plusieurs maîtres réputés lui permettent d'en pousser l'étude assez loin. Elle va jusqu'à établir une table de logarithmes dans laquelle se trouvent tous les facteurs simples des nombres premiers. Cette table suscitera l'admiration du savant Lalande. À la Restauration, la famille du mathématicien la restituera au comte d'Artois.

À part l'équitation et la peinture, elle gardera également toute sa vie une ardente passion pour le billard français. Elle y joue avec le roi et la reine, y exerçant son art du calcul des probabilités. Elle s'en servira aux jours sombres comme dernier recours pour distraire son frère de ses tourments.

Quand Mme de Marsan passe son gouvernement à sa nièce, Mme de Guéménée, celle-ci reproche à sa tante « d'avoir formé la princesse pour la pauvreté du couvent, au lieu de l'avoir élevée pour occuper un des trônes d'Europe. » Il faut dire que Guéménée était célèbre pour le faste de ses soirées et pour sa table de jeu. Ce qui d'ailleurs la mènera à la ruine. Élisabeth, quant à elle, allie aux principes sévères qu'elle a reçus, des idées primesautières, et une grande sensibilité, à une rare énergie. Très appréciée à la cour pour son humeur égale, elle a horreur de se mêler aux intrigues qui fourmillent dans les allées du pouvoir, ce qui n'a pas échappé à la reine. Elle approche de ses quinze ans.

Influencé par Marie-Antoinette, Louis XVI décide alors de former la « maison » de sa sœur cadette. Il n'est plus décent qu'elle prenne part aux activités de la cour sans posséder sa propre suite.

Le roi exige d'abord que Mme de Causans prenne la haute surveillance de la maison, tout en n'ayant que le titre de « dame pour accompagner ». La marquise, née Louvel, comtesse de Glisy, de bonne famille mais de peu de fortune, a eu un fils et quatre filles, dont chacun a reçu en partage le nom d'une terre. Ses filles ont été nommées chanoinesses du chapitre de Saint-Louis-de-Metz et par conséquent sont dames. La seconde, Louise, comtesse de Vincens, sera l'autre grande amie d'Élisabeth, avec Angélique de Bombelles. La troisième, Marie, se fera sermonnée toute sa vie par Élisabeth, et la quatrième, Françoise, comtesse d'Ampurie, restera un souci pour elle, sa mère la lui ayant confiée en mourant.

Élisabeth reçoit ses appartements. Ils occupent l'extrémité de l'aile du Midi. Grâce aux inventaires de l'époque – car ils n'existent plus aujourd'hui –, on peut en retracer la disposition et même l'ameublement. On entre d'abord dans deux anti-

chambres garnies de banquettes en tapisseries de la Savon-
nerie des Gobelins, de paravents de toile d'Alençon cramoisie,
de tabourets couverts de panne de velours, de confortables
fauteuils à clous dorés. Dans un petit salon, on trouve encore
des commodes plaquées de bois de rose et de violette, les pieds
rehaussés de cuivre.

Le soir, derrière les paravents, on dresse les lits des femmes
de service. Puis on passe dans la chambre des nobles, dont le
meuble est garni de damas de Gênes à franges d'or. Dans la
grande cheminée brûle les mois d'hiver un feu entretenu jour
et nuit qui se reflète dans les consoles marquetées. Un cartel
de marbre blanc représente un portique d'architecture, avec
en bas reliefs, les figures de l'Abondance, de la Paix et de la
Gloire. Les girandoles sont dans le même style. On entre
ensuite dans la chambre à coucher d'Élisabeth, tendue de soie
rouge et de tapisseries de Beauvais. Le lit « à la duchesse »
occupe le milieu, avec ses rideaux, ses « bonnes grâces », ses
cantonnières, ses bouquets de plumes et d'aigrettes. Viennent
ensuite le grand cabinet en gros carreaux de Tours, blancs et
bleus, la salle de billard, et enfin le boudoir, jolie petite pièce
où Élisabeth a placé son clavecin. Les fenêtres donnent sur la
pièce d'eau des Suisses et la route de Saint-Cyr.

Certains soirs, l'appartement s'illumine de l'éclat des torchères : Madame Élisabeth reçoit sa maison qui ne compte pas
moins de soixante-huit personnes ; quelques dames de la cour,
comme la duchesse de Duras, qui fait partie de ses familiers,
ses frères, ou bien la reine parfois. Mais elle aime avant tout y
vivre dans l'intimité de ses plus proches amies. Ce décor, qui
n'est pas forcément de son goût, elle ne s'y attachera pas. Elle
n'aura aucun mal à s'en évader pour accompagner souvent
Marie-Antoinette au Petit Trianon, puis au Hameau de la
reine, où le naturel des comportements effacera les assom-
mantes contraintes de l'étiquette.

Quand la cour séjourne à Versailles, les dames d'honneur
logent au château pendant la semaine de leur service. Mme de
Causans amène avec elle sa fille Marie, qui est du même âge
qu'Élisabeth. Mais elle a soin de ne pas la laisser participer aux

réjouissances de la cour car, n'ayant pas de fortune, elle ne veut à aucun prix lui donner le goût d'un luxe qu'elle ne pourra jamais lui offrir. Elle résiste donc avec la dernière énergie aux sollicitations réitérées d'Élisabeth pour avoir cette nouvelle compagne auprès d'elle. La jeune princesse, voyant que ses prières sont inutiles, décide d'obtenir par la malice ce qu'elle n'a pu acquérir par la persuasion. On connaissait l'énergie dont elle était capable pour obtenir ce qu'elle désirait.

Un soir où il y a réunion dans le salon d'Élisabeth, on joue à un jeu qui fait fureur : les ombres chinoises. Élisabeth dirige les ombres. Les dames, à tour de rôle, sont appelées à deviner le nom des personnes plus ou moins reconnaissables qui passent derrière la toile éclairée. La marquise de Causans est présente dans l'assemblée. Soudain Élisabeth envoie discrètement chercher la jeune Marie qui se morfondait dans son petit appartement relégué dans les combles. Elle ordonne qu'on la fasse venir tout de suite en secret. Une dame d'honneur lui indique rapidement les mots de passe et une certaine manière de saluer qui permet de traverser les appartements. La jeune fille a le cœur battant. Élisabeth la happe au passage, arrange prestement sa coiffure et peu après l'ombre de Marie se dessine sur la toile. Au moment où Mme de Causans doit deviner qui traverse l'écran, elle hésite un instant, ne pouvant croire que, malgré toutes les précautions qu'elle a prises, sa fille puisse se trouver là. Enfin elle s'écrie : « Ah ! Madame, vous m'avez trahie ! » Toute la compagnie s'extasie sur la nouvelle recrue, la trouve charmante, modeste, jolie. Élisabeth, triomphante, la présente elle-même à tous les invités et déclare en riant à sa dame de compagnie : « À présent qu'elle est introduite à la cour, vous ne pouvez plus me la refuser ! »

De ce jour, elle la prend sous sa protection et même sous sa direction. On s'en rend compte à travers la longue correspondance qu'elles échangeront plus tard, où Élisabeth ne cesse de la sermonner. Mais ce n'est pas tout. Mme de Causans n'en avait pas fini avec les générosités d'Élisabeth.

Sa seconde fille, Louise, qui devait devenir marquise de Raigecourt, a elle aussi gagné le cœur de la princesse tant elle est mignonne, délicate et pleine d'esprit. Elle est cependant obligée, suivant les ordres de son chapitre à Metz, de passer là, huit mois de l'année. Madame Élisabeth veut à tout prix l'attacher à sa maison. L'éternel obstacle de la fortune s'y oppose, car Louise n'a pas de dot pour faire le mariage qui l'introduirait facilement dans la suite des princes. Mme de Causans ne peut s'y résoudre, pas plus qu'elle n'y a consenti pour la troisième de ses filles.

Qu'à cela ne tienne. Élisabeth, ayant beaucoup d'affection pour sa dame d'honneur, et sachant que l'éloignement de ses enfants la rend fort triste, décide d'assumer la charge financière de ce mariage. Elle s'adresse à celle en qui elle a toute confiance, celle qui a remplacé sa chère Clotilde, Marie-Antoinette. En entrant dans les appartements de la reine où elle s'est faite annoncée, elle dit :

— Promettez-moi de m'accorder ce que je vais vous demander, ma chère sœur.

— Quoi donc ? demande en riant Marie-Antoinette au milieu de ses dames, je veux avant de répondre savoir de quoi il s'agit.

— Non, reprit Élisabeth, dites oui d'abord.

— Mais certainement non, dit Marie-Antoinette, qui reçoit un coussin de soie en pleine figure.

Elle se précipite sur Élisabeth et toutes deux roulent sur le lit de la reine en hurlant de rire devant les dames de compagnie, qui se mêlent bientôt à la bataille. Enfin au bout d'un temps, Élisabeth échevelée dit :

— Bref, écoutez-moi donc, car, à ce rythme-là, nous n'arriverons jamais à rien…

— Ah, enfin, elle devient raisonnable ! s'exclame la reine.

— Votre Majesté est bien en désordre pour me parler ainsi ! réplique Élisabeth.

Marie-Antoinette veut répondre, mais Élisabeth ne lui en laisse pas le temps.

— Écoutez-moi, un beau parti se présente pour Louise de Causans, elle n'a pas de fortune, je veux lui donner cinquante mille écus pour sa dot.

Marie-Antoinette ouvre de grands yeux.

— Attendez ! Ma sœur chérie, obtenez-moi du roi qui fait tout ce que vous voulez…

— Ce qui n'est pas vrai, réussit à placer sa belle-sœur.

— … qu'il m'avance pour cinq ans les trente mille livres d'étrennes qu'il me donne chaque année, et je serai la plus heureuse des princesses.

Marie-Antoinette se radoucit et embrasse Élisabeth :

— Ah c'était donc cela ! Que vous êtes mignonne avec ceux que vous aimez, ma petite ! Oui, j'irai demander à votre frère qu'il vous accorde de faire ce sacrifice.

— Mais ce n'est pas un sacrifice, s'écrie Élisabeth, puisque j'aurai ma Raigecourt que j'aime à la folie.

Et la reine alla voir le roi qui accorda tout de bon gré, toujours prêt à satisfaire la femme qu'il aimait et cette sœur, si près de son cœur que rien ne pouvait lui être refusé. Élisabeth sauta de joie et courut rassurer Mme de Causans.

Louise de Raigecourt n'aurait jamais voulu quitter sa princesse quand vinrent les mauvais jours de la Révolution, mais celle-ci lui imposa formellement de s'éloigner en emportant avec elle un testament contenant ses dernières volontés. Angélique de Bombelles dût également, sur l'ordre d'Élisabeth, rejoindre son mari, ambassadeur de France à Venise. Il s'en suivit une intense correspondance entre elles trois ainsi qu'avec Marie de Mauléon, la sœur de Louise.

Les surnoms sont à la mode. Élisabeth, malicieuse, donne des petits noms à ses meilleures amies que l'on retrouve dans ses lettres : pour Angélique de Bombelles, ce sera Bombe ou Bombelinette, pour Louise de Raigecourt, Rage, pour la marquise de Travanet, Travanette et pour Charlotte de Monstiers, Démon.

Élisabeth est princesse de France et sa « maison » est d'importance. Elle aura la comtesse Diane de Polignac comme dame d'honneur et la marquise de Sérent comme dame d'atours. Les « dames pour accompagner » sont : la marquise de Soran, la marquise de Causans, la comtesse de Canillac, la marquise de Bombelles, la vicomtesse d'Imecourt, la comtesse des Deux-Ponts, la marquise de la Roche-Fontenilles, la comtesse de Clermont-Tonnerre, la marquise de Mondelon des Essarts, la marquise de Lastic, née de Montesquiou, la vicomtesse de Mérinville, la marquise de Raigecourt.

Le chevalier d'honneur est le comte de Coigny ; le premier écuyer, le comte d'Adhémar. Le chevalier de Saint-Pardoux, écuyer du roi, sert près de la princesse. M. de Martineau est porte-manteau, M. Mesnard de Chouzy, secrétaire des commandements et M. Imbert, secrétaire de la chambre. Il y a une kyrielle de femmes de chambre, dont Mmes de Cimery, Malivoire, Cagny, Bénard, de Lau, Poirier de Saint-Brice, etc. et enfin, Bosserelle, coiffeuse. Mais avec cela, certaines charges mineures pouvaient néanmoins changer de titulaire.

La marquise de Sérent, dame d'atours d'Élisabeth, est chargée de commander les robes, les habits de cour ou d'équitation, de régler les factures ; toutes lui sont soumises et ne sont acquittées que sur sa signature, depuis les souliers jusqu'aux habits de soie brodée. La dame d'atours fait vendre à son profit les robes et parures écartées. Les dentelles sont fournies par elle et distinctes de celles qui regardent la dame d'honneur. Le secrétaire de la garde-robe est chargé de la tenue des livres de compte.

La dame d'atours avait sous ses ordres une première femme des atours chargée de l'entretien de toutes les robes, des femmes pour plier et repasser, des valets de garde-robe et un garçon de garde-robe chargé de transporter chaque matin des corbeilles garnies de taffetas qui contenaient les toilettes du jour. La femme de garde-robe apportait d'autres corbeilles contenant les chemises et les mouchoirs. La corbeille du matin s'appelait le *prêt* du jour, et la corbeille du soir, le *prêt* de nuit. Elle contenait la chemise, le bonnet de nuit et les bas du lendemain matin. Le linge ne concernait pas la dame d'atours.

La toilette terminée, on faisait entrer les valets et garçons de garde-robe qui emportaient le tout pêle-mêle dans les ateliers où tout était suspendu, revu, nettoyé, avec un tel soin que les robes non retenues conservaient tout l'éclat d'un vêtement neuf. Les premières femmes de chambre étaient chargées de la garde, du soin et de la révision des diamants et pierres précieuses qui ornaient agrafes, ceintures, barrettes, escarpins et bracelets.

La mode la plus extravagante à ce moment concerne « le pouf à la circonstance », que l'on porte dans la coiffure et qui peut illustrer n'importe quel événement, même privé, comme l'inoculation du roi ou de ses frères : du jour où ils furent vaccinés contre la vérole, le coiffeur de la reine ne trouva rien de mieux que de barder ses cheveux de seringues et de petites fioles pharmaceutiques. Trop fort ! Les femmes adoraient.

Premières inquiétudes

Élisabeth est pourvue en tant que princesse, elle peut désormais être libre de faire tout ce qu'elle veut, en fonction de l'étiquette. Elle n'est plus « à l'éducation » comme on disait, elle vit comme elle l'entend dans l'appartement que le roi lui a attribué dans la partie sud du palais, sur la pièce d'eau des Suisses, non loin de ceux de Mesdames Tantes. Là résonnent encore et toujours les mesquineries, les médisances, les intrigues.

La reine, séduisante, mondaine, coquette à l'extrême, cernée d'élégance, de mode, de parfums, de diamants, de soirées éblouissantes, passe sa vie à l'Opéra, à Paris, aux bals, au jeu, aux danses. Elle affole tout le monde, les hommes d'abord, qui confondent courtiser et… courtiser. Le comte de Provence le premier, qui bêtement lui écrit des poèmes d'amoureux transis, se fait vertement éconduire. Quant aux femmes, qui veulent l'imiter, elles dépensent des fortunes pour rivaliser avec ses parures, ses coiffures, ses plumes, ses bijoux.

Las, ses deux belles-sœurs, les princesses de Savoie, toujours aussi laides, répandent leur venin de femmes jalouses et, de surcroît, espèrent le trône, puisque la reine n'a pas encore trouvé le moyen d'enfanter ne serait-ce que d'une Dauphine, si ce n'est d'un Dauphin.

Marie-Antoinette n'a-t-elle pas écrit à sa mère à Vienne en 1775 : « Nous sommes dans une épidémie de chansons satiriques. On en a fait sur toutes les personnes de la cour, hommes et femmes, et la légèreté française s'est même étendue sur le roi. (…) Pour moi, je n'ai pas été épargnée. On m'a très libéralement supposé les deux goûts, celui des femmes et des amants. Quoique les méchancetés plaisent assez en ce pays, celles-ci sont si plates et de si mauvais ton qu'elles n'ont eu aucun succès ni dans le public ni dans la bonne compagnie. »

Malheureusement, elles seront reprises par les journaux de l'époque qui en feront leurs choux gras. La reine a tant d'ennemis. La moindre charge à la cour attribuée à l'un ou l'une, déclenche la rancœur de tous ceux qui y prétendaient. Provence, Artois, leurs femmes, Mesdames Tantes, le clan des Orléans, tous ceux-là sont rongés de jalousie et guettent avec férocité ses moindres faux pas. La reine, qui espère toujours les œuvres de son mari, s'étourdit pour oublier le chagrin où la met son impuissance. Car, de même qu'Élisabeth, elle adore les enfants et ne rêve que d'en avoir, au contraire de sa belle-sœur qui n'attend que ceux de son frère.

Cependant, chaque semaine, jusqu'au Carême, le roi offre un bal à la reine, qui lance elle-même ses invitations et préside à l'ordre des danses. Dans le somptueux salon de la Paix, qui prolonge la galerie des Glaces, on dispose de grandes corbeilles de fleurs, les musiciens prennent place sous les dorures qui resplendissent. Élisabeth et ses dames sont bien sûr de la fête.

Dans un bal ordinaire il y a huit menuets. On voit le marquis de Noailles exécuter un pas de deux avec la marquise d'Holstein. Mais la beauté de la reine éclipse toutes les femmes présentes. Les toilettes que lui crée Rose Bertin où soie, dentelles, nuages de gaze et pierres précieuses se marient délicieusement, lui donnent un charme féerique. La mousse blonde de ses cheveux, relevés par une couronne de lys dorés, accroche les lumières. Ses sourires enjôlent. Quelque chose de précieux émane de sa personne.

On danse le menuet, les contredanses et la jeunesse pouffe de rire car les traînes des robes et les paniers entraînent la chute de ceux qui auraient à tout prix voulu ne pas perdre la face.

Souvent, la compagnie est restreinte : une douzaine de personnes seulement. Le roi assiste au bal qui dure deux heures au plus, mais ne danse pas. Entre les séries de menuets, on présente à la famille royale et aux invités, des corbeilles de pêches, de mandarines, de biscuits, de la glace, du vin et de l'eau. Provence mange mais ne danse pas non plus. Et Artois, félin, séduisant, insolent, fait virevolter la reine plus que de raison. Leur couple attire tous les regards, tant ils rayonnent de grâce et de gaieté. Ils s'attirent bien des médisances. Louis ne danse pas, il n'a jamais dansé : il contemple sa femme, candide et confiant, ignorant les traits assassins que provoquent les innocentes distractions de la reine.

Élisabeth, auprès de lui, se réjouit mais s'inquiète. Il lui semble que déjà les langues vont bon train sur le compte de Marie-Antoinette. Elle suggère à son frère de l'accompagner au moins une fois au bal masqué de l'Opéra, à Paris, où la reine s'est déjà fait remarquer par ses folies : toujours accompagnée de son beau-frère, Artois, elle a dansé jusqu'au matin, a perdu ses dames, est rentrée sans sa suite en calèche, a fait des rencontres fortuites sans qu'elles lui aient été présentées à la cour, en bonne et due forme. Ses folles chevauchées et le jeu du pharaon[1], où elle engloutit des fortunes, n'arrangent pas non plus sa réputation !

Sa mère, l'impératrice Marie-Thérèse, lui écrit de Vienne, très inquiète : « Ne vous faites pas d'illusion, ce jeu attire après soi très mauvaise compagnie et actions dans tous les pays du monde. Cela est reconnu. Il attache trop par l'envie de gagner, et on est toujours la dupe. Calcul fait, on ne peut gagner à la longue, si on joue honnêtement. Ainsi, ma fille, je vous prie, point de capitulation, il faut s'arracher tout d'un coup de cette passion. Personne ne peut mieux vous en conseiller que *moi, qui étais dans le même cas.* »

Telle mère qui joue aurait donc une fille joueuse. Et ne serait pas crédible à lui en faire le reproche.

Le roi accepte tout, paye tout sur sa cassette personnelle. Il honore maintenant la couche de sa femme et prie chaque jour pour qu'elle soit enceinte afin de couper court aux sous-entendus grivois qui ne cessent d'envahir les galeries, les salons, les bosquets ; et puis les rues, les cafés, les clubs, les salles de rédaction, les arrière-cours. Car la calomnie, comme un trait de poudre, s'enflamme, grossit, incendie tout sur son passage.

---

1. Jeu d'argent assez proche du poker.

Au palais, les princes et princesses sont sans cesse en représentation. Qu'ils se lèvent, s'habillent, dînent – à midi – ou soupent – le soir –, aillent à la messe ou à leur toilette, sans jamais se lasser, les courtisans les tiennent sous le feu de leurs regards inquisiteurs, essayant de tirer des conclusions fines de leurs moindres signes de tête, leurs sourires ou leurs silences.

Élisabeth étouffe sous cette oppression malveillante. Son premier mouvement est de s'en extraire au plus vite. Elle a soif d'air pur et de solitude. La peinture ne lui suffit pas. Ni ses confesseurs, ni les dames de Saint-Louis, ni même, doit-on dire, ses chères amies Angélique et Louise. Non, Élisabeth a besoin de grands espaces pour vivre, et d'une relation aux autres délivrée de l'intrigue perpétuelle. Elle rêve d'une relation d'amour, qui la laisserait vierge, à qui elle se donnerait sans être prise. Elle cherche à obtenir ce qu'elle possède déjà, jusqu'à ce que la boussole de son instinct s'y arrête. Et peu à peu la réponse se dessine avec une douceur nouvelle.

Élisabeth nourrit une passion de toujours pour ses chevaux, c'est auprès d'eux qu'elle retrouve son équilibre. C'est à eux qu'elle livrera son cœur. C'est à leurs belles têtes qui balancent à son arrivée avec un hennissement de joie qu'elle accordera ses caresses les plus tendres. Ce n'est pas tout à fait nouveau et cependant c'est à la cour, dans ce bain odieux de servilité, qu'il lui est apparu avec une évidence aveuglante que l'innocence de ses chevaux, leur confiance d'animaux bien-aimés, qui l'attendent dans l'air pur du matin, impatients d'aller avec elle sous les frondaisons, étaient les seuls dignes de son amour.

Est-ce bien de l'amour au reste que cette émotion légère et puissante à la fois qui l'envahit chaque fois qu'elle les retrouve ? Chaque fois que leur odeur sucrée de bêtes soignées parvient à ses narines ? C'est moins que cela, c'est plus en même temps. Elle ne pourrait plus vivre sans. Elle donnerait tout sauf eux, croit-elle, oui, tout, ses amies, ses parents, sa fortune, mais pas ses chevaux. Elle ignore qu'ils ont en commun avec elle cette exigence d'enfants précieux. Et bien d'autres choses encore. Élisabeth est toujours l'indomptable petite fille qu'elle fut dans son enfance, à jamais insatisfaite, pour n'avoir pas connu l'amour de sa mère, ni de son père. Rien ne remplacera cette blessure sans cesse ravivée par la rigueur imbécile de gouvernantes acariâtres.

C'est un roseau sauvage. Elle ne veut que le vent des marais. Les bruits secrets de la forêt. La fuite malicieuse qui la faisait se cacher derrière les statues. Mais là ce ne sont plus des figures de pierre qui la hantent, mais des êtres de chair, qui souillent son souffle d'adolescente. Élisabeth ne reprend vie que les jambes collées aux flancs de ses chevaux. Jamais elle n'a utilisé de cravache comme le font ses frères Provence et Artois. Jamais elle ne s'est blessée, alors qu'elle monte chaque jour plusieurs heures, et pourtant les chemins de Versailles sont dans un piètre état.

Les deux belles-sœurs

Entre les chasses à Fontainebleau et les bals costumés, Louis XVI et Marie-Antoinette, aiguillonnés par les sévères remontrances de Joseph II, ont tout de même fini par consommer leur union.

La reine ralentit le rythme de ses soirées, elle ne va plus au jeu chez la princesse de Guéménée et ne rentre plus si tard de ses sorties à Paris. Le roi la visite régulièrement dans sa chambre. Artois et Provence peuvent ranger leur morgue : en cet été 1778, à Marly, la reine est enceinte. Louis XVI s'épanouit, Élisabeth saute de joie. On rapporte que la reine, d'une beauté éblouissante, aurait dit au roi au cours d'un dîner, devant ses beaux-frères : « Sire, j'ai à me plaindre d'un de vos sujets qui me donne des coups de pied dans le ventre. » À quoi le comte d'Artois aurait répondu entre ses dents : « Et nous il nous les donne au derrière. » Eh oui, le trône leur échappait avec la venue d'un héritier.

Dans la nuit du 18 au 19 décembre, Élisabeth qui veillait entendit tout un remue-ménage dans les entresols. Elle avait quitté les appartements de la reine à onze heures du soir, mais depuis plusieurs nuits elle ne pouvait dormir, persuadée que le temps était venu où la reine allait accoucher.

Soudain on vint la chercher. La reine était sur son lit de travail. Elle eut quelques douleurs aiguës qui firent perler la sueur à son front. Les dames d'honneur et les princes royaux ne bougent pas plus que des papillons épinglés sur leur planche. Élisabeth s'approche : « Ma sœur, voulez-vous de l'eau ? » demanda-t-elle, Marie-Antoinette acquiesça. Le roi se précipite pour apporter un verre d'eau.

Plus tard, la reine voulut se promener dans sa chambre jusqu'à huit heures du matin, un peu au bras de la princesse de Lamballe, un peu à celui d'Élisabeth, et un peu à celui du roi.

Vers onze heures du matin, après une nuit d'impatience, le médecin dit d'une voix forte : « La reine va accoucher. » Élisabeth crut que son cœur allait se décrocher de sa poitrine tant il battait fort. Une foule de curieux, autorisée à entrer jusqu'auprès du lit, selon un usage aberrant, envahit la chambre.

La reine accoucha d'une petite fille. Puis elle s'évanouit. Élisabeth, tétanisée, vit son frère se précipiter pour arracher les battants des fenêtres qui étaient collés par des bandes, afin de lui donner de l'air. Puis il repoussa de sa poitrine des curieux sur le point de renverser les paravents pour mieux voir. Impossible de remuer, on se serait cru sur une place publique un jour d'affluence. Certains étaient même grimpés sur des meubles pour voir plus à leur aise. La princesse de Lamballe s'évanouit à son tour. L'air frais aidant, la reine revient à elle.

Élisabeth en cet instant trouva son frère magnifique et sa belle-sœur héroïque.

La petite est confiée à sa gouvernante la princesse de Guéménée. Louis XVI est transporté de bonheur. Dans son journal minimaliste, il ne dit pas « l'enfant », il dit fièrement « ma fille », dès les premiers mots qu'il écrit après l'événement tant attendu.

L'enfant reçut le nom de Marie-Thérèse Charlotte en hommage à sa grand-mère l'impératrice d'Autriche et le titre de Madame Royale pour la différencier de Madame, comtesse de Provence.

Grave question : qui sera envoyé à Vienne pour annoncer la nouvelle ? Le choix se porte d'abord sur le comte Esterhazy proposé par Marie-Antoinette, qui n'ignore pas que « cette commission distinguée qui relève des premières charges de la cour » ne saurait lui être confiée sans susciter les plaintes et les réclamations. Aussi la reine a-t-elle chargé Mercy, l'ambassadeur de Vienne, d'exprimer à l'impératrice son désir que le comte fût choisi pour cette mission.

Dans quelle situation délicate ne met-elle pas le pauvre ambassadeur, qui connaît déjà la réponse mais ne veut pas s'attirer les reproches de sa souveraine ? Sans ménagement, en effet, Marie-Thérèse écrit : « Esterhazy ne convient nullement pour être envoyé ici avec une si grande nouvelle. Sa maison n'est pas illustre et il est toujours regardé ici comme un réfugié. » Oublie-t-elle que le prince, chef de la maison Esterhazy, est un des plus grands seigneurs d'Europe ?

Marie-Antoinette change alors d'avis : ce sera le prince de Lambesq, de la maison de Lorraine – maison de son père – qui partira pour Vienne le 24 décembre.

L'enfant est baptisée dans la chapelle du château par le cardinal de Rohan. Monsieur représente le roi d'Espagne, son parrain. Et Madame, l'impératrice d'Autriche, sa marraine. Au moment du baptême, le comte de Provence donna une nouvelle preuve de son manque de tact et de son hostilité envers la reine, qui l'avait éconduit. Comme le grand aumônier demandait quel nom il fallait donner à l'enfant, il se permit cette mauvaise plaisanterie : « Ce n'est pas par là que l'on commence, dit-il ; la première chose est de savoir quels sont les pères et mère de l'enfant. » Comme s'il eut fallu en douter. La plaisanterie fut reprise de toutes parts, donnant naissance aux bruits selon lesquels aucun des enfants de Marie-Antoinette n'aurait été de Louis XVI.

Il y eut des fêtes populaires, des feux d'artifice, des illuminations, des jeunes filles dotées généreusement et des distributions de pain et de viande dans tout le pays.

Louis XVI est déjà fou de sa fille. Il couvre la reine de bijoux. Il ne se lasse pas d'admirer la petite qui présente « des traits réguliers, de grands yeux et le teint de la meilleure santé ». Il va la voir sous tous les prétextes, rit tout haut en croyant qu'elle lui sourit, et l'enfant ayant serré un de ses doigts, il est « dans un ravissement qui ne se saurait rendre », rapporte dans son journal le comte Papillon de La Ferté.

Élisabeth est sans cesse auprès de la reine. Elle ne sait qu'inventer pour adoucir les jours suivant l'accouchement. Mais Marie-Antoinette se remet très bien et son auguste époux ne pense maintenant qu'au prochain enfant qu'elle mettra au monde en espérant que ce soit un Dauphin.

Élisabeth retourne auprès d'Angélique de Mackau pendant que la reine se repose. Angélique s'est mariée avec le marquis de Bombelles le 23 janvier 1778, à l'église Saint-Louis de Versailles. En plus des cent mille livres de dot et des mille écus de pension, elle est nommée « dame pour accompagner » auprès d'Élisabeth. Mme de Mackau est rassurée à son sujet. Élisabeth s'écrie : « Enfin tu es de ma maison ! C'est un lien de plus entre nous et rien ne pourra le rompre ! » Ce fut vrai jusqu'à la fin de leur vie.

Angélique a été présentée officiellement au roi, à la reine, au duc d'Orléans, à la duchesse de Chartres, qui l'invite à son bal. L'amour et l'ambition la guideront toujours, pour son diplomate de mari. Celui-ci est enchanté que Madame Élisabeth ait emmené sa jeune épouse chez le roi. Il lui a fait compliment de sa bonne mine tandis que la reine lui adressait quelques mots de bienvenue. Angélique rend compte à son époux, qui est ambassadeur à Ratisbonne, de tous les divertissements auxquels elle participe avec Élisabeth.

À cette époque cette dernière n'a que quatorze ans et ne pense qu'à s'amuser avec ses dames qui ont le même âge qu'elle pour la plupart. Elles inventent des petites comédies écrites de leur main, qu'elles jouent avec Louise de Raigecourt, Mme de Sorans et Mme de Mackau. Angélique raconte : « Maman a mis une redingote, s'est décoiffée et a mis un vieux chapeau. Mme de Sorans a mis un grand taffetas vert qui lui entourait la tête et le corps, et elles ont chanté un dialogue d'ivrogne et d'un pénitent qui est de Saint-Cyr. Maman, en faisant l'ivrogne avait une figure si drôle que tout le monde a ri, si fort qu'on ne s'entendait plus. »

Après ces innocentes folies, tout le monde danse jusqu'à minuit, pour le plus grand plaisir d'Élisabeth qui, elle, non plus que son frère, ne danse pas. Elle dira à Bombe : « Je t'avoue que je n'ai jamais cru qu'il y ait du mal à la danse, mais je n'ai jamais cherché à m'en instruire. Dieu m'a fait la grâce de la haïr si parfaitement que je n'y ai jamais pensé. »

On peint son portrait. Elle doit patienter de longs moments sans trop s'agiter, ce qui est une gageure. Angélique lui fait la lecture pour que le temps lui semble moins long. Les trois jeunes filles vont avec la reine chez la princesse de Guéménée pour assister à une représentation du *Milicien joueur*. Ensuite, on joue au billard, on boit des jus de fruits, on récite des proverbes.

Pendant ce temps, le comte d'Artois se bat en duel avec le duc de Bourbon, son cousin. Au bout de sept ou huit bottes, ils tombent dans les bras l'un de l'autre. C'était une affaire mineure survenue dans un bal où la duchesse de Bourbon avait traité le comte d'Artois de polisson. En réponse il l'avait quasiment souffletée.

Cela n'empêcha pas les duellistes, lorsqu'ils parurent à la Comédie-Française le soir même, d'être applaudis à la suite de la reine, qu'on venait d'acclamer à son arrivée dans la loge royale. Le lendemain, le comte d'Artois reçut l'ordre de se rendre à Choisy, et le duc de Bourbon, à Chantilly. Leur exil dura huit jours, ensuite ils revinrent à Versailles.

La cause de cette dispute est une certaine Mme de Canillac qu'Angélique méprise pour sa légèreté. En revanche, la princesse de Guéménée la protège, mais l'on dit dans Paris que son amour pour cette dame vient de ce que lorsqu'elle se rend dans le salon des Guéménée, elle y attire les jeunes gens et les princes.

Angélique a des scrupules : elle ne sait plus si elle doit par politique fréquenter le salon de Mme de Guéménée où l'on rencontre de telles créatures qui sont la cause de duels. Pourtant Mme de Canillac sera nommée « dame pour accompagner » Madame Élisabeth.

La petite Angélique n'est-elle pas un peu jalouse ? ou seulement trop jeune pour toutes ces intrigues qui l'affolent ? Elle regrette bien parfois l'absence de son mari ambassadeur. Ils se retrouveront tout de même suffisamment pour avoir quatre enfants. En attendant, Angélique vit assez simplement à la cour avec Élisabeth.

Mme de Guéménée en revanche mène grand train, voulant rivaliser avec les plaisirs de la reine. Elle offre une vie de luxe et de plaisirs à une trop nombreuse société, au point de se ruiner en ne se refusant rien de ce qu'il y a de plus cher, en mets raffinés, bals somptueux, robes et bijoux magnifiques. Pendant ce temps, son mari est occupé par sa liaison avec la comtesse Dillon, fort jolie.

La petite cour d'Élisabeth est constituée, mais elle sait bien qu'il lui faudra de temps en temps laisser sa chère « Bombelinette » rejoindre son mari. Angélique a officiellement sa chambre au château. Le matin, Élisabeth y fait porter leur petit déjeuner et, toutes deux, assises près de la fenêtre, prennent ainsi leur chocolat en devisant tranquillement sur leurs projets d'avenir : Élisabeth rêve d'un domaine à elle. Angélique rêve d'une ambassade au Portugal pour son époux.

Diane de Polignac, qui fait aussi partie de sa maison, « laide en perfection », très spirituelle et assez méchante, présente aux yeux de la cour l'inconvénient d'être alliée à la famille que chérit Marie-Antoinette en la personne de la duchesse Jules de Polignac. Celle-ci d'ailleurs, obtient de la reine de telles faveurs et de telles sommes d'argent que le scandale s'en répandra dangereusement autour d'elle. Avec son air d'ange, ses boucles blondes et ses yeux clairs, « elle a une de ces têtes où Raphaël savait joindre une expression spirituelle à une douceur infinie », dit à son sujet le duc de Levis Mirepoix.

Les deux belles-sœurs Polignac fréquentent la même société : Mirepoix rappelle avec nostalgie les aimables moments passés dans la société de la duchesse Jules de Polignac, née Yolande de Polastron, en compagnie de Marie-Antoinette et d'Élisabeth. « Elle ne cachait point assez l'ennui que lui causaient les visites d'étiquette, auxquelles l'amitié n'avait aucune part. » Aussi une douzaine de personnes seulement, choisies par la reine et son amie, sont-elles autorisées à partager l'excellente existence qu'elles se réservent. En dehors des carcans de la cour, on se rassemble dans une grande salle de bois construite à l'extrémité de l'aile du palais qui regarde l'Orangerie au bout de l'appartement d'Élisabeth. On joue au billard, au piano ou au jeu de quinze. On fait de la musique, on cause des événements du jour, des potins de la cour, mais jamais il n'est question d'intrigues ou de calomnies comme on en entend à tous les coins des galeries, au château. On y passe de douces soirées au coin du feu, à broder, à lire, à jouer de petites saynètes ou à parler de mode, une des passions de la reine.

Louis XVI demande à Mme de Guéménée de choisir le premier écuyer de Madame Élisabeth. Elle propose la charge au comte de Clermont mais celui-ci refuse, sur les conseils du duc d'Orléans. Elle la propose ensuite au comte Esterhazy sur une idée de Marie-Antoinette, qui aime beaucoup ce jeune et brillant diplomate hongrois, dernière « coqueluche » de la cour, bien que l'impératrice Marie-Thérèse le traite de freluquet.

Esterhazy refuse avec hauteur, ne trouvant pas la place suffisamment brillante aux vues de ses mérites. En effet, il a été nommé colonel d'un régiment de hussards sur l'ordre exprès de la reine, a obtenu la garnison de Rocroi qu'il avait demandée, est pensionné et logé par le roi, ses dettes ayant été payées. Il séjourne tant qu'il le désire au château, est reçu dans les appartements de la reine où il fait sa cour tant à Versailles qu'à Paris.

Élisabeth ne prend nulle part à toutes ces intrigues sur le choix de son écuyer. Elle ne s'en soucie pas le moins du monde. Pour finir, son écuyer fut le comte d'Adhémar, avec qui elle s'entendit très bien.

La vie de cour est assez calme, écrit Angélique à son lointain époux qui se consume d'amour et d'inquiétude. « Le matin, on va à la messe, à midi trois quarts, je dîne avec Madame Élisabeth. Nous travaillons, nous lisons, nous causons jusqu'à sept heures. À sept heures nous faisons une grande toilette pour aller au salon où l'on arrive à sept heures trois quarts. On joue au pharaon jusqu'à dix heures. Après on soupe. Après le souper on se remet au pharaon qui dure jusqu'à je ne sais quelle heure. Madame Élisabeth s'en va à minuit. »

Le matin, Élisabeth monte à cheval, plaisir dont elle ne se priverait pour rien au monde. Donc, elle ne veille pas.

Ce qu'Angélique omet de dire à ce moment, c'est que le jeu coûte cher à la reine. À Marly, elle a perdu mille louis en une soirée. On a besoin de joueurs qui acceptent de parier gros. On ouvre toutes grandes les portes à n'importe qui pour trouver des participants et de l'argent frais. Des voleurs s'introduisent pour « plumer » les grosses fortunes qui passent sur le tapis. On en saisit un qui venait de donner au banquier un rouleau de jetons de bois en guise de louis d'or.

La reine est prise au jeu comme sous l'emprise d'une drogue. Elle perd beaucoup d'argent. L'année 1778, sept mille cinq cents louis. Les bruits courent. Tout le monde sait bientôt les sommes que la reine engloutit au pharaon. De bonnes âmes en avertissent les journaux à scandales.

Heureusement, certains jours, il y a comédie ou danse.

Madame Élisabeth, elle, ne pense qu'à monter à cheval. Angélique acceptera-t-elle enfin de l'accompagner ? Oui, si elle n'écoutait que son bon plaisir. Mais comme la comtesse de Polignac a suggéré prudemment que la marquise ne sachant pas monter, pouvait faire encourir des dangers à Madame Élisabeth, Angélique a suivi les premières fois en carrosse la princesse et la reine qui étaient à cheval. Plus audacieuse, la reine trouve que cela « n'a pas le sens commun » et déclare à Mme de Bombelles qu'il lui faut monter à cheval. Cela l'amusera et stimulera Madame Élisabeth. D'autre part, il n'y a aucun danger, affirme-t-elle, puisqu'un piqueur sera chargé de l'assister.

Personne ne trouva à redire à cette proposition et les promenades se déroulèrent sans incident. Le hasard fit qu'Angélique avait du goût pour le cheval et qu'elle apprit assez vite à monter convenablement. À Ratisbonne, le marquis est ravi, il lui a déjà trouvé une monture, pour la plus grande joie d'Élisabeth.

Elle est d'une hardiesse qui effraye ceux qui l'accompagnent, au point que Mme de Mackau écrit à Clotilde, pour qu'elle raisonne sa cadette : « Il serait peut-être désirable qu'elle montât moins à cheval, mais il faut dire que c'est un goût dominant chez elle et qu'elle s'en porte à merveille, de manière qu'il est difficile de la contrarier à ce sujet. » Mme de Mackau a renoncé à détourner Élisabeth, pour qui elle a une grande affection, de sa passion pour le cheval.

Pendant ce temps, la guerre d'Indépendance en Amérique ne rencontre plus l'enthousiasme populaire. La France s'est lancée dans une guerre où elle engloutit ses finances, mais dont elle ne devra tirer aucun profit si ce n'est de se poser en ennemi de l'Angleterre : sa flotte prouvera par ses victoires, sa supériorité sur celle des Anglais ; mais à quel prix, il y a suffisamment de soucis en politique intérieure pour ne pas aller risquer la fortune du pays dans cette aventure.

Les succès des d'Estaing, des Rochambeau, des Lafayette excitent l'imaginaire de la foule, mais c'est bien cette guerre qui finira de ruiner le pays, et non les frasques de Marie-Antoinette.

Il ne manquait pas de jeunes ambitions pour aller en Amérique courir sus à l'ennemi héréditaire en aidant une nation naissante à conquérir sa liberté, mais cela ne faisait qu'affaiblir le pouvoir royal, déjà mis à mal par des finances en plein déficit.

Les soucis d'Angélique

Madame de Guéménée avait promis une place de sous-gouvernante des Enfants de France à la sœur d'Angélique, la marquise de Soucy. Tout est changé. La place n'est plus à prendre pour le premier enfant ; on promet pour le second.

L'affectation du marquis, son mari, à un nouveau poste, est également reportée. Les démarches sont restées sans résultat auprès du ministre Maurepas qui l'a pourtant connu enfant, lorsqu'il était « à l'éducation » avec le duc de Bourgogne.

Enfin, pour comble de malheur, l'appartement du baron de Breteuil qu'Angélique doit habiter, à l'hôtel d'Orléans, quand elle n'est pas « de semaine » auprès d'Élisabeth, n'est pas prêt pour la recevoir.

Heureusement, à Marly, où la cour s'est transportée le 20 octobre, elle est accueillie de façon charmante. La reine lui demande des détails sur ses progrès en équitation. Monsieur lui pose des questions sur son époux. La comtesse Diane, Mme de Maurepas, lui font mille grâces. Élisabeth est ravie qu'on soit si aimable avec sa chère amie. Angélique, qui espère impatiemment être enceinte dès qu'elle pourra rejoindre son mari, avait commis une maladresse avant l'accouchement de la reine : elle avait naïvement déclaré : « Le ventre de la reine est très gros... », puis toute rougissante, elle avait vite ajouté : « mais il lui va à merveille. » Et chacun de rire devant ses efforts pour être un bon courtisan.

On craint que la faveur du comte Esterhazy ne soit en berne car il ne se montre pas à Marly. Serait-il vexé de n'avoir pas été envoyé à Vienne pour annoncer la naissance du premier enfant du roi ? On apprend qu'il a des rhumatismes et tout rentre dans l'ordre. Il y a un bal chez le prince de Poix, gouverneur de Marly, mais Élisabeth chasse le lendemain et elle prévient qu'elle ne s'y rendra pas. Elle demande discrètement à la reine de prendre soin de son Angélique.

Qu'à cela ne tienne, Angélique retrouve la duchesse Jules de Polignac et Mme de Châlons, chez la comtesse Diane, et elles s'en vont toutes les trois au bal. La reine remarque qu'Angélique ne danse pas et croyant que personne ne l'en a priée, elle se lève et va dire aux « agréables » qui se trouvaient là de l'inviter. Angélique refuse le premier danseur. Alors la reine s'approche d'elle et s'inquiète de sa santé. Apprenant qu'elle souffre de l'estomac, c'est-à-dire qu'elle ne souhaite pas se mêler aux danseurs, Marie-Antoinette se met à causer avec elle avec beaucoup de naturel. Et bien sûr elles parlent de Madame Élisabeth. La reine est inquiète, elle craint qu'Élisabeth trouve qu'elle s'occupe trop de « tout ce qui la regarde » et qu'elle « la prenne pour une pédante ». Angélique proteste énergiquement – assurant que Madame Élisabeth lui est profondément attachée et qu'elle est extrêmement sensible aux soins que la reine prend d'elle.

Cependant la vie de représentation est épuisante et Angélique n'est pas fâchée de quitter Marly. Se coucher tard, changer de toilette trois fois par jour, rester des heures sur un tabouret, sans pouvoir appuyer son dos, c'est trop pour la jeune épousée de seize ans. Élisabeth lui demande de la représenter dans les soirées trop fréquentes où elle ne tient pas à se rendre, mais cela lui est parfois pénible.

De retour à Versailles, elle trouve un courrier de son mari qui lui vante avec enthousiasme la qualité des clavecins de Ratisbonne. Angélique en parle de tous côtés et se rend compte trop tard de son imprudence. Tout le monde à la cour veut un clavecin de Ratisbonne. Pauvre marquis de Bombelles, que d'ennuis il aura pour les choisir, les expédier et, pour se faire rembourser.

La première, Madame Élisabeth veut un clavecin pour les soirées dans ses appartements. Celui-là, le marquis va le choisir avec amour, le faire parvenir dans les plus brefs délais et n'en recevra que des compliments. Le paiement sera lent, mais enfin la comtesse Diane, qui veille aux finances d'Élisabeth, finira par s'exécuter. Puis il y aura Mme de Canillac qui

« meurt d'envie d'en avoir un », puis Mme de La Rochelambert, et d'autres dames encore qui ne peuvent plus vivre sans un clavecin de Ratisbonne.

On ne parlait plus que de cela le soir du 1er novembre, au relais de chasse de Saint-Hubert.

Tous les princes, dont Élisabeth, rayonnante, assistaient à la chasse ; le roi était de très bonne humeur et le comte d'Artois, en verve comme d'habitude, ne passait pas une minute sans dire un bon mot. La reine, très bien remise de ses couches, a dîné de fort bon appétit. Couverts d'argent, coffres sculptés, aiguières de vin précieux, brocarts rouges flamboyants. Tout le monde aurait été ravi de cette soirée à Saint-Hubert si la respectable Mme de Sérent, dame d'atours de Madame Élisabeth, n'avait eu de cesse d'assommer tout le monde de « son ton pédant et de son humeur indécrottable », dira Angélique.

De retour à Versailles, les langues s'aiguisent et s'agacent entre les sœurs Mackau et Soucy. Il paraîtrait que Madame Élisabeth aimerait plus Mme de Canillac, décidément très séductrice, que son Angélique. Celle-ci se plaint à sa princesse et Élisabeth fait une grosse colère, ne sachant quelle preuve supplémentaire donner de sa fidélité à son amie. Chacun s'observe. Élisabeth ne goûte que modérément les passes d'armes entre ses dames.

Mais trêve de plaisanterie, le style et la syntaxe fantaisistes de la princesse laissent à désirer, aussi s'avise-t-on qu'elle n'a pas suivi suffisamment de leçons dans son enfance. Madame Élisabeth doit reprendre des cours. Cela l'ennuie à périr, aussi a-t-on demandé à son amie Angélique de suivre avec elle les leçons de l'abbé de Montaigu qui est chargé du pensum. Madame Élisabeth est pleine de reconnaissance « car elle ne se sentait plus la force de reprendre des leçons toute seule ». L'abbé de Montaigu se confond en remerciements : avec une élève aussi primesautière et difficile à fixer que Madame Élisabeth, il assure que c'est le seul moyen de la ramener à s'appliquer. Pourtant Élisabeth montre de vraies facilités pour les sciences physiques et mathématiques. La botanique deviendra sa passion.

Chez Madame Élisabeth, ces jours-ci, on s'amuse beaucoup. D'abord on monte une comédie, *Nanine*. Élisabeth tient le rôle principal et Angélique joue en travesti. Le 17 novembre, la reine y assiste et rit beaucoup. Il faut bien se détendre un peu. À la fin, deux des actrices chantent – assez faux – un petit duo où elles supplient le ciel de veiller sur Madame Élisabeth et demandent à celle-ci de les aimer toujours. Entre rires et larmes, tout le monde se congratule et l'on se noie dans la crème Chantilly des choux au café.

Mais enfin, il n'y a pas que les cours de l'abbé de Montaigu, les promenades à cheval et les leçons de clavecin. La mode est aux associations comiques. La duchesse du Maine crée l'ordre de la Mouche à miel, et la marquise de La Ferté-Imbault l'association de la Calotte. Ces sociétés badines, ordres, cercles ou clubs de toute nature, n'ont en réalité, sous les noms les plus étranges, d'autre but que de distraire leurs adeptes.

Élisabeth et Angélique ont donc créé une loge sous le nom d'Ordre du Canapé. Bien sûr, la première qualité exigée des entrants est le secret absolu sur leur intronisation. La loge se tient dans le salon d'Élisabeth. On fait entrer le profane, en l'occurrence l'écuyer d'Élisabeth, le comte d'Adhémar qui veut bien se prêter à ce petit jeu. On le convainc qu'on a besoin de ses services pour recevoir ensuite d'autres chevaliers, ou autres frères et sœurs. On met un laquais tenant un vieux sabre rouillé en faction devant la porte. On bande les yeux du comte et on le fait entrer à reculons. Ensuite il doit traverser des épreuves terribles telles que sauter à pieds joints sur un coussin et sentir un réchaud à esprit de vin lui caresser la barbe sans réagir. Puis il doit répondre avec la plus grande honnêteté à des questions saugrenues du genre : « Avez-vous changé vos chausses ce matin ? »

Après les questions d'usage on lui lit les statuts de l'Ordre qui sont totalement fantaisistes et tiennent en deux mots, « silence et bouche cousue ». Puis il reçoit le « restaurant », une cuillère à café de mauvaise moutarde. Ensuite il doit baiser la main de la sainte de l'Ordre, en l'occurrence la petite chienne d'Élisabeth. On lui débande les yeux. La Grande-Maîtresse (Élisabeth) et sa sœur assistante (Angélique) le font asseoir entre elles deux, comme un grand honneur, et cet honneur le fait… tomber par terre, parce que les deux chaises sont à distance d'une place. Un grand tapis les couvre et l'on croit, dans le milieu, s'asseoir sur un vrai canapé, qui s'écroule dès que les officiants se lèvent. Tout le monde éclate de rire et la récompense du nouveau frère est de recevoir à son tour une victime qui ne doit rien savoir.

L'important est de mettre une grande variété dans les épreuves des néophytes. Élisabeth et Angélique ne s'en privent pas. Elles font entrer de nouveaux membres pendant des heures parfois. On n'a aucune certitude que la reine n'y passa pas car elle n'aime rien tant que de partager les bêtises des plus jeunes.

Quand il y a bal masqué, en vingt-quatre heures de temps, et à l'aide du magasin des Menus-Plaisirs, toute la cour est déguisée et masquée. À onze heures, le roi entre dans le grand salon de la Paix vêtu de son habit ordinaire, suivi des ministres, des courtisans, des gens attachés à la cour. Tous sont en habits de caractère très brillants. « Il y en a de galants, de bizarres et de risibles », dit le comte Métra. Le vieux Maurepas est déguisé en Cupidon et sa femme, en Vénus. Le maréchal de Richelieu, en Céphale, conduit, habillée en Huronne, la vieille maréchale de Mirepoix, qui fut si complaisante aux favorites de Louis XV. Ils dansent ensemble et récoltent des applaudissements. M. de Sartine, habillé en Neptune, trident en main, fait vis-à-vis à M. de Vergennes, globe sur la tête, carte de l'Amérique sur la poitrine, carte de l'Angleterre sur le dos. Puis on voit la comtesse de Chimay et d'autres dames de la cour, déguisées en fées, le maréchal de Biron en druide, le duc de Coigny en Hercule, Lauzun en sultan, le duc d'Aumont en Suisse, sans compter les quadrilles de matelots, de coureurs, de chasseurs, tous les pages, en jockeys… La reine s'égaye plus que de raison à reconnaître ses courtisans. Tous les soirs elle reste debout jusqu'à minuit avec les personnes choisies de sa suite. Que d'insouciance dans cette cour qui rêve et se ridiculise sans vergogne, inconsciente de la menace qui rôde, cherchant à s'étourdir en des distractions puériles, oublieuse de ce que la situation du pays exigerait de réflexion et de sagesse. Bientôt ils devront fuir ou finir leurs jours sur l'échafaud.

De Versailles à Trianon

Mais pour l'heure, Angélique veut à tout prix qu'Élisabeth devienne musicienne car elle a décidé de jouer avec elle un concerto à quatre mains devant le comte d'Artois convié à ce concert peu orthodoxe. Peine perdue, Élisabeth ne peut se résoudre à jouer en mesure. Le concert est une terrible partie de rire, plein de fausses notes et du désespoir d'Angélique qui ne peut rien obtenir de sa princesse.

Angélique ne rêve que de musique. Élisabeth lui a offert une harpe mais apprenant qu'on lui en a livré une qui est loin d'être la meilleure ni la plus jolie, elle fait enlever la harpe de la chambre de son amie et la fait porter à la sœur de celle-ci. Angélique est terrassée de chagrin, croyant qu'Élisabeth lui retire ce qu'elle lui a offert. Elle se compare même à Job sur son tas de fumier quand Dieu lui a tout enlevé ! Et puis les jours suivants, elle voit paraître dans sa chambre « la plus jolie harpe qui ait jamais été depuis que le monde est monde ». Elle pleure de joie. Enfin, comme elle s'inquiète du prix exorbitant d'un si joli instrument, Élisabeth la rassure en lui disant que le duc de Villequier s'est chargé de l'acheter et la comtesse Diane de le payer. Angélique est au paradis.

Pour fêter la naissance de son premier enfant, la reine s'est rendue en compagnie du roi aux réjouissances organisées par la ville de Paris. Après la messe à Notre-Dame où l'on a rangé en ordre les jeunes filles les plus gracieuses pour saluer la reine sur son passage, elle se rend au château de la Muette pour souper chez son amie la duchesse de Polignac, où elle transporte sa cour avec elle. À Paris, les feux d'artifice, les bals populaires, les fontaines de vin, les distributions de pain et de victuailles, les spectacles gratuits enthousiasment la population. On acclame les souverains.

Marie-Antoinette apprend bientôt la mort de sa mère, l'impératrice d'Autriche, et soudain quelque chose bascule dans sa vie. Tous les sermons que celle-ci a pu lui faire depuis son mariage avec Louis XVI acquièrent une force nouvelle. Sous le coup de ce chagrin Marie-Antoinette n'a plus envie de la vie frivole qu'elle a menée jusque-là, elle veut s'occuper de sa fille, et le fait d'ailleurs avec beaucoup de soin et d'intelligence. Elle passe désormais du temps au Petit Trianon, surtout lorsque le roi est à la chasse, et c'est souvent qu'il y est.

Cependant, le roi la visite chaque jour et, preuve qu'ils vivent bien maritalement, en 1781, la reine est à nouveau enceinte. Mais cette fois-ci, le monde est en émoi car elle donne naissance à un Dauphin.

Le 22 octobre 1781, Louis XVI vient les larmes aux yeux auprès du lit de l'accouchée et lui dit : « Madame, vous avez comblé mes vœux et ceux de la France : vous êtes mère d'un Dauphin. » Il n'est plus question que la foule entre dans la chambre au moment de l'accouchement, seule la famille royale et une dizaine de personnes se trouvent là. Élisabeth voit le couple de parents le plus heureux de la terre. Elle se tient sur un petit siège auprès de Marie-Antoinette, qui pleure d'émotion. Elle lui tient la main et y dépose un baiser. La reine sourit et soupire de lassitude.

Ni les Provence ni les Artois ne se réjouissent de la venue de cet enfant qui entrave leur espoir de régner un jour. Ils sont on ne peut plus froids, se tiennent en retrait, et lorsque le petit duc d'Angoulême s'écrie : « Qu'il est petit mon cousin ! », son père le reprend : « Il viendra un jour, mon fils, où vous le trouverez bien assez grand. »

Le baptême a lieu dans la chapelle royale et Madame Élisabeth tient le rôle de marraine en lieu et place de la princesse de Piémont. Toute la France célèbre l'événement. Les femmes de la Halle viennent en robe de soie noire rendre hommage à la reine. Les festivités durent deux semaines. Le pays est en liesse. Pourtant, le petit Dauphin ne vivra pas longtemps. Au terme d'une atroce tuberculose osseuse, semble-t-il, il mourra en 1789 juste au moment de la réunion des États généraux. Louis XVI, en larmes, dira aux gardes venus le chercher pour l'ouverture de la séance : « Il n'y a donc pas de père parmi eux. »

Ensuite la reine donnera le jour à un second fils, le 27 mars 1785, jour de Pâques. Ce sera le petit duc de Normandie, futur Louis XVII, qui connaîtra le destin tragique que l'on sait. Petit « chou d'amour » comme l'appelle sa maman, qui écrit en 1788 : « C'est un vrai fils de paysan, grand, frais et gros. » L'enfant est charmant, il est vraiment joli, volontaire et affectueux.

Marie-Antoinette écrit à sa nouvelle gouvernante, la duchesse de Tourzel, qui succède à cette époque à la duchesse de Polignac, partie en exil aux premiers signes de la Révolution en marche : « Mon fils a quatre ans, quatre mois moins deux jours ; je ne parle pas de sa taille, ni de son extérieur : il n'y a qu'à le voir. Sa santé a toujours été bonne ; mais même au berceau on s'est aperçu que ses nerfs étaient très délicats et que le moindre bruit extraordinaire faisait effet sur lui. La délicatesse de ses nerfs fait qu'un bruit auquel il n'est pas accoutumé lui fait toujours peur. Il a peur, par exemple des chiens parce qu'il en a entendu aboyer près de lui. Je ne l'ai jamais forcé à en voir parce que je crois qu'à mesure que sa raison viendra, ses craintes passeront. Il est comme tous les enfants forts et bien portants, très étourdi, très léger et violent dans ses colères ; mais il est bon enfant tendre et caressant même, quand son étourderie ne l'emporte pas. Il a un amour-propre démesuré qui, en le conduisant bien, peut tourner un jour à son avantage. Jusqu'à ce qu'il soit bien à son aise avec quelqu'un, il sait prendre sur lui et dévorer ses impatiences et colères, pour paraître doux et aimable. Il est d'une grande fidélité quand il a promis une chose ; *mais il est très indiscret ; il répète aisément ce qu'il a entendu dire, et souvent, sans vouloir mentir, il y ajoute ce que son imagination lui fait voir. C'est son plus grand défaut et sur lequel il faut bien le corriger…* »

Ce passage fait frémir lorsqu'on sait que le petit Dauphin, à la prison du Temple, portera les pires accusations d'inceste sur sa mère et sur sa tante Élisabeth, accusations que ses geôliers lui auront apprises pour qu'il les répète à leurs juges du Tribunal révolutionnaire. Par quelle divination, cette mère attentive aux moindres détails pointe-t-elle le défaut de son fils qui, quatre ans plus tard, marquera sur elle le plus ignoble signe d'opprobre ?

Plus loin dans cette lettre, Marie-Antoinette poursuit : « On a toujours accoutumé mes enfants à avoir grande confiance en moi, et, quand ils ont eu des torts, à me les dire eux-mêmes. Cela fait qu'en les grondant, j'ai l'air plus peinée et affligée de ce qu'ils ont fait, que fâchée. Je les ai accoutumés tous à ce que oui ou non prononcé par moi est irrévocable ; mais je leur donne toujours une raison à portée de leur âge, pour qu'il ne puisse pas croire que c'est humeur de ma part... Mon fils est né gai ; il a besoin pour sa santé d'être beaucoup à l'air, et je crois qu'il vaut mieux le laisser jouer et travailler à la terre sur les terrasses que de le mener plus loin. L'exercice que les petits enfants prennent en courant et en jouant à l'air est plus sain que d'être forcés à marcher, ce qui souvent leur fatigue les reins. »

On peut se demander ce que la pédagogie moderne nous a appris de plus. Marie-Antoinette n'avait pas lu nos manuels contemporains, il semble pourtant que son intelligence pédagogique fonctionnait très bien.

Son dernier enfant, la petite Sophie, née le 9 juillet 1786, mourra onze mois plus tard, le 19 juin 1787. Marie-Antoinette se passionne pour les enfants depuis toujours. Avant d'en avoir, elle en a même adopté. Madame Royale est élevée en compagnie d'une petite fille sans fortune, Marguerite Lambriquet, pour qu'elle ne prenne pas l'habitude d'être servie seule. Les gouvernantes qui en ont la charge sont toujours choisies parmi les amies les plus proches de Marie-Antoinette, que ce soit Mme de Guéménée, la duchesse de Polignac, grande favorite de la reine, ou la duchesse de Tourzel, qui ne la quittera pas jusqu'à la prison du Temple.

Mesdames Tantes, pour leur part, ne cessent de gémir contre la modernité, la perte des valeurs, les coiffures en folie, aigrettes et plumes d'un mètre de haut qu'elles traitent d'« ornements de chevaux ». Elles ne décolèrent pas contre l'« Autrichienne », elles n'ont jamais accepté ses diamants, ses parures, ses pertes au jeu, ses bals, ses sorties à Paris, ses courses en traîneau, ses fourrures, son Petit Trianon qu'elles nomment « le petit Vienne ». Elles sèment la zizanie, pleurnichent auprès d'Élisabeth, qui ne les visite pas assez souvent. Sous des dehors de bigotes, elles sèment une gangrène insidieuse qui lézarde les esprits faibles.

Provence étouffe de voir sur le trône son aîné qu'il juge incapable. Louis XVI, qui n'est pas dupe, le prend pour un Tartuffe et ne se cachera pas pour le dire, un jour où son frère interprète le rôle dans la pièce de théâtre du même nom. Artois, léger, frivole, séduisant, se fait faire trois cent soixante-cinq paires de chaussures, une pour chaque jour de l'année, et se commande un habit de perles et de diamants qui coûte, dit-on, le prix de plusieurs Trianon. La reine n'aime pas Provence mais comme Élisabeth, elle raffole d'Artois que tout le monde aime. Ils partent tous trois à la chasse au bois de Boulogne, dans une voiture à deux roues qu'on nomme diable. Le jeune homme conduit à toute allure pour le plus grand plaisir des deux belles-sœurs. Puis ils vont dîner au château de la Muette.

Tous les huit jours, la comtesse Diane donne un concert en l'honneur de Madame Élisabeth. Angélique croit que c'est pour la détourner de sa mère, Mme de Mackau, qui est aussi un peu celle d'Élisabeth. « Je suis affligée pour maman à qui cela fait de la peine », écrit-elle à son mari. Du coup, elle décide sa mère à donner elle aussi un concert pour Élisabeth. Celle-ci l'a trouvé « charmant », ajoutant pour satisfaire son amie « qu'elle s'y était tant amusée qu'elle l'avait encore préféré à ceux de la comtesse Diane. »

Il nous reste d'ailleurs une lettre de la pieuse Mme de Mackau qui n'a jamais oublié l'autre petite fille dont elle a eu la charge et qui est maintenant princesse de Piémont. Elle lui écrit à cette époque : « Il faut que j'entretienne ma chère princesse de Madame sa nièce (la petite Madame Royale). Elle est extrêmement forte pour son âge, elle a les plus beaux yeux possibles, un petit visage bien arrondi et une très jolie bouche.

Elle ressemble beaucoup à Madame sa tante, jugez, ma chère princesse, combien cela redouble mon intérêt pour cette auguste enfant. M. le duc d'Angoulême, son cousin, sans être beau est un charmant enfant plein d'esprit, fort doux et toujours gai. La reine est plus belle que jamais. » Madame Royale sera enfermée à la prison du Temple avec Madame Élisabeth et plus tard elle épousera son cousin, le duc d'Angoulême, que Marie-Antoinette aime beaucoup.

Tout ceci est fort beau mais Élisabeth, profondément, n'a jamais goûté les intrigues, et, peu à peu, sa vie va changer. Elle étouffe à Versailles, comme son amie la reine. Toutes deux rêvent d'un lieu exempt d'intrigues et d'étiquette où la nature et la simplicité soient reines, ce qui n'exclut pas un certain raffinement. Le plus souvent, désormais, Élisabeth accompagne Marie-Antoinette au Petit Trianon. La vie y est beaucoup plus détendue. Angélique a dû se rendre à Paris. Son frère, qui s'est blessé à la jambe, l'a fait demander. À son retour, Élisabeth la fait chercher en chaise à porteurs pour monter à cheval avec elle. Et pour la première fois, on relate une chute de cheval d'Élisabeth.

La faute en est aux dégâts que font les charrues dans les allées. Elle a roulé sous les pieds du cheval de M. de Menou. Tout le monde a cru que la bête effrayée allait lui fracasser la tête ou les membres. Angélique saute au bas de son cheval et se précipite pour savoir si Élisabeth n'est pas blessée. Non, elle n'a rien, mais l'amie est toute pâle et tremble si fort que c'est elle que l'on doit réconforter. Puis elles remontent en selle et rattrapent la chasse comme si de rien n'était. Mais Angélique a fait un tel effort pour surmonter son tremblement et retenir ses larmes, qu'elle a souffert de l'estomac et de la tête « tout ce qu'il est permis de souffrir ». Puis elle a eu une crise de nerfs. Toutefois, son malaise se termine assez vite, puisque le lendemain matin elle repart à la chasse avec Élisabeth et l'accompagne à Trianon l'après-midi.

Le roi et la reine, qui jouent au loto, l'accueillent avec sympathie et la complimentent sur sa jolie tenue de cour. Elle écrit à son mari : « J'y ai perdu mon argent suivant mon aimable habitude. J'y étais très bien mise et je me serais consolée des frais de ma parure, si tu avais pu me voir. Il y avait là l'écuyer de Madame Élisabeth, M. d'Adhémar, qui m'a dit tout le plaisir qu'il avait eu de te voir à Londres. »

Élisabeth n'est pas en reste de coquetterie, elle sait tenir son rang et on la voit au jeu, ravissante dans une robe à passementeries argentées, resserrée à la taille par une boucle de corset à quatre-vingts brillants qui jettent des feux à chacun de ses mouvements. Elle porte dans sa coiffure une bague à cheveux avec un entourage de seize diamants qui retient une aigrette de plumes blanches. Elle a mis à son cou un bijou offert par son frère, un « esclavage » sur trois rangs, composé de trois cent trois perles dont l'éclat fait ressortir la fraîcheur de son teint.

Angélique fait tout ce qui est en son pouvoir pour que son marquis de mari soit nommé ambassadeur à Lisbonne. On la retrouve à Trianon avec Élisabeth, jouant à nouveau au loto, à côté du roi, ce qui pour elle est un signe annonciateur de l'obtention d'une faveur prochaine, d'autant que le roi l'a « traitée avec la plus grande distinction », écrit-elle à son mari.

Elle termine sa lettre en disant : « Madame Élisabeth me charge de te prier de lui rapporter de Londres du papier à écrire qui soit rayé pour servir de guide. Elle voudrait encore des chapeaux de paille dont le fond serait bien profond, et te prie surtout de lui faire bien payer tout ce qu'elle te devra. » Vu la hauteur des coiffures il est nécessaire en effet que les chapeaux soient « bien profonds » !

Certaines marquises portent de si hautes coiffures qu'elles en sont réduites à voyager à genoux dans leur carrosse. Élisabeth, astreinte à la mode de la cour, doit agrémenter ses cheveux de constructions savantes comme en imagine chaque jour la modiste de la reine, Mlle Bertin. Les gazes bouillonnées, les rubans et les plumes, les dentelles et les fruits abondent sur la tête des dames. Toutefois, les perpétuelles courses à cheval imposent à Élisabeth le port du catogan comme en portait Louis XVI, que l'on voyait souvent échevelé à ses retours de chasse. Elle se sent plus proche de lui que des marquises poudrées et fardées de rouge qui se gavent de pâtisseries et rivalisent d'extravagances vestimentaires.

Angélique à Lisbonne

L'ascension en ballon des frères Robert a été le grand événement de la semaine. Ils sont partis de Versailles un dimanche à midi et sont arrivés à six heures à Béthune chez M. le prince de Ghimstelle, en parfait état. On les croyait perdus car trois heures après leur départ avait éclaté un orage effroyable. Ils en ont réchappé et seront décorés par le roi.

Angélique qui ne quitte pas Élisabeth prend part à la vie de cour sans jamais perdre de vue l'avancement de son mari. Elle a dix-huit ans à peine, est fort jolie et très appréciée. Elle fait preuve d'un dévouement aussi sincère qu'intéressé.

Ainsi, au printemps 1779, Élisabeth est prise d'une forte fièvre pendant une nuit. La rougeole est déclarée ; elle l'a sans doute contractée chez la reine qui vient de l'avoir elle-même, car elle a tenu à lui rendre visite malgré la quarantaine qui l'isolait. Et puis la chère Angélique, qui a soigné fidèlement « sa princesse », l'a aussi attrapée.

Elle a cependant le temps de se remettre avant l'arrivée de son mari qui vient passer deux mois avec elle, avant de la ramener à cette fameuse ambassade de Lisbonne. Il l'a enfin obtenue grâce aux bons offices de sa jeune épouse.

La sœur d'Angélique convole en justes noces avec le marquis de Travanet, un joueur invétéré. Elle deviendra plus tard dame pour accompagner dans la suite d'Élisabeth.

Maintenant qu'Angélique s'éloigne, les deux amies vont entamer une longue correspondance. Élisabeth lui écrit – avec les fautes d'orthographe – dans une de ses toutes premières lettres, quelques jours seulement après son départ :

Vous croyez peut-être que je suis consolée, point du tout ; d'autant plus que moi qui déteste les explications, je viens d'en avoir une avec ma tante. La Reine y a été ce matin pour lui demander ce qu'elle avait hier, et elle lui a dit qu'elle était fort mécontente de moi, parce que je ne lui avais pas écrit avant mon inoculation, et qu'elle devait m'en parler [évidemment, la tante Adélaïde est contre les vaccinations]. *J'ai donc été ce soir : je suis arrivée chez ma tante Victoire qui m'a parlé avec beaucoup d'amitiez, et qui m'a dit que j'avais eu tors de ne leur pas écrire, ce dont je suis convenue, et lui ai demandez pardon. De là j'ai été chez ma tante Adélaïde qui, le plus aigrement possible, m'a dit : « J'ai parlé à la reine de vous ce matin. Que dites-vous de votre conduite, depuis qu'il est question de vous inoculer ? – Comment, ma tante, lui ai-je dit, qu'est-ce que j'ai fait ? – Vous ne nous avez pas seulement remercié. » Et elle reprit de ce que nous nous enfermions avec vous ; et, pendant Choisi et Marly, elles n'ont pas entendu parler de nous. Je lui représenter qu'entre ses deux voyages, j'étois venue chez elle et je l'avois remerciez ; qu'en cela je n'avoit fait que mon devoir, mais que je l'avoit fait. À cette réponse elle c'est un peu embarrassez, et m'a dit entre ces dents : « Ha ! une fois en passant ; mais je ne leurs avois point écrit. » Je lui ai dit qu'en cela j'avois eu tors, et que je leurs en demandois pardon ; que pour la Muette et Meudon, je n'y-avoit aucune part et point de tors.* [Élisabeth n'est pas toujours prévenue très à l'avance des déplacements capricieux de la cour.] *Elle m'a dit qu'elle ne me parloit point de cela, et sur ce elle a changer de conversation, etan toujours embarrasse. En sortant de chez elle, je lui ai encore dit que jesperoit qu'elle me pardonoit, elle m'a repondue que ce n'étoit que la crainte qu'elle avoit eu d'être oubliez de moi qui l'avoit facher, m'aimant beaucoup, et qu'elle esperoit que cela ne seroit jamais. Je lui ai dit que je t'acheroit de méritée son amitiez, et que je lui demandoit de me conserver toujours la sienne.*

De la je suis revenue et ai mandé cela à la Reine, et puis a mon petit ange. Je ne puis te céler que je n'ai que la moitiez des tors dont je suis convenue ; mais il faut mettre la paix dans la maizon et dans ce quartiez la il faudroit au moins Monsieur le chats pour l'établir bien solidement.

88

À propos mon ange, je t'emprit, si tu as le temps, fais cherché Campana ; fais toi peindre pour ta petite servante ; dis lui de faire ton portraits de la grandeur de ceux des médaillons, et coifée et habillée comme celui qu'il a fait de moi, et qui n'est pas comme le tien. Ne vas pas l'oublier, car je te tueroit ainssi que ton fils [Angélique est enceinte]. Mande moi de tes nouvelles, et fais dépêcher Campana...

En véritée, Madame Angélique, vous devez être bien contente de moi, car mes lettres sont assez long et les lignes assez serez, je vais arranger mes affaires et tu les trouveras en très bonne ordre ; mande moi toutes les grimaces qu'a fait ta belle sœur pendant le mariage [du marquis de Travenet] et toute les betise qu'elle aura dit, qui certainement ton beaucoup ennuiyez si tu les a ecoutée, mais qui m'amuseront beaucoup en les lisant, adieu ma petite sœur St Ange, il me paroit qu'il-y-a mille ans que je ne t'ai vue, je t'embrasse de tout mon coer, et suis de votre Altesse

La très humbles et très obeissante servante et sujette.

ÉLISABETH DE FRANCE
Dit la Folle.

On voit qu'Élisabeth n'engendre pas la mélancolie, elle passe sa vie à cheval ou au Petit Trianon, avec la reine, quand elle ne raconte pas sa vie à Angélique ou à ses autres dames, dans une correspondance pleine de fautes d'orthographe et de vie ; du moins dans les premiers temps.

Il n'y a pas que Mesdames Tantes qui lui soient un sujet de contrariété. « M. de Lambesc, qui loge au-dessus de moi, m'impatiente, écrit-elle ; je crois qu'il marche avec des bottes fortes, et je le prends toujours pour des nouvelles qui arrivent. »

Élisabeth est aux aguets des lettres de son amie dont elle a été récemment séparée. On imagine son peu d'enthousiasme à suivre les mouvements de la cour qui l'ennuient. Elle ne songe qu'à ses amies et en particulier à Angélique.

Les années passant, celle-ci a eu un, puis deux, puis trois enfants. La sœur de son mari, la marquise de Travenet, l'a rejointe au Portugal, après s'être séparée de son incorrigible époux qui se ruine au jeu. Elle a dû chercher aide et protection auprès de son frère, à Lisbonne. Les deux belles-sœurs maintenant se disputent l'attachement du marquis de Bombelles. Le voici pris entre deux feux : sa femme ou sa sœur, sa sœur ou sa femme ? Telle est la question. Cette jalousie provoque des disputes et des scènes dont le pauvre mari a bien du mal à s'extraire. Mais Angélique est pour deux années encore à la cour du Portugal et elle doit y tenir son rang. La reine du Portugal, Marie Ire, l'a très bien accueillie. Elle a été l'objet d'attentions flatteuses comme venant de la cour de France. Elle s'en vante quelque peu dans ses lettres à Élisabeth.

Celle-ci lui répond : « Je suis convaincue de ce que tu me mandes de tes succès, lui écrit-elle, tu es faite pour en avoir. » Mais ce ne serait plus Élisabeth si elle ne se laissait pas aller à de petites taquineries : « Je ne serais pas fâchée que la nécessité de faire des frais et de te rendre aimable, te donne un peu plus d'habitude du monde, quoique tu aies ce qu'il faut pour y être bien, et qu'en effet tu y sois joliment. Mais un peu plus d'habitude ne te fera pas de mal. Je suis bien insolente ou bien mondaine, n'est-il pas vrai, mon cœur ? Tu me pardonnes, j'espère le premier et tu ne crois pas au second. Ne va pourtant pas prendre les manières portugaises. Elles peuvent être parfaites mais j'aime que tu ne te formes pas sur elles.

« Tu es bien bête d'avoir eu peur à ces audiences. Puisque ton compliment était fait. Je trouve qu'il est embarrassant de parler que lorsque l'on ne s'est pas fait un discours. Était-il de toi ? »

Puis elle lui parle de tout et de rien : « Il fait un temps charmant, je me suis promenée avec Rage [Louise de Raigecourt] pendant une heure trois quarts. Lastic est restée avec Amédée [la fille de la comtesse de Lastic, dame pour accompagner d'Élisabeth] qui est grandie et embellie que c'est incroyable. La duchesse de Duras que j'ai vue hier – et avec qui je suis comme un bijou – est un peu fâchée contre ton mari. Il lui avait promis des instructions pour son fils qui part à Brest, mais il est parti sans les lui donner. Elle m'en a parlé d'une manière qui t'aurait touchée sans aucune aigreur. Mais les larmes lui sont venues aux yeux en pensant que c'était un moyen pour préserver son fils des dangers auxquels il va être exposé. Que ton mari répare bien vite avec toute la grâce dont il est capable. »

Élisabeth est au courant des disputes avec Mme de Travenet, qu'elle connaît bien. Elle donne à son amie le conseil de tenir bon : « Si tu cédais une fois tu serais perdue et deux ans sont encore bien longs à passer ensemble. » Le 5 mars, Élisabeth écrit une longue lettre pleine de malice à son amie : « Vous verrez, Mademoiselle de Bombe, que nous sommes très exacte à remplir vos ordres, puisque la petite [madame de Mackau] et moi nous vous écrivons aujourd'hui, elle vous mandera les nouvelles comme elle pourra, car la poste n'est pas ce qu'il y a de plus fidelle et surtout je crois, dans ce moment cy pour les pays étrangés, au reste pourtant, comme ce n'est pas la personne qui les écrit qui les fait, il serait injuste de s'en prendre à elle. On croirait d'après ceci que je vais te révéler tout le secret de l'État, mais rassure-toi je ne suis pas encore admis au Conseil et je ne sais que ce que charitablement, le public m'apprend, et je n'en saurai pas davantage cette semaine. »

Puis Élisabeth se plaint de certaines de ses dames qui parlent « comme des pies borgnes » et la fatiguent. « Il faut que je convienne, écrit-elle, que le bavardage de Mérinville et la vivacité de Démon [dames pour accompagner] m'avait tuée la semaine passée. Je trouve assez doux celle-cy [cette semaine] de n'avoir rien à répondre et même de n'avoir point à écouter. Par exemple pendant la dînée je me suis un peu livrée à mes réflexions. L'une disait qu'elle n'avait pas fait de politesse à une femme parce qu'elle, ne lui en faisait pas, une autre qu'il était indifférent d'en faire à tout le monde, même aux gens décriés ; qu'il n'était pas suffisant d'avoir une politesse générale comme de leur faire la révérence, mais qu'il fallait jouer, manger avec eux, plutôt que de les laisser seuls ; moi qui suis pénétrée du proverbe dis-moi qui tu entes et je te dirai qui tu es, je me suis réjouie de ne pas penser comme elle. »

Pour Élisabeth, il faut bien réfléchir avant de donner son amitié, pour ne pas blesser celui à qui on l'aurait donné par erreur, en la lui retirant ensuite. On acquiert, dit-elle, ce savoir avec l'âge et de la religion. Mais elle n'est pas dupe non plus :

« Cette bonne religion, elle sert à tout ! Que la personne qui disait que s'il n'y en avait pas, il faudrait l'inventer avait raison ! »

Elle a l'esprit libre, si libre même qu'elle avoue : « Les sermons sont superbes, mais il ne faut pas que je m'attarde beaucoup à en parler, parce que, sans avoir la moindre envie de dormir, je n'en ai pas entendu un mot. »

Malgré la chape de bondieuseries dont elle a été accablée, un territoire secret en elle est resté indompté. Elle s'y réfugie dès qu'un instinct très sûr lui dicte de s'évader. Et puis elle n'est pas patiente : « Les petits de Monstés et de Blangy ont été baptisés hier et ont fait un bruit infernal. Les mères m'ont un peu ennuyée toute la semaine pour leur habillement, mais Dieu merci, c'est passé. »

Toutes ses dames qui sont très jeunes et mariées sont soit enceintes, soit chargées de nouveau-nés. Mme de Farnèse a fait une fausse couche. Ce qui inquiète Élisabeth, c'est de savoir si elle pourra bientôt remonter à cheval avec elle.

Puis arrive le journal des nouvelles politiques qu'Élisabeth tient pour son amie. Le ministre des Affaires étrangères, M. de Vergennes, vient de mourir. Montmorin, qui lui succède, est déjà puni du ciel, selon Élisabeth, puisque sa fille a pris une fièvre maligne. Cette même fille, Pauline, comtesse de Beaumont, sera aimée de Chateaubriand. Nombre de personnages du clan Polignac ne doivent les faveurs, pensions, charges et dots dont ils ont bénéficié qu'au ministre Calonne, qui s'est montré l'ennemi de la reine. Il vient d'être remercié, et s'est enfui à Londres. Ce qui les déstabilise et annonce leur disgrâce. Il est remplacé par Loménie de Brienne, archevêque de Toulouse, nommé sur les instances de la reine.

Et puis Élisabeth retrouve les sujets futiles qui conviennent mieux à son âge ; elle a vingt ans à peine. « Tu as raison de dire que je serai bien contente de toi lorsque je saurai que tu te nourris d'oranges ; je te pardonne parce qu'il le faut bien d'abord et puis à cause du très petit paquet de sucre que tu trouves dedans… J'admire et respecte ton zèle pour le portugais, j'ai envie de l'apprendre pour pouvoir te parler quand tu reviendras, car je suis sûre que tu ne sauras plus un mot de français. Je suis bien aise que Mme de Travenette s'en amuse, elle ne grognera pas pendant ce temps et l'occupation lui fera un bien prodigieux... La petite baronne (ainsi Élisabeth appelle la mère d'Angélique, sa presque nounou, la baronne de Mackau) m'a appris que le vilain Charles [dernier fils d'Angélique] avait gâché ton habit comme nous l'avions prévu, cela ne m'étonne pas du tout. Tu fais bien de le gâter pendant que tu n'as personne pour te faire enrager. Embrasse-le malgré cela pour moi, et Bitche, et le sage Bonbon [surnoms des deux autres fils]. Adieu, mademoiselle, priées Dieu pour nous. Je vous embrasse de tout mon cœur et ne vous aime nullement. »

La petite Sophie Béatrice, quatrième enfant de Marie-Antoinette, vient de mourir le 19 juin 1787, âgée de onze mois. Élisabeth en semble plus affectée que la reine elle-même. Celle-ci est prise dans un tourbillon d'intrigues politiques qui la distraient de son chagrin. D'autant que le premier Dauphin est dans un état pitoyable. La reine écrit à son frère, l'empereur Joseph II : « Mon fils aîné me donne bien de l'inquiétude, mon cher frère. Quoiqu'il ait toujours été faible et délicat, je ne m'attendais pas à la crise qu'il éprouve. Sa taille s'est dérangée, et pour une hanche qui est plus haute que l'autre, et pour le dos, dont les vertèbres sont un peu déplacées et en saillie. Depuis quelque temps il a toujours la fièvre et est fort maigri et affaibli. »

Il n'y a donc guère qu'Élisabeth pour s'affliger de ce décès qui semble passer inaperçu, en tout cas aux yeux des chroniqueurs. Elle écrit : « La pauvre petite avait mille raisons pour mourir, et rien n'aurait pu la sauver. Je trouve que c'est une consolation. Ma nièce [Madame Royale, qui a neuf ans] a été charmante ; elle a montré une sensibilité extraordinaire pour son âge et qui était bien naturelle. Sa pauvre petite sœur est bienheureuse ; elle a échappé à tous les périls. Ma paresse se serait bien trouvée de partager, plus jeune, son sort. Pour m'en consoler, je l'ai bien soignée, espérant qu'elle prierait pour moi. J'y compte beaucoup. Si tu savais comme elle était jolie en mourant, c'est incroyable. La veille encore elle était blanche et couleur de rose, point maigrie, enfin charmante. Si tu l'avais vue tu t'y serais attachée. Pour moi, quoique je l'aie peu connue, j'ai été vraiment fâchée, et je suis presque attendrie lorsque j'y pense… »

Le ton laisse rêveur. Élisabeth a toujours refusé, refusera toujours de « s'attendrir ». C'est ce qui lui permettra sans doute de vivre les pires horreurs sans perdre son sang-froid. On s'étonne de la placidité avec laquelle elle envisage les épreuves. Pourtant, la santé d'Angélique l'inquiète en permanence. « Souffres-tu en toussant ? Ton lait te fait-il du bien ? Calme-t-il ta toux ? Quand il fait chaud souffres-tu davantage ? Es-tu maigrie ? » Puis elle la taquine sur ses enfants, regrette ses insolences et demande « en même temps la permission de recommencer au premier jour ».

Elle continue à suivre les chasses de Rambouillet avec la duchesse de Duras. Mais la reine la requiert pour l'accompagner à Saint-Cyr trouver du réconfort auprès des dames de Saint-Louis. Depuis la mort de la petite Sophie, elle a demandé à Élisabeth de s'installer avec elle au Petit Trianon.

Marie-Antoinette est restée là avec sa belle-sœur, sans aucune suite, la comblant d'attentions affectueuses pour la remercier de rester auprès d'elle. Elles ont brodé en silence, n'ont invité personne, n'ont pas fait de musique. « Ce que nous avons fait le plus, c'est de pleurer sur la mort de ma pauvre petite nièce », dit Élisabeth.

Enfin, à cette période, elle manifeste encore sa répulsion à épouser un prince étranger : « Malgré les belles oranges que tu m'as envoyées, je rends grâce au ciel de tout mon cœur de ne pas m'avoir fait naître pour être reine du Portugal ! » En effet, la réputation d'ennui qui s'attache à la cour de Lisbonne effraye les filles de haute naissance dont la main est recherchée par les grands seigneurs portugais.

Les distractions de Marie-Antoinette

Le bruit, la saleté, les ragots, tout pousse Marie-Antoinette, comme Élisabeth à s'éloigner du château de Versailles. Le Petit Trianon est leur paradis. Marie-Antoinette commande sans cesse de nouveaux travaux dans ses jardins. Sa chambre à coucher est tendue de soieries de Lyon ; les guirlandes de fleurs, les oiseaux, les gerbes de blé, décorent les murs, les meubles et les boiseries peintes en or jaune ou en or vert. Le boudoir, les cabinets d'aisances ou de toilette, la salle de bains et sa baignoire de marbre blanc, la bibliothèque aux trois mille volumes, le grand salon de musique, tout s'égaye d'une série ininterrompue de couleurs tendres, de tons pastel qui rappellent les couleurs du ciel, de la nature, des fleurs.

Le roi vient chaque jour, il a ses appartements dans les attiques, au deuxième étage, mais ce sont plutôt des visites d'agrément qu'il lui rend par amour ; il n'y couche jamais. Marie-Antoinette aime les rubans, les soieries et les mousselines, comme elle surnomme sa fille. « Mousseline la sérieuse » dit-elle. Dans le parc, elle fait planter des essences rares, des arbres de Chine, et puis un manège chinois avec dragons pour les garçons et paons pour les filles où Élisabeth ne se lasse jamais de faire tourner le Dauphin, Madame Royale et tous les enfants.

La reine donne libre cours à son imagination débordante, elle commande des rochers monumentaux, une grotte, un ruisseau, une cascade, un belvédère sur une butte surplombant le lac créé en contrebas, de petits ponts, et son temple de l'Amour, une coupole à colonnes ajourées qui abrite une statue de Bouchardon, *L'Amour taillant son arc dans la massue d'Hercule*. Le soir, l'ensemble s'illumine de centaines de petits pots de feu disposés dans les bosquets. Élisabeth, la reine et ses dames s'y promènent en écoutant les musiciens qui jouent dans le belvédère.

Mais le clou de cet ensemble, c'est peut-être le petit théâtre qu'elle fait construire dans une ancienne orangerie. On y accède par un chemin de rosiers en arceaux. C'est une bonbonnière tendue de tissu moiré bleu clair où des angelots et des lions de stuc dorés soutiennent le balcon. La scène est immense par rapport aux dimensions de ce théâtre de poupée.

Là, dans des décors en trompe l'œil, la reine, Artois, Provence, Élisabeth jouent devant le roi, spectateur privilégié, de petites pièces ou des proverbes naïfs. Il assiste au *Devin du village* de Jean-Jacques Rousseau, où le comte d'Adhémar joue en habit de berger. Dans *La Gageure imprévue*, la reine joue le rôle de Gotte, la comtesse Diane celui de Mme de Chainville, Madame Élisabeth la jeune fille, et le comte d'Artois, un des rôles d'hommes. On joue encore devant les femmes de la reine, leurs sœurs et leurs filles, *Les Fausses Infidèles*, *Le Sorcier*, ou *Rose et Colas*.

Le petit théâtre est envahi de coiffures poudrées à la violette, de parfums capiteux, essences de rose, iris, santal, cannelle, mandarine, dont les dames s'aspergent à profusion ; sans compter les bouquets d'ambiance, au cédrat et au chèvrefeuille. Louis XVI se laisse bercer par une douce torpeur et caresse des rêves d'amoureux. Il semble que sa femme l'ait envoûté. Marie-Antoinette laisse derrière elle un sillage embaumé qui donne envie de la suivre. Et voilà que pour les besoins de ses rôles la reine porte des mouches, au coin de la bouche, sur le front, sur le pli du rire et même sur la lèvre inférieure. Aurait-elle le désir de se dévergonder ? Certainement non, mais de faire exploser le carcan qui l'enserre à la cour, à coup sûr, oui. Élisabeth en cela est sa plus fidèle complice.

La reine joue aussi bien les soubrettes que les amoureuses. Le roi est transporté, il applaudit à tout avec enthousiasme et rit aux mots, bons ou mauvais, qui émaillent les pièces. Il trouve sa sœur Élisabeth charmante. Il réfléchit à la façon de lui faire plaisir car elle est aimée de tous pour sa droiture et son humour, deux qualités qui se font rares à la cour. Il cherche le moyen de lui prouver combien il lui est attaché. En effet, sa sœur Clotilde est en Piémont pour la vie et ses frères ne lui portent qu'une affection très relative, mâtinée de jalousie. Élisabeth reste sa sœur très chérie. Elle est sur scène comme dans la vie, gracieuse, vive, pleine d'esprit et sa candeur se montre sous les caractères qu'elle incarne comme s'ils mettaient en valeur les secrets de sa personnalité. Le roi est ému. Il sourit.

On fit beaucoup de jaloux parmi toutes les personnes, officiers, gardes du roi ou suite des princes, qui ne furent jamais invitées. De toute façon la place manquait. On donna des loges grillagées tout en haut à des gens de la cour qui avaient insisté, et on invita quelques dames de plus. Mais les frustrés firent courir le bruit que tout cela était « royalement mal joué ».

Cette « troupe des seigneurs » n'est pas faite pour attirer la foule mais pour distraire la famille royale. Elle donne encore un peu plus l'impression qu'il existe un monde de rêve auquel le peuple n'aura jamais accès.

Les dettes de jeu faramineuses de la princesse de Guéménée, pourtant gouvernante des Enfants de France, font scandale. À la suite de la banqueroute retentissante de son mari, qui perd trente-deux millions, son domaine de Montreuil est mis en vente et la princesse, exclue de la cour. Elle est remplacée dans sa charge par Yolande de Polastron, qui deviendra duchesse de Polignac, et sera adorée de la reine.

Les dépenses de la cour ne font qu'augmenter. Le « vin du roi » coûte en 1788, 60 000 livres. Le budget de Mme de Guéménée pour les Enfants de France atteint la somme considérable de 540 000 livres en 1781. Pour vêtir les enfants royaux, cela semble beaucoup ! Il n'y a pas moins de 2 500 chevaux dans les grandes et petites Écuries du roi, – dont seulement une douzaine pour Madame Élisabeth – pour un budget de sept millions de livres en 1785. Quand Mesdames Tantes se rendent aux eaux de Vichy, elles partent avec un équipage de 150 chevaux. La cour tient le roi en otage, il ne restera sur le trône qu'enraciné dans la foule de ses courtisans. S'il s'en sépare, il tombe. On ne peut réduire le train de l'État sans provoquer la haine et la colère des privilégiés. Passe-droits, caisses noires, mauvaises gestions, marchés truqués, font déjà les choux gras des croque-morts de la royauté.

Le tourbillon de la vie mondaine se déplace peu à peu à Paris, mais lorsqu'il y a bal chez la reine, splendide réception chez un ministre ou chez le grand écuyer, une foule brillante accourt. Et l'on voit dans la nuit, ou au petit matin, sur le Chemin de Paris, une file de carrosses éclairée par des centaines de torchères, qui regagne la capitale, « comme une procession de fantômes », dit la baronne d'Oberkirch dans ses Mémoires.

Chaque déplacement dans les châteaux de la Couronne, à Compiègne en été, à Fontainebleau en automne, à Marly, Choisy ou la Muette, représente une expédition de plusieurs centaines de chevaux et de carrosses, chacun emportant un véritable déménagement.

La reine ne veut s'entourer que de jeunesse, elle s'indigne que, passé trente ans, on ose encore se montrer dans les bals. Toute une classe de vieilles familles qu'elle nomme « les siècles » est horriblement blessée. Elle écarte cette ancienne noblesse, comme les Rohan ou les Noailles, au profit de familles moins prestigieuses, comme les Polignac. Et puis les couplets orduriers sur son compte hantent les rues. On lui prête des amants, du duc de Coigny à Esterhazy en passant par le comte d'Artois et bien sûr le comte de Fersen, qui serait le père du second Dauphin, le futur Louis XVII. On l'accuse de tout, d'orgies, de saphisme, d'inceste. Un libelle particulièrement odieux est placardé sur les portes du palais :

Louis, si tu veux voir
Bâtard, cocu, putain
Regarde en ton miroir
La reine et le Dauphin.

La reine sanglote dans les bras de Louis, que leur ai-je fait, demande-t-elle. L'affaire du collier, obscure, rocambolesque, scandaleuse, achève de la discréditer. Elle n'oubliera jamais, dira-t-elle, le généreux soutien de son mari. Sans le bras de son autorité, en cette occasion, elle serait tombée dans la plus grande opprobre : sur les ordres du roi, le cardinal de Rohan est arrêté devant toute la cour, dans la galerie des Glaces, puis exilé.

À l'époque, plus d'un prince mène une existence désordonnée, mais cette fois il s'agit d'une femme, d'une étrangère et d'une reine. Trois qualités dont chacune suffirait à elle seule à l'offrir à la vindicte du peuple. La femme se doit de rester discrète dans son foyer. L'étrangère suscite la xénophobie. La reine, quant à elle, a le devoir sacré de donner un héritier à la Couronne sous le regard de Dieu. Ni pharaon, ni soupirants, ni bals masqués, ni retour en fiacre de nuit, à la sortie de l'Opéra, ne peuvent faire partie de son existence sans la faire tomber de son piédestal.

Alors que dire du Trianon que l'on appelle le Petit Vienne ? Les Parisiens n'aiment plus leur souveraine, la cour lui devient insupportable, avec ses intrigues et les perpétuelles requêtes qui lui sont adressées. Eh bien elle n'ira plus à Paris, elle s'éloignera de la cour et s'enfermera dans son royaume à elle : Trianon et le Petit Hameau.

Les bruits courent sur ce qui se passe dans ce Trianon mystérieux où les murs sont tapissés de diamants et de rubis, où la reine reçoit ses amants et ses amantes, où elle se livre à des orgies, où elle engloutit des sommes fabuleuses pour donner des soirées de légende. Tout cela est vrai et faux.

Les diamants sont des émaux, les amants sont *un* homme qu'elle aime à la folie mais qui ne le lui rend pas. Le comte de Fersen restera longtemps courtois et déférent, mais non amoureux, jusqu'au jour où… L'on ne saura jamais si, en juin 1784, il ne devint pas enfin l'amant de la reine, à la suite de la fête somptueuse qu'elle donna à Trianon en l'honneur du roi de Suède, Gustave III. Celui-ci, accompagné du beau comte de Fersen, qui s'est couvert de gloire en Amérique.

Des historiens audacieux ont noté que le duc de Normandie, futur Louis XVII, était né exactement neuf mois plus tard. Et puis, le roi Louis XVI écrit bizarrement dans son journal, à la naissance de son second fils, en parlant de l'accouchement : « Tout s'est passé de même qu'à mon fils. » Quelle secrète distance dans ces quelques mots ! Verrait-il un jour, que ses descendants étaient trop chétifs pour régner ? Sophie, morte. Le premier Dauphin si fragile qu'il ne vivrait pas non plus. On ressent parfois une immense compassion et un profond respect pour celui qui avait décidé de tout accepter parce qu'il connaissait son impuissance. Tout accepter, sauf le crime : il ne se résoudrait jamais à verser le sang du peuple. Élisabeth aimait ce frère avec désolation.

La reine est au bout de ses frivolités. Le petit Dauphin, l'aîné, est mourant. Il fait preuve d'une autorité en même temps que d'une mélancolie déchirantes, les traits de sa figure pâle, curieusement allongée, ses jambes, faibles comme celles d'un vieillard, ne le portent plus. Ne le voit-on pas dire à la duchesse de Polignac, que sa mère a envoyée près de lui : « Sortez, Duchesse, vous avez la fureur de faire usage d'odeurs qui m'incommodent toujours » ? Le premier Dauphin incarne la royauté agonisante. L'autre sera englouti dans l'histoire, avec pertes et fracas. Petit poucet que ses ogres d'oncles n'auront pas sauvé de l'horreur.

Élisabeth au Petit Hameau de la reine

Marie-Antoinette, persuadée que l'air de Meudon est salutaire à son fils aîné, comme il le fut, lui a-t-on dit, au roi dans son enfance, l'a envoyé là-bas pour qu'il y recouvre ses forces. Mais elle n'a déjà plus beaucoup d'espérance. Dès lors, on lui reproche d'abandonner son fils. Les personnes de la famille royale manifestent une sorte d'indifférence défensive dès que le malheur les frappe. Comme si, au sein de la tempête qui les guette et dont les premiers coups de butoir les atteignent, il ne s'agissait que de péripéties avant-coureurs.

Les assemblées de province réclament une réunion des États généraux afin de donner une nouvelle Constitution au royaume. La reine écrit à son frère, Joseph II : « Votre guerre, celle qui menace l'Europe, nos troubles intérieurs, c'est une année bien fâcheuse. Dieu veuille que la prochaine soit meilleure. » Ce sera 1789.

La reine est maintenant très impopulaire et toute décision politique qui semble émaner d'elle, comme la nomination des ministres, déclenche la fureur de l'opinion. Évidemment, les journaux d'opposition et de caricatures, comme le fameux *Père Duchesne*, y participent pour une grande part. Ils la surnomment l'« Architigresse », « la Panthère autrichienne » ou la « Poulie d'Autr (u) iche » avec la légende suivante : « Je digère l'or, l'argent avec facilité, mais la Constitution je ne puis l'avaler ». Les titres des libelles sont de plus en plus violents ! « Les amours de Charlot et Toinette », « Les fureurs utérines de Marie-Antoinette », « Essais historiques sur la vie de Marie-Antoinette d'Autriche » ou encore « La vie privée libertine et scandaleuse de Marie-Antoinette d'Autriche ci-devant reine des Français ».

Devant cette avalanche d'insultes, qui s'insinue partout et que personne n'ignore, la reine veut réagir en femme, en mère, et en épouse. C'est trop tard évidemment, mais ses goûts champêtres vont lui être un rempart contre la calomnie. Elle transforme sa mise et se promène maintenant en robe de percale blanche sans prétention. Là aussi, on l'accuse, mais cette fois de se montrer en tenue de paysanne indigne de son rang. Quoi qu'elle fasse, elle est soupçonnée.

Alors la reine organise une vie de contes de fées dans son domaine enchanté. Elle vit entourée de ses proches, Gabrielle de Polignac et sa fille, Guichette (duchesse de Guiche), le petit Dauphin qui se porte comme un charme et Madame Royale, Artois et ses enfants, le petit duc d'Angoulême, Diane de Polignac, le comte Esterhazy, et Madame Élisabeth, toujours suivie de son grand écuyer le comte d'Adhémar, elle qui souffre profondément de la situation mais reste fidèle entre les fidèles.

Ce sont ceux-là mêmes qui composaient la troupe des seigneurs. Marie-Antoinette n'a-t-elle pas eu l'imprudence de jouer un peu auparavant dans *Le Sabot perdu* le rôle de Babet, courtisée par Colin, qui, se laissant embrasser par son amoureux, perd son sabot dans la neige ? Artois jouait le rôle de Colin. On en a déduit qu'ils étaient amants. Élisabeth connaît toutes ces calomnies. Elle voudrait que son frère fasse preuve de plus de sévérité vis-à-vis des insultes, mais Louis est sur un vaisseau qui sombre et la valse des ministres n'empêchera rien. Il faudrait, pense-t-elle, qu'une main de fer s'emparât de la situation. Elle le sait, son frère a compris que la France s'achemine vers une monarchie constitutionnelle, mais encore faut-il qu'il se montre à la hauteur de cette métamorphose que tout annonce.

Il a voulu interdire la représentation du *Mariage de Figaro* où la noblesse est mise à mal. Mais n'a-t-on pas vu Marie-Antoinette jouer Rosine dans *Le Barbier de Séville* ? La reine s'affole, elle voit que le roi n'a ni la volonté ni l'énergie pour tenir les rênes du pays. Aussi croit-elle que le salut viendra de l'étranger. Et avant tout de son frère l'empereur d'Autriche. Mais pour cela il faudrait qu'il attaque la France afin d'étouffer dans l'œuf la révolution qui se prépare. Aux yeux d'Élisabeth comme aux yeux de son frère, cela est impensable. On ne peut mettre la France à feu et à sang sous le joug d'une armée étrangère. Les deux belles-sœurs ne sont pas d'accord. Mais Louis XVI n'est d'accord ni avec sa femme ni avec sa sœur, car il refuse également de mater la rébellion qui couve dans les provinces.

Alors, dérisoire fuite devant le réel, le petit groupe qui entoure Maris-Antoinette s'égaye dans la ferme en miniature qu'elle a fait construire dans son Petit Hameau. Tout y est, rien n'y manque, les vaches et leur vacher, les poules dans leur poulailler, la laitière dans sa laiterie, les veaux, les moutons, les chèvres – blanches –, les porcs dans leur porcherie, les lapins, les oiseaux dans la volière, au bord du lac. Madame Élisabeth se promène sagement, tenant Madame Royale d'une main et le petit Dauphin de l'autre ; elle leur dit le nom des plantes, des animaux, répond aux questions qu'ils posent, se souvient des leçons du docteur Dassy. Elle va chez la laitière prendre un panier pour ramasser les œufs et les fleurs du jardin.

Le petit Dauphin demande le nom du gros animal rose qui ronfle en creusant le sol, la queue en tire-bouchon. « C'est un porc » répond Élisabeth. « Comme papa ? » demande l'enfant qui a entendu les insultes dont on affuble son père. Élisabeth lui jette un regard noir. « Ne répète pas comme un âne les sottises absurdes que tu as entendues, le ciel te punira si tu prononces de telles vilenies. » Le petit Dauphin se met à pleurer. Marie-Antoinette demande ce qui arrive à son « chou d'amour ». « Élisabeth me gronde parce que j'ai demandé si l'animal était un porc comme papa... » Marie-Antoinette suffoque : « Ne répète jamais ça, Élisabeth a eu raison de te gronder, ton père est l'homme le plus propre que j'aie jamais connu, entends-tu ? Un jour tu seras roi et tu comprendras la méchanceté des hommes. Je ne veux pas être roi. Tu ne m'aimes plus ? » demande-t-il à sa mère. Marie-Antoinette le prend dans ses bras : « Je t'aime plus que ma vie, et j'aime ton père aussi. » Puis elle se tourne vers Élisabeth et cherche à cacher ses larmes.

La compagnie approche. Ils n'ont pas entendu heureusement, car Élisabeth se tient toujours un peu à l'écart avec les

103

enfants. On dit tellement de choses. Elle tente de préserver leurs oreilles. C'est souvent peine perdue.

Quelqu'un propose d'aller faire une partie de billard dans la salle que Marie-Antoinette a réservée à cet usage dans sa ravissante maison du Petit Hameau. D'autres vont jouer au tric-trac dans le salon contigu à la salle à manger. Sur l'herbe, les conversations vont bon train, on a l'impression qu'ici on peut parler de tout sans être épié à longueur de journée. Le matin, Marie-Antoinette a trouvé le texte d'un libelle injurieux sur un des meubles de son antichambre. Innocemment, pense-t-on, la duchesse Jules de Polignac en a parlé comme d'un vrai scandale. Lorsque la reine approche, la conversation prend un tour anodin.

Dans cette douceur de vivre artificielle, la question du jour reste de savoir s'il faut ou non quitter la France. La plupart jurent qu'ils ne quitteront jamais les souverains, mais comment les croire ? Souvent, la reine se cache pour pleurer ou pour avoir des entrevues secrètes avec le prince de Ligne ou le comte de Vaudreuil. Le comte d'Artois, qui ne recule devant aucun bon mot, demande, pour détendre l'atmosphère, si Marie-Antoinette n'écrit pas elle-même les textes de certains libelles qu'elle revend très cher aux journaux pour se faire un peu d'argent.

Le petit Dauphin, qui cherche à se faire pardonner, demande à sa mère de lui chanter une comptine en s'accompagnant au clavecin. La proposition est acceptée, tout le monde se dirige vers le salon de musique au premier étage, où de grandes fenêtres éclairent les murs tendus de tapisseries de soie fleuries. La reine, qui a séché ses larmes, entonne une petite aria de Gluck qui lui rappelle son enfance à Vienne, où le compositeur était son professeur de musique. Élisabeth a pris l'enfant sur ses genoux, elle lui murmure : « Tu n'es plus triste ? » Et le petit de répondre : « Comment peut-on être triste quand on entend maman chanter ? » Comme il sait déjà répondre adroitement. Il n'a que cinq ans.

Un serviteur en livrée rouge et argent attend patiemment la fin du chant pour annoncer que la collation est servie. On redescend à la salle à manger où, sur la grande table décorée de fleurs, un superbe repas est servi. Des potages, des volailles cuites à la broche, des entremets, et puis le lait frais de la ferme, les fromages de chèvre et de vache, des fruits, des pâtisseries, et le bon pain cuit le matin à la ferme. Tout ceci est apporté du réchauffoir situé derrière la maison de la reine, qui n'existe plus aujourd'hui, et qui comprenait les cuisines, les garde-manger, la glacière et les grandes cheminées où l'on faisait griller les pièces de viande. Les hommes boivent de l'excellent vin, les femmes du lait et Marie-Antoinette, la seule eau qu'elle supporte, son eau de Ville-d'Avray. Au contraire de ses beaux-frères et de certaines dames, la reine ne mange presque rien. Un potage, un blanc de poulet, un peu d'eau. Elle est rassasiée. Parfois elle s'esquive pour un rendez-vous secret qui fait encore beaucoup jaser.

Elle ne marche pas, elle glisse, avec une grâce qui n'appartient qu'à elle, le dos très droit, la tête fière mais sans raideur, son châle de linon blanc croisé sur la poitrine, sa haute coiffure vaporeuse faisant un halo de lumière. Son page, Tilly, rapporte qu'elle « traitait avec une bonté particulière tout ce qui lui était attaché ; elle était adorée de son service intérieur ; c'était même là que s'exerçaient les puissances qui la gouvernaient ; sans projet et sans plan, car elle ne s'en était fait aucun, que de s'affranchir des coutumes et de la gêne de son rang. Elle en avait toute la dignité et le maintien quand elle voulait souvent ne pas l'avoir. (...) Elle me traita à mon arrivée, poursuit-il, comme tous les jeunes gens qui composaient ses pages, qu'elle comblait de bonté, en leur montrant une bienveillance pleine de dignité, mais qu'on pouvait aussi appeler maternelle, en ce qu'elle y joignait une politesse digne et affectueuse qui la rendait, s'il était possible, plus respectable, en la faisant encore plus aimer. »

Tilly parle au passé, il n'attend plus de faveurs d'une souveraine dont il a partagé l'existence pendant de longues années, mais qui depuis a été guillotinée. Son témoignage est donc totalement désintéressé.

Tout aura été dit sur Marie-Antoinette, semble-t-il, du pire au meilleur. On peut penser qu'elle fut aussi maladroite en politique (« Je porte malheur », disait-elle) que bonne et généreuse dans sa vie intime. Mais on n'a retenu que la politique et l'on a méconnu la femme. Un constat s'impose : elle cherchait, si c'était possible, à sauver sa vie et celle de ses enfants qu'elle adorait. Et comment oublier qu'elle est restée héroïquement, jusqu'à la mort, aux côtés de son mari, quand on lui proposa tant de fois de s'enfuir ? Elle ne l'a jamais voulu quand tant d'autres l'ont fait sans vergogne, au sein même de la famille royale.

Les allées de Madame Élisabeth

Dans les années 1775 les chariots utilisés pour l'abattage des arbres et la replantation qui suivit peu après avaient laissé les routes et les allées des parcs dans un état lamentable en creusant de profondes ornières. Certaines étaient régulièrement fréquentées par les voitures particulières et les chevaux de poste. Aussi a-t-on pu écrire qu'à cette époque « tout y passait ». Il avait fallu sévir contre les abus. Le roi, ni la cour, ne pouvait trouver aucun agrément à parcourir les parcs, que ce soit à cheval ou en voiture. La nuit, au retour des chasses, non loin du château, les conducteurs avaient failli plus d'une fois s'égarer ou verser dans ces ornières. Il était donc urgent de tracer un itinéraire de promenade et de le rendre praticable et sans danger.

On peut trouver au cabinet des Estampes un tracé marqué au rouge avec cette mention : « Plan routier des allées fréquentées par Madame Élisabeth, la cour et la famille royale, lors de leurs promenades dans les grands et petit parcs, lesquels ont été rétablis dans le mois de juin 1781 et entretenus en état, sous les ordres de monsieur le comte d'Angevilliers, directeur général des bâtiments du Roi, et par Lepelletier, entrepreneur des travaux et terrasses. »

Comme Élisabeth est la plus assidue à chevaucher dans les allées du parc, c'est à son intention particulièrement que le roi, son frère qui se soucie beaucoup d'elle, a fait faire les travaux nécessaires. Dès 1778, Élisabeth n'a que quatorze ans et déjà on prévoit de grands travaux de restauration des allées. Le roi a offert une douzaine de chevaux que le comte de Vernon, chargé de la direction des écuries, a dressés dans les règles de l'art.

Souvent, elle pousse jusqu'à Saint-Cyr, où elle est accueillie avec des cris de joie, heureuse de partager quelques heures de la vie des jeunes pensionnaires qui lui rappellent les moments de liberté qu'elle y a passés avec ses frères et sa chère sœur Clotilde. Souvent aussi, elle monte avec Marie-Antoinette qui s'adonne à l'exercice, et de plus en plus souvent, avec la même ferveur. Les deux jeunes femmes se rapprochent ainsi chaque jour un peu plus. La reine a, comme on l'a dit, toutes les raisons de fuir une cour importune. Mais comme chacun, pour des motifs différents et même parfois opposés, attend la nouvelle d'une grossesse, espérée ou redoutée selon les cas, ses extravagances à cheval ne sont appréciées que très diversement.

Sa mère lui écrit de Vienne : « Ne courez pas trop à cheval, ce qui est absolument contraire à nos souhaits. » Et aussi : « Je ne vous défends pas d'aller à cheval, en le faisant à l'anglaise (en amazone), mais point de courses longues, encore moins échauffantes. » Pauvre impératrice, si elle voyait les deux belles-sœurs lancées à fond de train, hurlant et bondissant, rouges et enivrées, suivant les chasses comme des écuyers, par tous les temps, l'une à peine âgée de quinze ans et l'autre de vingt-trois ans. Cependant gracieuses, fraîches, et souvent entraînées aux folies par Artois, Provence et le roi lui-même, qui s'en donnent à cœur joie. Il fallait bien que jeunesse se passât. L'oppression à la cour, réglée par l'omniprésente étiquette, fait exploser dans les moments de liberté une pression contenue dans de longues heures de représentation plus ou moins supportables.

La reine se rend au Trianon presque chaque jour, tantôt le matin, tantôt l'après-midi, suivie de deux ou trois personnes seulement, accompagnée la plupart du temps de Madame Élisabeth. Ou bien elles se dirigent vers Bagatelle et prennent part aux chasses du comte d'Artois, au bois de Boulogne. Dans ce cas, les carrosses font place aux calèches ou à de nouvelles voitures, les cabriolets, que Marie-Antoinette aime à conduire à vive allure, ou encore aux diables que préfère le comte d'Artois.

Un jour qu'il avait ramené la reine d'un bal à Paris dans cet équipage, ce mode fut trouvé « trop leste » par Mercy-Argenteau, qui s'empressa d'en rendre compte à l'impératrice, en fidèle rapporteur des faits et gestes de la reine. Marie-Thérèse s'affola aussitôt : « Les secousses en voiture allant vite sont bien plus dangereuses, surtout si des épouvantes s'ensuivent. » Pour son alliance politique avec la France, elle avait besoin que sa chère fille accouche d'un héritier qui assierait sa position de reine de France.

Les promenades en voiture ou à cheval sont quotidiennes et elles n'empêcheront pas Marie-Antoinette d'accoucher. L'itinéraire complet des promenades habituelles que suivent les deux belles-sœurs part de la grille de l'Orangerie, contourne un côté de la pièce d'eau des Suisses, remonte jusqu'au rond-point que coupe le chemin de Saint-Cyr ; de là il tourne à droite par l'avenue de Choisy, traverse le rond-point de Villepreux, longe l'avenue de Maintenon jusqu'à la grille du même nom à la limite du grand parc et de la forêt de Marly. C'est un parcours de six à huit kilomètres aller-retour.

Ces chemins ont été endommagés par des voitures publiques, à tel point que les cochers du roi assurent ne pouvoir les emprunter sans risquer de faire renverser leurs voitures. Le roi prend cette avenue pour aller de Marly à Saint-Hubert, et la reine pour aller de Marly à Trianon. Pour éviter de pareils dangers, il faut combler les ornières, remonter les buttes et les contre-buttes. Il est décidé que les voitures publiques, surtout celles des fermiers des parcs, ne doivent plus passer dans l'avenue principale réservée aux voitures du roi. On creusera donc des fossés d'un arbre à l'autre et on placera des barrières aux différents débouchés des allées.

À l'inconvénient des routes défoncées se joint, pour les conducteurs, celui de ne pouvoir, dans une presque totale obscurité, diriger leur attelage sans danger. Les valets qui les précèdent en portant des flambeaux, comme c'est l'usage, ne suffisent pas. Éblouis par la lumière, ils ne distinguent pas la voie à suivre. Un soir, la voiture du roi s'égare, au retour de Saint-Hubert, qui plus est dans une allée qui vient d'être restaurée. On décide donc qu'il faut poser des terrines, ou lampions, sur les poteaux des barrières et en tout endroit nécessaire. On fait toutes sortes de travaux de réparations dans les allées, les avenues et les routes du petit parc de Versailles (l'actuel), depuis le cavalier Bernin jusqu'à la grille royale, au bout du grand canal, et jusqu'à l'escalier en fer à cheval de Trianon. Tout cela, pour parer à « la dureté des promenades à cheval de Madame Élisabeth », dit un rapport de l'architecte.

Ces allées sont aussi le lieu de promenade des princesses de Savoie, à l'abri du soleil, sous les grands arbres. Quant à l'éclairage devenu indispensable pour le retour tardif des chasses ou de la reine, il avait échoué. Le vent, la pluie éteignaient les lampions. Les cochers ne trouvaient aucune amélioration. On plaça des lanternes à réverbères, dont la ville se servait déjà, mais il fallut entretenir l'éclairage chaque soir de chasse, ou de retour tardif, sur le chemin compris entre la grille royale de Villepreux et celle de Maintenon. Les allées du parc les plus fréquentées étant souvent réparées, cela facilitait les promenades à cheval, mais le passage intensif des calèches et des charrettes défaisait l'ouvrage. Il fallait sans cesse y remédier ou priver les princesses d'un passe-temps qui devenait une habitude quotidienne.

L'architecte des bois craint beaucoup de mécontenter Madame Élisabeth, la reine et les princesses, qui y passent souvent, les unes à cheval, les autres en calèche. Il y a encore nombre de barrières ouvertes pour les passages publics, beaucoup d'ornières qui se reforment, au risque de faire broncher et trébucher les chevaux. Élisabeth, en se promenant à cheval avec le directeur de ses écuries, le comte de Vernon, a demandé que l'on procède à une prompte réparation. Les travaux sont onéreux et incessants. Mais Lepelletier s'engage à rétablir dans une largeur de douze pieds toutes les allées qui servent aux promenades d'Élisabeth, à élargir et à rehausser les fossés le long de ces allées, et à rendre le tout dans le meilleur état. Il s'engage aussi à créer deux nouvelles allées à la tête du grand canal.

À certaines périodes de l'été, la reine, la comtesse d'Artois, Madame Élisabeth et leurs dames d'honneur vont chaque jour pêcher à la ligne dans le grand canal ou à la pièce d'eau des Suisses. On suppose qu'elles s'y rendent en voiture accompagnées d'une nombreuse domesticité. Pour Mesdames Tantes, il n'y a rien à craindre, elles ne dépassent jamais les terrasses du château.

Enfin, le comte de Vernon veut qu'on construise un manège de sable, circulaire, derrière la faisanderie de la Ménagerie, pour le dressage des chevaux d'Élisabeth, puisqu'il ne peut plus le faire vers la montagne de Picardie où tous les arbres ont été abattus.

La famille royale au complet, les princesses et leur suite en particulier, envahit régulièrement les jardins avec ses invités. On voit se promener la princesse Louise de Bourbon-Condé, les princesses de Hesse-Darmstadt, le comte et la comtesse du Nord, sous les noms desquels se cachent en réalité le grand-duc Paul, fils de Catherine II, et la princesse Élisabeth de Wurtemberg, futurs tsars de Russie, l'empereur Joseph II, Marie-Christine, sœur de Marie-Antoinette, future reine des Pays-Bas, et en 1788 l'ambassade du bey de Tunis et du nabab de Mysore, Tippoo-Sahib. Et puis il y a les processions des chevaliers du Saint-Esprit, les carnavals, la Fête-Dieu. Cependant, Élisabeth fignole avec le comte de Vernon, son grand écuyer, les itinéraires de ses promenades à cheval ou de ses sorties en voiture avec la reine et ses amies. Il faut ainsi reprendre le pavage de l'avenue de Bailly, qui, « outre le désagrément des cahots, l'expose à la rencontre des voitures publiques », écrit l'architecte.

Jusque-là les jardins de Versailles et les alentours sont plus ou moins publics, c'est-à-dire que les clefs d'accès sont confiées à d'innombrables personnes susceptibles d'intervenir à Versailles dans des domaines variés, le château lui-même étant une véritable ville grouillante de milliers d'habitants. Or, le monde gronde déjà sourdement et les effets de cet orage qui se prépare sont perceptibles dans ce lieu d'affrontement entre le peuple au travail et les souverains inconscients au sein de leurs plaisirs. D'ici peu, la reine va envoyer l'ordre d'interdire au public l'accès au jardin du Grand-Maître, en mettant de nouvelles serrures aux portes dont les clefs ne seront données désormais qu'à des personnes répertoriées. Fichtre, le temps se gâte.

Une sourde révolte dans les parcs

Le comte d'Angevilliers écrit au prince Louis-Joseph de Bourbon qu'il se rend immédiatement aux ordres de la reine : « J'ai le plus grand empressement à me conformer aux ordres de Sa Majesté, dit-il, ainsi je vais faire placarder sur les entrées des jardins cette interdiction pour avertir le public qui se rend du dehors à cette promenade. Je vous prie de faire donner une de ces clefs à mon concierge, auquel je viens de donner des ordres formels de n'en faire usage que pour mon service. » À quoi le prince répond, comme au fait de ce qui pourrait résulter de ce genre d'interdictions : « Je n'ai jamais voulu priver les personnes honnêtes de cette promenade, mais l'abus des clefs s'est multiplié pour l'entrée de ce jardin et l'a rendu facile d'accès à un trop large public. Aussi j'ai dessein de vous demander d'en faire changer toutes les serrures, et de me faire savoir les moyens qui conviendraient d'éviter tous désagréments de cette sorte. » L'architecte est aux prises continuelles avec, d'une part, les ouvriers, et d'autre part, le public : il doit lutter contre la négligence des uns et les ruses des autres pour entrer à tout prix.

C'est ainsi que tout l'espace du terrain qui servait au roi de rendez-vous de chasse, entre les avenues des Matelots et de Saint-Antoine, se trouva défoncé, encombré des pièces de bois que les entrepreneurs du jardin de la reine y avaient entreposées. Le passage devenait impraticable, et pourtant cette partie de l'avenue des Matelots était bien comprise dans l'itinéraire. Il fallut à grands frais procéder au déblaiement, relever les talus et entourer cet emplacement d'une ceinture de palissades.

Des incidents de ce genre, des actes d'insubordination de plus en plus fréquents, les calomnies auxquelles se trouvait confronté le pouvoir royal, spécialement à travers la personne de la reine, dont les plaisirs faisaient la une de toutes les feuilles de l'époque, de tout cela, rien n'échappait à Élisabeth. Elle faisait part à son frère de ses inquiétudes, elle qui était plus souvent au-dehors qu'au-dedans. Elle déduisait déjà les conséquences de tous ces signes et en mesurait la portée, comme elle le montrera dans sa correspondance. Alors que son entourage s'aveuglait, elle ne se méprenait pas sur ce qui se préparait. Elle ne changea pas ses habitudes, mais plus que jamais se rapprocha de son frère et de la reine.

L'accès à Saint-Cyr fut un des premiers dont on s'occupa parmi les travaux faits aux portes des enceintes du parc. La circulation fut interrompue pendant trois jours, le temps de poser là une grille nouvelle. Une affiche apposée à temps prévint le public de prendre par le Petit Montreuil. Le soir du dernier jour, le maître d'œuvre, M. Devienne, écrivit à l'architecte : « J'ai l'honneur de vous rendre compte que la pose de la grille de Saint-Cyr s'est exécutée avec tout le succès et la célérité que vous aviez exigée, puisque actuellement, huit heures du soir, du troisième jour, Madame Élisabeth vient de passer et se trouve être seule qui étrenne la nouvelle porte. »

Peu après, sur la demande d'Élisabeth, l'itinéraire des promenades à cheval dépassa les limites fixées et fut prolongé dans une direction tout opposée. M. Devienne, encore lui, écrivit au directeur des Bâtiments : « J'ai l'honneur de vous adresser ci-inclus un croquis du plan de route dont Madame Élisabeth désire l'exécution et sur laquelle M. de Vernon vous a entretenu. Cette route prend à la porte du Cerf-Volant, passe près du Désert et de la porte de la Minière, pour aller à celle du Bois-Robert et revient par le chemin du Roi. Ce qui ferait 4 300 toises de longueur, sur 9 pieds de largeur. »

Ce fut peut-être un des derniers travaux importants que demanda Élisabeth.

Mais les écuyers du roi et des princesses de la cour ne cessaient de se plaindre de ce que les marchands de bois, qui avaient exploité les arbres dans les avenues des parcs, avaient laissé les trous de ces arbres déracinés sur les rives des routes empruntées par la cour, ce qui effarouchait les chevaux au

114

point de causer des accidents très graves. On disait que des dames avaient été « culbutées » dans les taillis en broussaille et s'y étaient brisé les membres. À la même époque, le marquis de Tourzel était mort d'une chute de cheval. Cet accident avait trop impressionné les cavaliers pour qu'on l'oublie de sitôt. Quelles que bien dressées que fussent les montures des princes et princesses, on craignait beaucoup pour leur vie. M. de Vernon disait que si Élisabeth n'était pas aussi bonne cavalière, elle aurait succombé aux « pointes » que ses chevaux faisaient sous elle à l'aspect de ces trous et de ces troncs laissés là. Les écuyers, se sentant responsables, envoyaient sans arrêt des rapports concernant les lieux endommagés ou encombrés, demandant à cors et à cris que l'on fît emporter les bois abandonnés. Il ne s'agissait en effet que d'exiger des marchands de bois qu'ils remplissent les conditions auxquelles ils s'étaient engagés eux-mêmes, en signant le contrat, sous peine d'amendes.

Le rendez-vous des chasses, qui a lieu à la porte Saint-Antoine, où se réunissent le roi, la reine, ses frères et sa sœur, est dans un état de délabrement avancé. On décide de remplacer la porte par une autre de plus grande dimension. En réalité, on cède moins à des raisons pratiques qu'à des préoccupations plus graves, car il est avéré que cette porte n'offre plus de ce côté des parcs « une fermeture assez fiable ». On sent donc bien monter une insécurité latente, qui incline à se barricader, même au sein des parcs, ce qui peut paraître d'une totale puérilité.

À l'intérieur des parcs, la surveillance se relâche de plus en plus, d'où l'état des routes. Et Madame Élisabeth s'en soucie non seulement parce qu'elle les emprunte, mais aussi parce qu'elles lui apparaissent comme le symptôme infaillible d'un certain état d'esprit. On retrouve encore ce témoignage de M. Devienne, teinté d'une inquiétude diffuse : « Le mauvais temps cessant, Madame Élisabeth a demandé la réparation ordinaire des routes qu'elle a coutume de parcourir dans les parcs. On a en conséquence commencé ces travaux au fur et à mesure que les terres se sèchent. Elles sont dans un état affreux depuis qu'elles ont cessé d'être gardées. Toutes les dépenses qui s'y sont faites ont été en pure perte. Les barrières elles-mêmes sont cassées. Les avenues de Villepreux, de Maintenon, de Bailly sont fréquentées indistinctement par les plus grosses voitures. Des charrois même y passent, défonçant tout. »

La reine demanda à son tour qu'on lui fît à travers la prairie une allée plantée qui lui permit de se rendre du Grand Trianon au Petit Trianon par les jardins. On convint que ce chemin aurait deux cent dix toises de long et huit pieds de large. L'abbé Nolin et le sieur Richard s'entendirent sur les plantations qu'il y avait lieu de choisir. Quelques mois plus tard, sur la proposition de Madame Élisabeth, les serrures des barrières des parcs fermèrent toutes avec la même clé, sur le modèle de celle qui venait d'être faite pour les routes des chasses.

Curieuse mesure de sûreté qui devait se révéler bien inutile mais qui laissait un nouvel éclairage sur la passion des serrures que professait Louis XVI. Est-ce que ce « pauvre homme », comme le nomma un jour imprudemment son épouse, qui se fit alors tancer d'importance par sa mère, est-ce que ce pauvre homme, donc, n'aurait pas eu l'obsession perpétuelle de la sécurité des siens bien avant les premiers événements tragiques, en se faisant le porte-clef d'une forteresse où ses ennemis n'auraient jamais accès ? Est-ce que cette passion des serrures n'était pas la prescience de celui qui n'aurait comme seule défense face à ses assassins que de se cloîtrer toutes portes closes, ses secrets d'État enfermés dans des coffres-forts imprenables ?

Déjà sur le passage des princes et des princesses, les villageois n'ôtent plus leur chapeau. Ils dévisagent avec insolence les personnages qui passent, quelques-uns même menacent avec leurs bâtons. À la porte de Saint-Cyr, un prêtre a été molesté par les ouvriers.

Si Madame Élisabeth est sans cesse sur les routes, c'est loin d'être seulement pour la chasse et pour ses plaisirs. Elle va avoir de nouvelles raisons pour cela.

La princesse de Guéménée a fait banqueroute. Elle est à ce point ruinée qu'elle vend son domaine de Montreuil, où Élisabeth a passé les plus beaux jours de son enfance avec le docteur Lemonnier, à herboriser. À vol d'oiseau, c'est à quinze cents mètres du château. Bien des dames ont leur propriété dans les environs.

Tout le monde ne peut être logé au château, qui regorge d'occupants se disputant éternellement pour obtenir du roi les meilleurs logements, ainsi que des aménagements perpétuels qui grèvent le budget de la cour. Il est donc du dernier chic d'avoir sa résidence non loin de là. Élisabeth va également en recevoir une.

Montreuil

Dès le milieu du XVIIIe siècle, de jolies propriétés s'étaient groupées, aux portes de Versailles, au lieu-dit « Le Grand Montreuil ». Les jardins, les ombrages, faisaient de ces environs une retraite pleine de charme. Heureuses de se soustraire pour un temps aux contraintes de la cour et à ses désagréments, Mme de Marsan, qui laissera ensuite sa maison au docteur Lemonnier, Mme Jules de Polignac, la comtesse Diane de Polignac, la comtesse de Provence, Mme de Guéménée et quelques autres encore avaient là, si l'on peut dire, leur maison de campagne. Il faut préciser qu'on se battait au château pour avoir ses appartements et pour les y avoir parfois dans des conditions de saleté ahurissantes, à peu près les uns sur les autres, s'observant du coin de l'œil, pour sauter sur la première occasion se présentant d'avoir un petit cabinet supplémentaire. Loger tout ce monde était un véritable casse-tête pour Louis XVI et pour celui qui se devait d'exécuter ses ordres. Court extrait du méli-mélo et des chassés-croisés que cela engendrait :

« L'intention du roi est que l'entrée de l'appartement de Madame Élisabeth soit en-deçà de l'escalier. Le cabinet de Mme la duchesse de Chartres sera son antichambre et l'antichambre de Mme la duchesse de Chartres lui servira de cabinet particulier, et les entresols au-dessus de son grand cabinet et sa chambre serviraient pour ses gens. Mme la comtesse Diane de Polignac, dame d'honneur de Madame Élisabeth, aura ce qui fait la chambre à coucher et le cabinet particulier de M. le duc d'Orléans et deux petites pièces sur la galerie en entresols. »

Mais une fois que tous ces gens, proches on ne peut plus de la famille royale, sont casés, il leur reste encore à expérimenter dans quelles conditions ils le sont, et là on atteint des sommets :

« Mme la comtesse Diane de Polignac m'a invité à passer chez elle avant-hier pour me faire voir les chambres de ses femmes inondées d'urine et de matières fécales qui filtrent à travers le plancher des latrines publiques qui sont au-dessus de son appartement. Comme Mme la comtesse Diane n'est pas seule à souffrir du voisinage de ces latrines dont le tuyau de descente passe tout à côté de la chambre de M. le duc de Normandie et empeste souvent son appartement, j'ai provisoirement fermé les latrines dont la suppression est nécessaire à bien des égards. »

Tant de gens les utilisent qu'elles débordent, bien sûr. Cela donne une idée de la décadence tragique dans laquelle se trouve la royauté. Comment pouvait-on s'entasser ainsi de façon indigne, si ce n'est par ce sentiment du déclin imminent poussant toutes ces familles alliées entre elles à se serrer les unes contre les autres comme des condamnés sans espoir ? Cela à même un certain côté animaux à l'abattoir, qui, avant l'exécution, trébuchent dans les défections et la saleté, sans même s'en rendre compte. Aussi comprend-on toutes ces dames qui, leur charge assurée, préféraient prendre, quand ce n'était pas leur semaine, leurs quartiers à Montreuil.

Elles ne sont pas les seules. Chacun des princes de la famille royale a sa « résidence secondaire ». La reine a reçu le Petit Trianon, que Louis XV avait fait construire pour Mme de Pompadour, et que Louis XVI s'est empressé d'offrir à sa jeune femme. Mesdames Tantes ont le château de Bellevue, où elles vont de plus en plus souvent. Artois a Bagatelle. Provence, Brunoy. Il n'y a guère qu'Élisabeth qui n'ait pas encore reçu sa résidence.

Mais voilà qu'elle a dix-sept ans et que le roi vient de racheter la propriété des Guéménée, ruinés. Il faut dire que Mme de Guéménée est depuis peu gouvernante des Enfants de France et que Marie-Antoinette a dû intercéder pour qu'on rachète sa maison. Elle a bien une idée de ce que l'on pourrait en faire, et le roi aussi. Puisqu'ils sont d'accord, la chose se fait de façon élégante.

Un jour que la reine et Élisabeth se promènent à cheval jusqu'à Montreuil, elles trouvent en arrivant la maison principale ouverte, fleurie, accueillante, ce qui n'est pas arrivé depuis que les Guéménée ont vendu. « Chère Élisabeth, lui dit la reine, vous êtes ici chez vous, ce sera votre Petit Trianon. Le roi est heureux de vous l'offrir et se fait une joie de me laisser vous l'annoncer. » Mais ce qui enchante Élisabeth comblée de bonheur, c'est de retrouver le grand parc arboré de huit hectares où elle jouait étant enfant. La propriété se trouve aujourd'hui au 41, avenue de Paris, qui s'appelait alors « Chemin de Versailles ». Elle est circonscrite d'un côté par les rues Champ-la-Garde, Saint-Jules et Bon-Conseil et de l'autre, par l'avenue de Paris, le long d'une allée de tilleuls. On y entre soit par la rue Bon-Conseil dans la cour des communs et la cour dite du Jeu de boules, soit par l'avenue de Paris, dans la cour d'honneur. On y trouve le petit bâtiment des Pigeons, réservé à l'intendant, un autre plus modeste, qui est la conciergerie, les communs, formés par les écuries aménagées pour neuf chevaux, les remises, les magasins, les cuisines. Les dépendances, qui communiquent avec la maison d'habitation proprement dite, appartiennent à Mme de Marsan, puis au docteur Lemonnier dont le royaume, bien sûr, est la serre, la pépinière d'arbres rares et le jardin botanique.

Dans les sous-sols, des caves et des souterrains ont été creusés. Au rez-de-chaussée de la maison – une chapelle circulaire occupe le centre, une calotte ornée de caissons forme la partie supérieure d'où vient la lumière. Quatre tribunes communiquent directement avec le premier étage. Le sol de la chapelle est en carreaux de marbre blanc et bleu. Les autres pièces principales sont le boudoir, avec lambris et armoires décorées d'arabesques, la bibliothèque, avec armoires vitrées, le « buffet » carrelé en marbre blanc, la salle à manger, la salle de billard, qui reçoit la lumière par sept croisées donnant sur la cour d'honneur, la salle de musique, le salon, les chambres et antichambres. Les parquets sont à compartiments ou à grands carreaux en terre cuite. Un vaste escalier à double révolution conduit au premier. À cet étage, on compte pas moins de vingt chambres lambrissées.

Enfin, dans la partie la plus profonde du bâtiment, deux cours intérieures ont été aménagées, la cour haute et la cour basse. Sur la rue Champ-la-Garde se trouve une orangerie et, derrière, une laiterie et une étable, puis les bâtiments de la ferme avec le logement du jardinier et son potager. Tout le reste est occupé par le parc d'agrément, qui semble décalqué sur le Petit Trianon. Le poète Delille, dans son poème des *Jardins*, dira : « Les Grâces en riant dessinèrent Montreuil ».

La plupart de ces bâtiments ont aujourd'hui disparu, mais on en trouve la trace sur les plans de 1783, 1787 et 1804, aux Archives nationales dans les Mémoires des diverses dépenses pour la culture des jardins de Madame Élisabeth. L'allée dite « des Tilleuls », en bordure de l'avenue de Paris, servait de terrasse, prolongée au-dessus de la cour d'honneur, elle aboutissait à la hauteur de la salle de billard et, à l'opposé, rejoignait la rue Saint-Jules.

Tout le reste des jardins est à l'anglaise, composé de sorbiers des oiseaux, alisiers, platanes, peupliers, érables, sumacs, catalpas, merisiers, sureaux, cyprès, pins d'Écosse, saules. Le chèvrefeuille, le jasmin, le lilas, les rosiers embaument les bosquets. D'après l'inventaire de 1804, il n'y a pas moins de cinq puits dans toute la propriété. Mais la vente d'une partie du domaine comme bien national en 1795, après la mort d'Élisabeth, et la séparation en cinq lots en 1802 ont bouleversé l'équilibre du parc. C'est grâce aux efforts de deux propriétaires successifs, M. Stern en 1874 et la famille Chantrell en 1925, que le domaine retrouva un peu de son aspect d'origine. Aujourd'hui, il reste l'allée des tilleuls, la grotte, domaine des chauves-souris, et l'ébauche de l'ancienne perspective, mais l'ensemble ressemble plus à un parc d'aujourd'hui que d'hier.

C'est en 1781 qu'Élisabeth prend possession de son domaine, mais avec la condition expresse imposée par le roi de ne pas y coucher avant ses vingt-cinq ans. Il n'est pas admis qu'une princesse non encore mariée ne rentre pas au foyer familial le soir. Elle doit donc encore attendre huit ans pour en avoir le droit. Avec les événements de 1789, survenus à la veille de son anniversaire, comme on le verra, elle n'y couchera jamais. Mais ce n'est pas pour autant qu'elle n'y a pas vécu des journées entières de bonheur et de bienfaisance, puisqu'elle transforma son domaine en dispensaire pour les pauvres et en réserve de nourriture pour tous les indigents de la région. Aidée en cela par le « bon » docteur Lemonnier et son assistant, le jeune docteur Augustin Dassy, pour lequel, disait-elle, elle avait « une petite passion dans le cœur ». On ne saura rien de cette passion, son rang lui interdisant toute confidence à ce sujet.

Le prince de Guéménée, qui était grand chambellan du roi depuis 1775, avec une rente de huit cent mille livres, vendit sa propriété à Louis XVI deux cent quatre mille livres. Jean-Jacques Huvé, inspecteur des bâtiments du roi à Versailles, avait supervisé les grands travaux entrepris, mais non terminés, par le prince. Élisabeth ne tenait pas à engager des frais aussi lourds au moment où l'on parlait de restrictions dans les dépenses. Refusant de supprimer les gages des gens à son service, elle commença par se priver des bijoux et des parures qu'on lui proposait sans cesse. Puis elle voulut renoncer à ses chevaux et à ses équipages. Elle écrivit au premier écuyer du roi : « Le roi veut avant tout donner l'exemple dans sa maison. Je vous demande que les premiers chevaux supprimés dans son écurie soient les miens. Mais de grâce, le roi est si bon, qu'il pourrait prétexter pour refuser que la privation de mon exercice favori soit nuisible à ma santé, aussi gardez le secret de cette affaire. »

Son offre héroïque ne fut pas agréée. Le roi connaissait les chevaux de sa sœur et il n'admit pas qu'ils lui fussent enlevés. Élisabeth écrivit à son amie, Angélique de Bombelles : « On n'a pas accepté le sacrifice que j'avais proposé de faire de mes chevaux. Je ne puis dissimuler que cela m'a fait un vrai plaisir. Je m'en réjouis d'autant plus que je vais demain à la chasse à Rambouillet avec la duchesse de Duras. »

On conserve aux Archives nationales un petit livre de compte en parchemin, fermant avec une patte à laquelle est attachée une simple ficelle. Sur la couverture on lit ces mots de l'écriture de Madame Élisabeth : *Registre de dépense*, et au-dessus est écrit : « Trouvé chez Madame Élisabeth », à l'intérieur, une étiquette de papetier avec cette inscription : « *Au Roi David de Paris*, Rue et au coin du Cul de Sac des Récollets. Veuve Le Tellier, marchande, vend les véritables cartes du Roi David. » Sans doute une petite carte publicitaire (déjà !) de son papetier.

Chaque année, Élisabeth reçoit dix mille livres d'étrennes. Chaque mois, elle écrit la plupart des sommes employées à diverses fonctions. On retrouve souvent les sommes allouées à Minette, petite fille qu'Élisabeth avait prise à sa charge et dont elle payait tous les frais, cent cinquante livres, trois cent trente livres, quatre cents livres, selon les mois. À Mme de Guichard qui distribue les étrennes qu'offre Élisabeth à ses gens, 1890 livres. À M. de Saint-Pardoux, écuyer ordinaire d'Élisabeth, 1200 livres. Ce sera lui qui détrompera les émeutiers venus aux Tuileries pour égorger la reine et qui prenaient Élisabeth pour Marie-Antoinette. À Mlle Bertin, la fameuse marchande de mode qui fit dépenser des fortunes à la reine, 2482 livres, le plus gros poste de dépense après les aumônes. Chaque mois Mme de Guichard reçoit de 3 500 à 2 000 livres pour les pauvres ou les prêtres sans ressources. De même que Louise Adélaïde de Bourbon, dite Mlle de Condé, abbesse de Remiremont, reçoit 100 ou 200 livres chaque mois. La marquise d'Albert, quatre-vingt-un ans, reçoit 70 livres et Mme de Grimaldi, 87 ans, veuve d'un chef d'escadre, reçoit 125 livres. L'empeseuse de collerettes, Mme de Leau, reçoit 600 livres. M. Van Blarenberghe, maître de dessin, reçoit 600 livres pour ses leçons de mars 1790 et le marquis de Vernon, 312 livres pour ses leçons d'équitation de février 1789. En revanche, en face du « perdue au jeu » écrit de la main d'Élisabeth, on trouve des sommes beaucoup plus modestes, telles que, 145 livres, 24, 18, 12, 74. À côté des milliers de louis de la reine, perdus en une seule soirée parfois, on voit la discrétion de la jeune fille. Elle reçoit cependant chaque année les diamants offerts par le roi, pour le 1er janvier, aux membres féminins de la famille royale. Elle en fera usage au bénéfice du comte de Provence, son frère, en les lui faisant parvenir lorsqu'il sera nommé régent, à la mort de Louis XVI.

Le restaurant du cœur

En fait Élisabeth, qui se promène beaucoup, n'a qu'un désir à la vue du malheur qu'elle a pu constater chez les gens des environs : leur donner tout ce qu'elle a. Car si la révolte gronde dans le peuple à cause du manque de farine après de mauvaises récoltes, ou contre la lourdeur des nouveaux impôts imaginés par Necker, ce qui lui importe c'est d'intervenir en direct sur la misère. C'est à cela exclusivement qu'elle va employer Montreuil. Les orphelins sont nombreux, les femmes seules, sans ressources, quant aux démunis atteints de maladies, on les compte par milliers. C'est la famine.

Pour eux, elle crée une importante basse-cour, et surtout une laiterie, adossée à l'Orangerie, côté rue Champ-la-Garde. Elle veut le meilleur lait du monde, aussi fait-elle venir un lot de vaches, de Suisse. Avec son vacher. Jacques Bosson, venu de Bulle, à côté de Fribourg. Il arrive avec ses parents pour soigner les belles vaches suisses. « Le lait est pour les enfants, dit-elle, moi-même je n'en prendrai que lorsque tous en auront eu. » Et Jacques répète partout « Ah ! quelle bonne princesse ! » Pourtant Élisabeth a bien vu que le garçon est triste. Elle en demande discrètement la raison en entendant une chanson qu'une de ses dames, la marquise de Travenet a composée :

Pauvre Jacques quand j'étais près de toi
Je ne voyais pas ma misère
Mais à présent que tu es loin de moi,
Rien ne me plaît sur la terre
Quand tu venais partager mes travaux
Je trouvais la tâche légère
T'en souvient-il tous les jours étaient beaux ?

125

Qui me rendra ce temps prospère ?
Quand le soleil brille sur les guérets
Je ne puis souffrir sa lumière
Et quand je suis à l'ombre des forêts
J'accuse la nature entière.

Élisabeth est désolée, Jacques a donc été arraché à sa fiancée et cela lui brise le cœur. « Ainsi, j'ai fait deux malheureux sans le savoir ! s'écrie Élisabeth. Mais qu'elle vienne ici. Elle sera madame Jacques et Montreuil aura une laitière ! »

Et tandis que toute la France chante la chanson devenue célèbre de la marquise de Travenet, on marie les jeunes gens dans l'église Saint-Symphorien, dont Élisabeth a offert le grand carillon. Ils s'installent dans un petit bâtiment près de la laiterie. Le couple restera toujours fidèle à Élisabeth. Jacques lui portera chaque jour le lait et la crème lorsqu'elle sera retenue captive aux Tuileries avec la famille royale. Ils seront emprisonnés, puis libérés, et retourneront en Suisse célébrer la mémoire de celle qui pour eux n'avait été que bonté.

Tôt le matin, Élisabeth part à cheval pour Montreuil, prend son petit déjeuner sur la terrasse avec ses dames, et ne rentre au château que le soir. Tout le jour elle s'active dans la maison. Elle a transformé une des pièces en dispensaire. Avec le docteur Lemonnier, elle reçoit les malades, les soigne. Elle a appris à faire les pansements sur les membres atteints de pustules ou de plaies. Elle distribue des vêtements, des fruits, des légumes, des œufs et du lait, aux habitants des environs qui connaissent tous les habitudes de la princesse et profitent au maximum de ses dons. On soigne les malades avec des plantes tirées du jardin médicinal. N'importe qui, dans le besoin, peut sonner à la porte du Bon-Conseil, le portier Hubert a la consigne d'ouvrir à tous. Ceux qui ne peuvent pas venir reçoivent l'aumône chez eux ; Élisabeth les visite. Ou bien ses intendants portent les produits du jardin et les médicaments à domicile.

L'après-midi, Élisabeth continue à apprendre. Elle est encore toute jeune et a soif de connaissances. Elle poursuit l'étude de la physique en suivant les expériences de l'abbé Nollet. Elle écoute les leçons de botanique des docteurs

Lemonnier et Dassy. Elle lit beaucoup. Des récits historiques plutôt que des romans dont elle se méfie. Ainsi l'a-t-on élevée, spécialement Madame de Marsan, et d'autant plus que la bibliothèque de Montreuil a été composée, sans son avis, par l'académicien Chamfort. Il y a placé nombre de romans « modernes » qui portent les idées du siècle à un moment où l'on est sur une poudrière. Elle les lit d'ailleurs mais les déconseille à son entourage. Faut-il mettre le feu aux poudres au sein même de sa maison ?

Ensuite elle s'accorde une trêve en suivant des leçons de dessin avec Van Blaremberg, en faisant de la couture, de la broderie ou de la tapisserie. Au point qu'un jour une de ses servantes lui dit : « C'est réellement dommage que madame soit si adroite à l'aiguille. » « Et pourquoi donc ? » dit Élisabeth en riant. « Parce que cela conviendrait mieux à des filles pauvres : ce talent leur permettrait de gagner leur vie et de nourrir leur famille. » « C'est peut-être pour cela que Dieu me l'a donné, répond-elle, et j'en ferai peut-être bientôt usage pour nourrir moi et les miens. »

Le pressentiment de l'effondrement d'un monde la possède, mais Élisabeth n'engendre pas la mélancolie bien au contraire. Elle est dans l'éclat de sa jeunesse, adorée de ceux et celles qui l'entourent, admirée pour sa culture, son calme, sa décence, sa fraîcheur. Mais elle est toujours farouche, et sa grande application dans les tâches qui exigent concentration et silence, ne s'équilibre que par cet exercice violent qu'est l'équitation. Elle est à cheval à chaque instant, du Petit Trianon chez Marie-Antoinette à Montreuil ; de Saint-Cyr à Fontainebleau pour les chasses d'octobre ; ou de Choisy à la cour, où l'appellent certaines obligations qu'elles détestent mais auxquelles elle se plie pour l'amour de son frère. Cependant elle ne sort point à cheval sans être accompagnées d'un page, Adalbert de Chamissot, et d'un écuyer, le comte d'Adhémar.

Beaucoup de ses lettres sont datées de Montreuil. Son style a pu être traité de « vrai diamant brut ». À la fois familier, simple et ferme, plein de naturel et d'abandon, c'est un curieux mélange d'ingénuité, de bon sens et de force, avec des naïvetés de pensionnaire, gardant toute la bravoure d'une « bonne vieille langue, volontaire et sans gêne » dira le comte Ferrand, et assouplie d'on ne sait quelle tendresse soudaine, ailleurs, qui nous la rende proche.

Elle y donne à la fois toute la mesure de son énergie et aussi, malheureusement, ces vieilles leçons de morale et de bondieuseries que lui ont enseignées ses austères gouvernantes dans son jeune âge. Elle s'en libère en les restituant à des correspondantes qui l'écoutent respectueusement mais n'en font qu'à leur tête. À part cet inconvénient, elle y apparaît au plus près d'elle-même dès que les événements lui en donnent l'occasion. Quant à madame Campan, elle s'écriera : « Ces lettres sont uniques ! »

Lorsqu'elle sort de Montreuil, elle visite sa tante Louise au Carmel de Saint-Denis, Mesdames Adélaïde et Victoire dans leur château de Bellevue. En ce qui concerne madame de Mackau, elle lui a donné une petite maison qui jouxte la sienne. Elle reçoit aussi de temps en temps ses frères, Artois et Provence avec leurs femmes, et ses neveux Madame Royale et le Dauphin, ce dernier escorté de sa nourrice madame Poitrine la bien nommée, « qui parle sur le ton d'un grenadier et jure avec une santé, digne d'un cocher en colère ».

Angélique de Bombelles, intime au quotidien, résume ainsi leur existence : « Notre vie était uniforme, pareille à celle que la famille la plus unie passe dans son château à cent lieues de Paris. Huit heures de travail, de promenades, de jeux, de lectures, tout y était réglé avec méthode. L'heure du dîner réunissait autour de la même table la princesse et ses dames. Vers le soir, avant l'heure de retourner à la cour, on se réunissait dans le salon pour y faire la prière du soir. » Cette maison était devenue « le temple de l'amitié ».

Cependant Élisabeth songeait à rendre son domaine plus agréable. Tant de travaux interrompus auraient dû être repris. Pour ne pas engager de frais trop importants, elle ne se souciait que des arrangements de la nature. Les expéditions lointaines favorisaient l'introduction et la connaissance de plantes nouvelles. Monsieur Huvé fut chargé de ces travaux de plantations. Toutefois il ne semble pas que le potager ait été renouvelé car l'inventaire de 1802 constate que les arbres fruitiers sont vieux et qu'ils ne rapportent que soixante-dix kilos de fruits par an. Tandis que les plantes de l'orangerie en rapportent une tonne et demie. Le jardin médicinal fut agrandi, et de nombreuses essences d'arbres nouvelles furent introduites dans le parc.

Quant aux bâtiments, Élisabeth prévoyait quelques aménagements mais « en sacrifiant toute idée de magnificence et de décoration pour ne s'occuper que de ce qui est propre au service de Madame Élisabeth. », précisait le rapport. Il aurait fallu achever les communs, agrandir les remises et les écuries, mais Élisabeth renonça à tous ces projets qu'on lui présentait. Le plus important était ses livres. Elle écrit à Louise de Raigecourt : « Ma bibliothèque est presque finie, les tablettes sont en place. Tu n'imagines pas quel joli effet font les livres. » Et à Angélique de Bombelles, lorsqu'elle n'est pas « de semaine » : « Montreuil et sa princesse se portent comme des charmes. Celle-ci t'écrit du cabinet tout au bout de l'appartement. Les livres sont établis dans l'armoire, c'est véritablement un petit bijou… Pour la chapelle, Corille est tout seul à y travailler : tu juges si cela va vite ! C'est même par charité pour lui que j'ai permis qu'il continue à mettre un peu de plâtre. Comme il est tout seul, cela ne peut pas être compté comme une dépense. »

Mais dans le même temps ses préoccupations augmentent, elle écrit, toujours de Montreuil, à madame de Causans : « Je suis ici depuis hier soir. Je viens y respirer et tâcher d'oublier un instant tous les sujets d'inquiétude qui naissent à chaque pas. » En effet, de jour en jour, elle ne peut plus se rendre dans le village sans observer combien les esprits ont changé. Les marques de respect ou d'affection diminuent ; c'est moins de l'indifférence que de la grossièreté de la part de ceux à qui elle offre tout ce qu'elle a, depuis des années. Tel qui prenait son lait chez elle tous les jours se détourne en ricanant sur son passage. Élisabeth tressaille. Ne savent-ils pas qu'à maintes reprises déjà elle a utilisé la pension que lui verse le roi pour « monter » des ménages et que nombre d'entre eux ne doivent le bonheur de s'être installés qu'à son inusable générosité ? D'aucuns diront qu'elle n'en a pas besoin pour vivre. Mais c'est bien parce qu'elle s'éloigne de la cour et de ses intrigues, car là-bas, princesse ou pas, on vous juge à l'aulne de vos diamants ou de vos parures, et gare à celle qui ne brille pas de tous ses feux. Il se pourrait bien qu'on l'ignorât ou qu'on la méprisât ouvertement. C'est pour cette raison que Madame de Causans veillait si passionnément à préserver ses filles sans fortune, Marie et Louise, des dangers de la cour. Elle savait qu'elles n'avaient pas les moyens de lutter avec la férocité des courtisanes.

Devant les périls qui s'accumulent, Élisabeth prend des forces dans ses entretiens avec la vieille comtesse d'Aumale auprès de qui elle trouve réconfort et sagesse. Elle répète combien elle lui est reconnaissante de ce qu'elle lui communique en provisions de courage. Deux générations les séparent mais cette différence d'âge ne lui en impose pas. Élisabeth n'a eu ni parents ni grands-parents et elle en a manqué cruellement. On suppose que son imagination, le sang bouillant qui coule dans ses veines et ses goûts, qui sont de véritables passions, ont dû séduire infiniment la vieille dame. Celle-ci lui lègue un héritage d'endurance morale et d'intégrité qui lui seront de fières armes dans les circonstances qu'elle va connaître.

La précipitation des événements, les symptômes incessants de rébellion, les difficultés du roi, son frère, à maîtriser la situation, sa clairvoyance intraitable, vont lui demander une force d'âme bien au-dessus de son âge. Elle ne perçoit que les prémices des événements futurs et songe déjà à s'y préparer.

Les lettres d'Élisabeth

Élisabeth adore prendre le temps d'écrire à ses amies ou à ses dames. Elle leur écrit comme elle leur parlerait, de choses futiles ou graves. Fustige un vieux médecin de la cour qui veut empêcher, pour un rhume, Marie de Causans de la voir, demandant avec malice si, au moins, elles ont le droit de s'écrire. Écrit à la marquise de Soran, en séjour chez la duchesse de Bourbon, qu'elle espère la voir revenir presqu'aussi grasse qu'elle, ajoutant « vous trouverez peut-être que c'est beaucoup, mais je ne peux vous souhaiter autre choses. »

En 1785, déjà, de grandes peines se lèvent à l'horizon : madame de Causans, sa dame d'honneur, est mourante à Paris et la fille de celle-ci, Louise de Raigecourt, la chère Rage, vient d'accoucher d'un enfant qui n'a pas vécu. La maman est effondrée. Élisabeth, sans aucun ménagement pour la jeune mère, s'écrie : « Qu'il est heureux ! Qu'il est heureux ! Et qu'il a évité de dangers ! » Elle s'adresse à la sœur de Louise, Marie, sur un ton très enjoué pour la prévenir qu'elle « grogne » de ne pas recevoir de lettre d'elle. Quant au cardinal de Rohan, « c'est un criminel, mais le plus grave – à son avis – c'est qu'il ne peut pas jouir du beau temps », puisque, en attendant son procès, il est assigné à résidence. C'est sous ce jour que la chose qui a fait grand bruit, lui apparaît. Elle fuit la gravité inutile.

Et puis elle a assisté à l'agonie d'un pauvre homme qui après avoir été blessé durant son travail aux champs, est mort. Cela ne l'a pas troublée : comme on lui disait « Madame donne ici un grand exemple », elle répondit : « J'en reçois un bien plus grand que je n'oublierai jamais. » La mort s'est enracinée en elle dès l'enfance, avec celle de ses parents, de ses grands-parents, puis celle de ses neveux, nièces et gouvernantes.

Mesdames Tantes résistent bien, mais le premier Dauphin est marqué au front.

Elle reprend son couplet sur le docteur Dassy, « je ne me contente pas de l'aimer, c'est une folie, écrit-elle ». Et puis des nouvelles réjouissantes de sa santé : « Depuis que j'ai écrit à Rage, je vais à la selle comme un jet et m'en porte très joliment. » Il faut dire que le grand remède, est de se purger régulièrement. « Adieu, petit chat, finit-elle cette fois-là, je vais déjeuner, puis à la chasse en calèche avec Deux-Ponts » (une de ses dames).

La cour est à Versailles, Élisabeth, selon l'étiquette, n'a le droit de se rendre ni à Fontainebleau ni à Paris, où madame de Causans est mourante. Rage qui va très mal ne doit pas être mise au courant de l'état de sa mère. Il faut attendre qu'elle se remette de ses couches dramatiques pour le lui annoncer. Élisabeth a des scrupules : elle a dit à madame de Causans la dernière fois qu'elle l'a vue, qu'elle ne priait pas. Le fils de la dame attendait un enfant. Il est né tandis que sa belle-fille se rendait à Paris. Un enfant meurt un autre naît et la grand-mère trépasse. Rien ne perturbe Élisabeth.

À Saint-Cyr on prie pour la dame qui est mourante. Elle y fut élève autrefois. Un peu plus tard, madame de Causans a rendu l'âme et Élisabeth en souffre. Elle reconnaît : « Je suis bien indigne de vous prêcher, mon cœur, écrit-elle à Marie, il n'y a rien de plus lâche, ni de plus faible que moi dans ce moment. Je suis comme Gros-Jean qui en remontre à son curé. » Du coq à l'âne, elle parle des coliques de Rage qui « ne doit pas laisser enraciner ces petits maux. » Parfois elle confirme ce qu'elle vient de dire par l'expression à la mode « Il y a à parier » que même le roi emploie par jeu. Elle fait de longs sermons à Marie, qui pensait entrer au couvent par dépit, alors que sa mère en mourant lui a confié l'éducation de sa plus jeune sœur.

Maintenant Rage a la vérole « volante », c'est-à-dire sous une forme bénigne, et Élisabeth s'en prend aux railleries de Marie qui trouve le docteur Dassy, pédant, mais « c'est parce que, lui écrit Élisabeth, il oublie qu'il parle à des ignorantes et que le pauvre ignore (sic), ce qui est bien pis, qu'il parle à une femme dont l'esprit de critique est porté à un tel point qu'elle se moque même de ce qu'un homme est trop rempli de son objet. » Ah, il ne faut pas toucher au docteur Dassy ! Sinon gare !

Élisabeth repense aux moments de douceur qu'elle a passés avec madame de Causans, « Que nous étions heureuses ! » s'exclame-t-elle. Et puis un voyage à Saint-Cloud lui a « absolument ôté le goût de la vie presque solitaire qu'(elle) mène. » Elle aurait peut-être fini « par haïr parfaitement la vie tranquille et douce, loin du tumulte de ce monde » qui la dispense d'entrer en elle-même et de se voir telle qu'elle est. Elle est profondément touchée que madame de Causans en mourant l'ait citée comme étant une de ses enfants. « Je l'aimais bien tendrement, reconnaît-elle. Pardon aussi pour mon sermon. » Elle se soucie dans tous les détails de la santé de Rage : qu'elle prenne bien ses bouillons. Mais une de ses dames, Lastic, est venue chez elle si bien qu'elle n'a pas pu finir ses lettres et puis ensuite ce fut l'heure de son bain. D'ailleurs elle prendra l'habitude d'écrire sa correspondance dans son bain !

Rage n'est pas là et Bombe non plus, Élisabeth s'écrie : « Je possède au monde deux amies et elles sont toutes les deux loin de moi ! Cela est trop pénible : il faut absolument que l'une de vous revienne. Sinon j'irai à Saint-Cyr sans vous, et je me vengerai encore en mariant notre petite protégée sans vous ! » Elle réclame maintenant de l'huile de Provence et se vante que Dassy l'a trouvée en bonne santé et lui a donné pilules, bouillons, médecines dont « elle se porte très joliment. » Puis, sans complexe, elle écrit à Marie : « Occupez-vous sans y chercher du goût, parce que Dieu vous a ordonné le travail, et que le vôtre est d'occuper votre esprit. » Bien, madame. Et ainsi vous obtiendrez des grâces... que d'ailleurs vous ne sentirez pas, ajoute-t-elle. Aie, que ses sermons sont donc prégnants ! Mais en avril 1787, elle se mêle de politique pour la première fois peut-être en écrivant à Angélique, c'est-à-dire, à Bombe : « Mon frère a de si bonnes intentions, il désire tant le bien et de rendre ses peuples heureux ; il s'est conservé si pur qu'il est impossible que Dieu ne bénisse pas toutes ses bonnes qualités par de grands succès… Il est bien bon et bien supérieur à toute la cour réunie. »

Et puis elle change de sujet comme à son habitude : « Je suis au désespoir du sacrifice que tu me fais de ton singe, d'autant que je ne pourrai le garder ; ma tante Victoire a une peur affreuse de ces animaux et serait fâchée que j'en eusse un. Ainsi mon cœur, malgré toutes ses grâces et la main dont il me vient, il faudra s'en détacher. Si tu veux je te le renverrai, sinon j'en ferai présent à Monsieur de Guéménée. Je suis au désespoir. Je sens que c'est très maussade et que cela te contrariera beaucoup et j'en suis d'autant plus fâchée. » On imagine le singe dans l'appartement des vieilles filles hurlant de peur. Toujours à Bombe elle lance : « L'amitié, vois-tu, ma chère Bombe, est une seconde vie qui nous soutient en ce bas monde. » Puis elle lui décline la formation du Conseil des ministres, avec d'Ormesson, Lambert, aux finances, Brienne à la guerre, Malesherbes ministre d'État. Ses frères Artois et Provence se sont rendus au Parlement pour faire enregistrer des édits du roi et puis elle ne connaît pas le nom des autres, cela l'ennuie, elle écrit leurs patronymes avec des fautes d'orthographe.

Bombe fait « très bien de gâter Bitche », surnom du premier fils d'Angélique. Et puis elle devient sombre face à l'orage qui gronde : « Plus on voit le monde, plus on le voit dangereux, ou plus digne de mépris que de regret, lorsqu'il faudra le quitter. » Elle est fière d'Artois, qu'elle nomme « mon prince » car il a fait cinq cent mille livres d'économie dans sa province. En revanche elle fustige Provence, pour lequel elle n'a pas d'affection, car la reine s'est trouvée très affligée qu'il ne soit venu que très tard à la mort de la petite Sophie. Minette, sa pupille, est toujours paresseuse et nonchalante, pour ce qu'il lui déplaît s'entend. Sa dame, Des Essarts, fait sa semaine toute seule auprès d'elle, mais « si tu y étais pourtant, ce ne gâterait rien » écrit-elle à Rage. « Pour le coup, je te quitte tout de bon et ce, pour aller jouer au billard. » Et puis comme Pline le Jeune, dans ses lettres, qu'elle est en train de lire, finit toujours par « Adieu », alors elle fait de même regrettant « seulement que ce mot ait l'air si sec, car je voudrais qu'il exprimât tout ce que je sens. »

Ce devait être chic de lire Pline. Et pour son dernier « sermon » à Marie de Causans, avant les lettres qui seront l'écho de la révolution, elle finit en disant « vous trouverez dans les couvents des gens qu'il vous faudra supporter, des objets de scandale, car ne croyez pas, mon cœur, qu'un couvent en soit exempt. » Élisabeth l'intransigeante, qui refuse les apparences trompeuses.

On est en juillet 1789 et tout le pays de France est en ébullition. L'insurrection enfle dans les provinces, les châteaux sont pillés et incendiés. Les récoltes brûlées.

Marie-Antoinette passe sa vie à Meudon avec Élisabeth, auprès du Dauphin dont l'état ne cesse d'empirer. Le roi les rejoint presque chaque jour entre deux conseils. Lui, le père de l'héritier du trône, est pétri de douleur face à la tragédie qui se répète. Il a vu mourir son frère aîné, âgé de dix ans, dans d'atroces souffrances. Il en garde le souvenir d'un enfant grandi par l'aura du martyre et reste rongé par la culpabilité d'avoir survécu en prenant sa place. Cette ancienne douleur se ravive. Quelle malédiction plane sur lui ? Ou bien quel invisible épuisement d'une lignée ne se montre-t-il pas aujourd'hui ?

La reine tente de faire prendre quelque nourriture à son fils en se forçant elle-même à manger « avalant plus de larmes que de pain ». Devant le désespoir des parents Élisabeth résiste. Elle avoue dans une lettre à son amie Marie de Causans : « les épreuves du corps sont absolument nulles pour moi, elles ne tiennent qu'à l'habitude… Tout ce qui tient au corps coûte peu, on s'y accoutume, mais il n'en est pas de même de ce qui tient à l'esprit et au cœur. » Dures paroles mais compassion vraie. Elle ne quitte pas la reine ni son frère dans l'épreuve. Car elle est fine, si fine, et forte dans sa réflexion. Ne dit-elle pas : « quand le monde vous est odieux, est-ce dégoût ou regret ? » Elle a convaincu Marie-Antoinette que son fils sera plus heureux au ciel que sur terre, dans l'état de douleur où il se trouve. Il lui faut « avaler » la mort comme le dit Thérèse d'Avila qu'Élisabeth a lue, sinon elles ne seront capables de rien.

Ses lettres portent maintenant de sombres couleurs parfois, mais la force de sa pensée s'accentue. Elle les scelle d'un cachet de cire noire incrusté de ses armes : un écu losangé, à trois fleurs de lys en champ d'azur.

Les digues sont rompues

Le terrible hiver de 1789 a fait se lever le spectre de la famine dans tout le pays et spécialement dans les villes où la farine n'arrive plus. Les rumeurs, comme la peste, courent plus vite quand les ventres sont creux. On accuse le roi de vouloir affamer le peuple pour maîtriser ses forces vives. Après la réunion des États généraux auxquels Louis XVI a dû se résigner, il tergiverse pour signer la Déclaration des droits de l'homme et du citoyen. On dit qu'il fait traîner les choses pour préparer son départ dans une ville frontière et de là organiser la répression, reprendre la direction du pays et noyer Paris dans un bain de sang.

Tout ceci n'est que rumeur ; cependant il faut se préparer à défendre le château de Versailles où la famille royale se trouve en danger. Les factieux de la capitale ne rêvent que de tuer la reine d'abord, et le roi par la même occasion. Le duc d'Orléans, très populaire, puisqu'il déteste le roi son cousin dont il prendrait volontiers la place, organise la rébellion contre l'arrivée du régiment de Flandre que Louis XVI a fait venir pour sa sécurité.

Les officiers des gardes du corps offrent un banquet aux officiers du régiment dans la grande salle Gabriel du château. Cela parut une insulte de plus au peuple qui meurt de faim cette année-là. Mirabeau qui campe au sein de l'Assemblée réunie dans la salle du Jeu de Paume, a lancé sa célèbre phrase : « Nous sommes ici par la volonté du peuple et nous n'en sortirons que par la force des baïonnettes. » Louis XVI ne sait plus s'il est le maître de ces États généraux ou si ce sont les États généraux qui sont devenus le sien. Grave errance d'un homme qui se sait impuissant.

Les députés des trois ordres, le clergé, la noblesse et le tiers-état, sont là pour écrire la nouvelle Constitution de la Nation qui neutralisera le pouvoir royal. Le flot de la Grande Peur emporte le peuple. Peur de la famine, peur de la contre-révolution, peur de la mutation inévitable qui se prépare et que l'Ancien Régime tenait sous le boisseau de la Tradition. Les châteaux brûlent, les villes sont pillées, des officiers sont égorgés, les boutiques dévalisées, les fermes aux mains des vandales. La France délire, le peuple éructe sa souffrance par la haine et la violence, croyant que tuer le souverain qu'il acclamait encore récemment peut être une solution à ses problèmes : dettes de l'État, guerre contre l'Angleterre, régime exsangue, impôts trop lourds, hiver rigoureux qui entraîne la misère. Tuons le roi et tout cela s'arrangera.

La reine suggère alors, peut-être, sans doute, inspirée par Fersen qui vit à Paris et se rend trois fois par semaine au château pour la visiter, de quitter Versailles. La Bastille vient d'être prise par des émeutiers qui ont provoqué la mort d'innocents, persuadés que des régiments venus des quatre coins de la France, se dirigeaient sur la capitale pour la réduire en sang.

Ce jour-là, exceptionnellement, le roi ne chasse pas. En entendant le récit des événements de la journée du 14 juillet, il aurait dit : « C'est une révolte. » et La Rochefoucauld lui aurait répondu : « Non Sire, c'est une révolution. »

Alors, partira, partira pas ? Le roi, à son habitude, hésite, tergiverse, sans doute parce qu'il ne peut se résoudre à quitter le château de ses pères, comme un vil déserteur. Non cette fuite-là, il ne la sent pas. Il dit oui, il dit non. Il ne part pas ; il va à la chasse. Il ne voit pas ce qu'il peut faire d'autre. Même si son épouse et sa sœur le pressent de réagir. En ceci ou en cela, peu importe, mais qu'il réagisse. C'est maintenant ou jamais.

C'était là, à ce moment-là, qu'il fallait reprendre le gouvernail. Mais Louis sait trop que le gouvernail, il ne l'a jamais tenu de façon si ferme qu'il ne lui échappât. Que la mort est sa compagne de toujours. Que toutes les serrures de la terre n'empêcheront jamais la fureur populaire aveugle et sans mesure de saccager le royaume intangible dont il est le souverain lunaire. Que toute cette histoire de Saint Chrême, de couronne de par Dieu, de royauté sacrée, tout cela, ce n'était qu'un songe venu du fond des temps qui se fracassait en milliers de morceaux sur l'arête du siècle. Il fallait basculer dans le monde glacé du réel et cela, jamais il ne le pourrait, il avait horreur du sang, de la violence et de la grossièreté. Il aimait la chasse mais non pour tuer. Pour fuir sa charge qui consistait à se battre au corps-à-corps avec tous ceux qui voulaient sa mort. Et puisqu'il fallait chasser, il préférait chasser les bêtes que les hommes.

Le roi abdique devant cette révolution qu'il sait inévitable. Paris demande sa présence dans ses murs comme pour contempler de ses yeux son roi défait. D'ailleurs le palais se vide peu à peu. Le comte d'Artois, le prince de Condé, le duc de Polignac et leurs familles donnent le signal du départ vers l'Italie et l'Allemagne.

Déjà privé de son libre arbitre, Louis XVI, seul, c'est-à-dire sans les deux femmes de sa vie, Marie-Antoinette et Élisabeth, accepte de se laisser conduire par ses maréchaux, jusqu'à la ville de Paris qui l'attend dans la personne de son nouveau maire, Bailly. Celui-ci remet au roi les clefs de la ville, et le cortège s'ébranle au milieu d'une foule menaçante armée de piques et de fusils, jusqu'à l'Hôtel de Ville où l'attend « un peuple irrité et silencieux » qui pourrait donner froid dans le dos.

Bailly remet ironiquement ou cyniquement, la cocarde tricolore au roi, « nouveau signe distinctif des Français », précise-t-il. Louis reçoit sans broncher le signe implacable de la fin de la couleur blanche seule, insigne de la royauté. Dans un malaise schizophrène, il fixe la cocarde à son chapeau, impassible à l'extérieur, un entrelac d'anciennes colères grouillant à l'intérieur. Alors la foule, absurde, l'acclame, comme si elle nourrissait un cadavre. Le roi est déjà mort symboliquement, et, sous une voûte de lames croisées, il avance comme dans un songe sur un chemin qui le mène à l'échafaud.

Il regagna Versailles vers dix heures du soir, étonné que le sang n'ait pas coulé. Il venait de tout perdre en une journée et ce meurtre au ralenti, il n'en mesurait pas encore la portée. La reine, ses enfants et Élisabeth, qui ne se quitteraient plus un seul instant, l'attendaient le ventre rongé d'inquiétude, les deux femmes serrées l'une contre l'autre, les enfants inconscients de ce qui se passait mais alertés par les larmes de leur mère. Quand le roi arriva, les deux femmes se jetèrent dans ses bras, avec une joie inexprimable, ayant craint, abandonnées dans le château à moitié vide, de ne jamais le voir revenir vers elles.

Marie-Antoinette avait commandé des voitures pour se réfugier à l'Assemblée si elles ne le voyaient pas rentrer, ayant préparé un discours s'il arrivait malheur à son mari. Madame Campan, raconte ainsi la scène : « Il se félicitait dans les bras de la reine, de sa sœur et de ses enfants, de ce qu'il n'était arrivé aucun accident, et ce fut alors qu'il répéta plusieurs fois : "Heureusement il n'a pas coulé de sang, et je jure qu'il n'y aura jamais une goutte de sang français versé par mon ordre." »

Versailles, temple de la monarchie, devient au fil des jours, froid comme un tombeau, désert comme un monument abandonné. Les ministres ont disparu, les valets prennent des airs goguenards, la cérémonie de cour est inexistante, Mesdames Tantes sont dans leur château de Bellevue. La reine s'occupe de ses enfants jour et nuit. Elle a dit adieu dans les pleurs et la douleur à la duchesse de Polignac qui est partie en exil, autant pour apaiser les rumeurs sur son compte qui desservent la reine, que pour se mettre en sécurité. On prétend qu'elle n'avait aucune ambition personnelle et que son entourage avait mis à profit l'amitié passionnée que Marie-Antoinette lui portait. Ses propos et sa conduite étaient épiés de tous côtés. On se servait beaucoup de cette relation entre les deux femmes pour les traîner dans la boue. On comparait la duchesse – titre donné par la reine – à la Galigaï, qui, dit-on, gouvernait Marie de Médicis. Elle était devenue l'objet des haines les plus féroces, et par sa seule présence aux côtés de la reine, représentait un véritable danger pour la royauté. Elle émigra d'abord à Venise où une société d'émigrés coulaient des jours heureux, puis à Vienne où elle fréquenta le salon du prince Kaunitz. On dit qu'en apprenant la mort de Marie-Antoinette, elle n'avait pas survécu et serait morte de chagrin peu après, en 1793. On ne peut oublier que tout son entourage avait été fabuleusement doté.

Une nouvelle gouvernante a été nommée, la duchesse de Tourzel, d'une réputation de haute vertu, restée veuve avec cinq enfants à la mort de son mari tué dans un accident de chasse aux côtés de Louis XVI. D'une fidélité sans faille, elle accompagnera les enfants de France, Marie-Antoinette et Élisabeth jusque dans la prison du Temple, d'où elle sera expulsée avec sa fille Pauline.

« Il y avait du guerrier dans cette jeune femme »

Effectivement, le ton d'Élisabeth prend parfois les accents d'une virilité qui manque à son frère. Les frères Goncourt qui s'exprimaient ainsi à son sujet avaient vu juste. Durant un mois le roi, ayant renoncé à contrecarrer les événements, ne réagit plus. Au grand scandale d'Élisabeth qui voit, navrée, qu'il n'y a rien à en tirer. Un ressort est cassé. Louis XVI, comme sa sœur, sait que « tout est perdu ». Il avait répondu à la célèbre phrase de Mirabeau : « Ils veulent rester ? Eh bien, foutre, qu'ils restent ! » et ce fut son dernier coup de gueule. Mais l'une croit encore qu'il faut « sauver la France », tandis que l'autre, parqué dans son entêtement nihiliste, ne réagit plus.

À cette époque, tout Élisabeth est dans ses lettres. Durant l'été 1789, après la prise de la Bastille qui fut la preuve de ce dont le peuple conduit, parfois payé, par des meneurs comme le duc d'Orléans, était capable de faire, les exactions se multiplient. Élisabeth écrit à Rage : « Ne viens pas ici (à Versailles), tout est calme. » Si calme, trop calme. Les États généraux, qu'on nomme l'Assemblée maintenant, demandent le renvoi des troupes qu'on dit appelées sur les ordres de Marie-Antoinette, pour mater la rébellion populaire. Élisabeth ne veut en aucun cas que ni Angélique de Bombelles, dite Bombe, ni Louise de Raigecourt, dite Rage, ne reviennent auprès d'elle. Elle évoque le cas d'aller peut-être les rejoindre loin de Paris, mais elle n'y croit pas un seul instant. « Ainsi, ma petite, je fais le sacrifice de te voir. Il en coûte à mon cœur, car je t'aime, ma petite, mieux que je ne puis le dire. » Elle espère encore, (enfin elle le dit), que le mal n'est pas aussi grand qu'il en a l'air. A-t-on pendu monsieur de Launey ou pas, rien n'est sûr, dit-elle, tout peut arriver, si Monsieur (son frère Provence) part, « elle s'attachera à son char », plaisante-t-elle.

Plaisanter à cette heure est héroïque car Provence peut bien partir, ce ne sera pas une perte ; mais elle va cacher sa blessure si Artois s'en va aussi, car ce frère-là est son compagnon de jeux, de chasse, de billard, de bêtises et de folie, s'il part, ce sera un bout d'elle-même qu'on arrachera. « Je me sens d'une humeur de chien ! » s'écrie-t-elle. Elle annonce que la noblesse, au cours d'une séance à l'Assemblée, dans un fier élan du cœur, a renoncé à la plupart de ses privilèges ! À ses droits féodaux, ses droits de chasse et de pêche, aux bénéfices variés des charges et des pensions, aux dîmes, « j'espère que cela fera finir la brûlure des châteaux. Ils se montent à soixante-dix. » La séance nocturne a duré jusqu'à deux heures du matin.

En août, Bombe est à Stuttgart. Élisabeth s'inquiète de ses enfants puis lui annonce que la Garde nationale a changé d'uniforme, tandis que celle de Versailles est toujours « dans la plus parfaite bigarrure ». « Ils ont demandé des chevaux, car ils sont sur les dents de tout le chemin qu'ils ont été obligés de faire pour aller chercher la farine. »

À Caen, Henry de Belsunce a été accusé d'avoir écrit « Vive le Roi ! » sur un écriteau. Pendant qu'on le menait en prison, une meute déchaînée l'a percée de dix-sept coups de fusil et avant qu'il expire, on lui a coupé la tête. Ensuite son corps a été mutilé et l'on a dévoré des lambeaux de sa chair. Le régiment du Duc d'Harcourt responsable de ces férocités, a été chassé de la ville, et a finalement échoué à Lisieux. On juge à peu près de l'inconséquence qui peut se déchaîner tout à coup dans une population peu informée. « Je ne puis vous dissimuler, mademoiselle Bombon, que je grogne beaucoup contre tout l'univers. » Le fils de Rage, Stanislas, est devenu « maigre, faible et jaune » et Élisabeth qui le garde à Montreuil est très inquiète.

L'Assemblée a passé des heures à voter sur la nature du *veto* qu'elle accepte d'accorder au roi. Un veto suspensif ou absolu. Il semble que ce serait plutôt un veto suspensif. Piètre aumône faite au souverain déchu. Le régent, s'il en vient un – on y pense –, devra être un homme né en France, a déclaré Mirabeau. Et puis Élisabeth donne les dernières nouvelles de Montreuil. « Jacques est dans son nouveau logement, madame Jacques est grosse et toutes mes vaches le sont aussi. (!) » Un veau vient de naître, les poules sont oubliées. Élisabeth écrit, dessine, peint, son anniversaire est passé. On avait prévu une fête pour le 3 mai 1789, jour de sa majorité fixée à 25 ans. Or ce même jour, la cérémonie de l'ouverture des États généraux qui fut le signal de toutes les insultes ouvertement faites aux souverains, ne permit pas que les réjouissances prévues à Montreuil aient lieu.

Ce jour-là on vit dans le même cortège, le roi, la reine, Artois, Provence, le duc d'Orléans, Mirabeau, Robespierre, et même le petit Dauphin mourant, sur ses coussins, au balcon des Petites Écuries, contemplant de ses yeux absents, le grand tourbillon révolutionnaire qui allait engloutir ses parents à sa suite.

Les libelles qui ne cessent plus ont dès longtemps alerté Élisabeth. Elle demande souvent à son frère qu'ils soient sévèrement punis. Il lui semble que c'est par là que le tissu social s'effiloche ; que la confiance s'effondre sous les coups de boutoir d'une presse injurieuse qui broie tout dans un maelström d'insultes grivoises, puant le délire machiste. Dans « Les fureurs utérines de Marie-Antoinette » on pouvait lire ces lignes : « La cour ne tarda pas à se mettre à la mode/ Chaque femme à la fois fut tribade et catin/On ne fit plus d'enfant cela parut commode/Le vit fut remplacé par un doigt libertin. » Et un peu plus loin, n'ayant pas peur de la contradiction, ou bien même n'en supposant aucune, on pouvait lire : « La Reine insatiable et lubrique, se trémousse toute seule en sa couche, ses tétons palpitants, ses beaux yeux et sa bouche, doucement haletant, entrouverte à demi, semble d'un fier fouteur inviter le défi. » Le « fier fouteur » n'étant autre, selon l'auteur, que le comte d'Artois son beau-frère, dont le membre est un « tison ».

Puis la grande favorite de la reine, la princesse de Lamballe, avant que ne prenne sa place la duchesse de Polignac, est accusée de saphisme de la façon la plus nette : « Lamballe de la main droite fourrageait le buisson, qui s'humectait souvent d'une douce rosée. Sa main gauche frappait avec ménagement une des fesses royales. Enfin on put voir Lamballe tirer de sa poche une espèce de vit, qu'elle appliqua durement à cette partie qui fait leurs délices. »

Le cœur d'Élisabeth se déchire : sur les conseils du roi, Artois va s'éloigner de la cour. Est-il raisonnable que les trois frères restent pris dans les mêmes rets sans bouger ? Louis pense que l'espoir d'un retour, s'il existe, se fera de l'étranger. Ses frères ont tant désiré de régner. Qu'ils attendent sagement leur tour. Ce tour viendra peut-être. Élisabeth se résigne à perdre celui qui fut la gaieté de sa vie. Puisqu'elle ne s'est donnée à aucun homme, elle a toujours été la compagne chaste et passionnée des deux frères qu'elle adore, Louis et le futur Charles X. Depuis la prise de la Bastille qui a révélé une telle violence, elle n'a plus guère d'illusions sur le tour que vont prendre les événements. Elle n'arrive pas à convaincre Louis de partir, afin d'échapper au sort terrible qu'elle redoute, mais comment empêcher que ses autres frères se sauvent si c'est encore possible ? Elle-même a ordonné à ses dames de s'éloigner.

Bombelles, Raigecourt et maintenant la comtesse de Polignac, belle-sœur de la duchesse Jules, toutes ont, sur l'ordre d'Élisabeth, été se mettre en sécurité à l'étranger. Elle a refusé la démission de sa dame d'honneur pour qui elle a un grand attachement. Cette dernière garde le titre de sa charge même si elle n'en exerce plus les fonctions. Ce n'est pas un adieu, espère-t-on, c'est une mesure de précaution.

Le 5 octobre, le marquis de Saint-Priest, ministre de l'Intérieur, envoie en toute urgence un valet à Versailles pour prévenir le roi qu'une horde de femmes en colère se dirige vers le château, armées de piques et de couteaux. Elles demandent du pain, semble-t-il. Mais voilà le roi est à la chasse à Châtillon, la reine est au Petit Trianon avec ses enfants et madame de Tourzel. Le valet n'étant pas sûr de les trouver s'arrête à Montreuil en passant, pour prévenir Madame Élisabeth. C'est sur sa route. Justement Élisabeth y est descendue à cheval, comme tous les matins. Elle allait entamer sa correspondance

146

avec Angélique, quand l'homme débouche en sueur dans son jardin et lui dit hors d'haleine que mille ou deux mille femmes armées s'apprêtent à envahir le château. Et qu'elles étaient suivies d'une troupe d'hommes en furie venant du peuple de Paris.

Élisabeth saute sur son cheval et galope comme l'éclair jusqu'au château pour qu'on ferme les grilles. On met des heures à trouver le roi à la chasse. Enfin quand il est là, la reine et Élisabeth lui suggèrent de se replier tous ensemble sur Rambouillet. Le roi refuse, il n'est pas un lâche et ne craint pas « son » peuple. Il les attend de pied ferme. Mais tous trois comprennent vite que les femmes qui demandent du pain ne sont qu'un prétexte. L'objet de l'émeute qui se prépare est si possible de tuer la reine, la tigresse autrichienne, qui a vidé les caisses de l'état en envoyant des sommes « fabuleuses » à son frère l'empereur, et en se roulant dans le stupre et le luxe tandis que le peuple meurt de faim.

L'autre but des émeutiers est de faire revenir le roi et l'Assemblée à Paris, pour les tenir en otages. Les poissardes qui brandissent leurs couteaux de cuisine ont été chauffées à blanc par des chefs dont le principal semble toujours être le duc d'Orléans, frustré de faire partie de cette branche royale qui ne devait pas régner. Leur marche les a épuisées et on les calme en leur distribuant de la nourriture. Le président Mounier demande au roi pour apaiser les esprits, qu'il accepte de signer les décrets sur l'abolition des privilèges et la Déclaration des droits de l'homme et du citoyen. Le roi se résigne à signer contre l'avis d'Élisabeth qui lui fait remarquer que s'il continue à tout accepter, il finira par perdre sa couronne. Mais surtout elle le supplie, ainsi que la reine, de se retirer à Rambouillet.

Dehors les voitures attendent et les émeutiers aussi. Les informations circulent mystérieusement et lorsque le roi se décide enfin à signer et à partir, on s'aperçoit que les harnais des voitures ont été découpés. On ne peut plus les utiliser. Sur ces entrefaites La Fayette arrive sans hâte à la tête de la Garde nationale censée protéger les abords du château. Il est déjà tard, la foule exténuée, une fois nourrie, s'est mise à camper dans les abords les plus proches. Madame Élisabeth, accompagnée de la petite Madame Royale qui n'a que onze ans, est passée dans les rangs des miséreuses en haillons pour leur distribuer des boissons chaudes et des vêtements, « de la part de la reine ».

Elle fait cela jusqu'à trois heures du matin, puis, confortée par la présence de La Fayette qui prétend qu'il n'y a rien à craindre, elle va se coucher. Le roi aussi et la reine, dans ses appartements, avec quatre de ses dames. Au petit jour, on entend des hurlements et des coups de fusils dans la salle des gardes du corps. Deux d'entre eux ont été massacrés et les factieux leur ont coupé la tête. D'autres sont mutilés ou gravement blessés, le sang est partout jusqu'aux antichambres du roi. Ils se dirigent maintenant vers la chambre de la reine pour lui faire subir le même sort. Une de ses femmes de chambre lui donne une robe à la hâte et la fait fuir vers les appartements du roi. On ramène le petit Dauphin qui dormait et madame Royale chez leurs parents.

Le roi envoie douze grenadiers pour chercher sa sœur qui dort à l'autre bout du château, après s'être couchée si tard. Élisabeth, les yeux agrandis par l'horreur, traverse les salles de garde où le sang est répandu partout et arrive chez son frère pour trouver toute la famille réunie avec madame de Tourzel. Les cours du château sont envahies de femmes et de voyous qui se sont mêlés aux émeutiers pour piller les salles ouvertes. Mais la Garde nationale doit remplir son office bon gré, mal gré, aussi poursuit-elle les brigands qui sont là et s'en débarrasse-t-elle « sans tirer sur qui que ce soit » selon la volonté du roi. Les poissardes qui sont toujours là demandent à voir la reine au balcon. Sans ses enfants. Marie-Antoinette, pâle et calme, en danger d'être lynchée, se montre pourtant dans la robe simple qu'elle a enfilée en toute hâte tout à l'heure. Et voilà que monte « Vive la reine ! » de la gorge même de celles qui venaient hier pour l'assassiner. Est-ce un miracle d'Élisabeth qui a passé une partie de la nuit auprès d'elles ? Certaines d'entre elles semblent, d'après la duchesse de Tourzel, avoir été des femmes de l'aristocratie qui se sont déguisées. Le clan des Orléans ne compte pas que des hommes du peuple.

« À Paris, à Paris ! »

Le peuple veut à toute force que la famille royale se rende à Paris. On scande de tous côtés « À Paris, à Paris ! » Élisabeth est bouleversée du sort fait aux Gardes du corps. Elle fait remarquer à son frère qu'à tout moment la foule se montre prête pour un oui pour un non à faire n'importe quoi. Une guerre civile peut se déclencher à tout moment. N'a-t-on pas vu la Garde nationale menée par La Fayette prête à massacrer les Gardes du corps du roi, si les grenadiers n'étaient pas venus y mettre le holà ?

Louis XVI se rend à l'évidence. Il ne peut plus faire autrement que d'aller à Paris puisque toute cette foule est en fait venue pour cela : le ramener là-bas en otage. Le roi, la reine, leurs enfants, les Provence et Madame Élisabeth s'entassent dans un carrosse, avec madame de Tourzel. La Fayette et le comte d'Estaing accompagnent à cheval aux côtés des portières. D'autres voitures suivent avec le reste de la cour. Dans l'une d'elles, Fersen, qui se trouve toujours aux abords de la reine en danger. Discret, fidèle, attentif à ce qu'il peut faire pour l'aider à comprendre les dangers de la situation.

La foule pousse des cris qui fusent dans tous les sens. Certains crient « Vive le roi ! », d'autres « Vive la Nation ! », d'autres encore « Vive la reine ! À bas les calotins ! » ou bien encore et encore « À Paris, à Paris ! » Mirabeau envoie cent députés pour accompagner le roi à Paris. Un peuple survolté les précède portant les têtes des malheureux Gardes du corps plantées sur des piques. Élisabeth – le cortège va si lentement – profite de ce moment pour convaincre ceux à qui elle peut s'adresser : « Le roi n'a jamais voulu que le bonheur de son peuple, leur dit-elle, on vous a dit du mal de lui. Mais ceux-là veulent vous nuire, ne les écoutez pas. Le roi vous aime et nous avec lui. »

Ceux qui l'entendaient, frappés de son pouvoir de conviction, s'éloignaient en disant : « On nous a bien trompés. » Et ils hochaient la tête, ne sachant plus qui croire. Le duc d'Orléans avait distribué des sommes d'argent pour lever des factions. Mais son projet n'irait pas bien loin. Il finira lui-même sur l'échafaud.

À la porte de Chaillot, le maire Jean-Sylvain Bailly a présenté au roi les clefs de la ville en commençant son discours par « C'est un beau jour que celui où... ». « Beau jour » où la reine a failli être égorgée, où les gardes du roi ont été assassinés, où une foule hirsute entrave la marche des voitures où s'entasse la famille royale.

Non, à ses yeux, c'est un beau jour que le jour où le roi réintègre sa capitale. Dans les voitures qui roulent au pas depuis huit heures de temps, la reine est épuisée, le petit Dauphin gémit et somnole sur les genoux de madame de Tourzel et madame Royale se serre dans les bras d'Élisabeth. Elle lui demande sans cesse de ne jamais la quitter. Élisabeth la rassure et lui jure qu'elle restera toujours auprès d'eux, quoi qu'il arrive.

— Même s'ils veulent nous couper la tête ? insiste la petite fille qui ne comprend pas pourquoi on ne s'est pas enfui comme les autres.

— Mousseline, tais-toi, gémit la reine.

Élisabeth se redresse et pose doucement sa main sur la main de Mousseline qui est crispée sur son genou. La voiture a stoppé soudainement. Au milieu des cris de la foule en délire, on se croit arrivés. Mais non. Bailly insiste lourdement pour que le roi aille saluer la Commune à l'Hôtel de Ville. Le roi s'y refuse. Sa famille et lui-même sont épuisés de cette longue et bruyante expédition. Pourtant, malgré sa répugnance, il doit s'y résoudre. Il n'est plus en position de faire ce que bon lui semble. Élisabeth ronge son frein et entrevoit l'infinie patience dont il va lui falloir faire preuve si elle ne veut pas comme elle le dit « devenir folle ».

À neuf heures et demie du soir, on arrive au château des Tuileries. C'est un long bâtiment avec au nord le pavillon de Marsan et au sud le pavillon de Flore qui donne sur la Seine et

150

rejoint le Louvre par une longue galerie construite sous Henri IV. Plus ou moins à l'abandon depuis 1720, les appartements sans confort sont envahis d'artistes et de courtisans sans le sou. La reine y a fait aménager un petit pied-à-terre pour ses retours tardifs de l'Opéra. Mais rien n'est préparé pour les recevoir. On ne sait où coucher les enfants, Madame Élisabeth, ni madame de Tourzel.

Élisabeth doit dormir sur un lit de camp auprès de la petite Marie-Thérèse, qui ne la quitte pas, effrayée par l'aspect lugubre des pièces noires et froides. Madame de Tourzel passe la nuit assise près du petit lit du Dauphin, ruminant de sombres pensées. Les Provence regagnent le somptueux palais du Luxembourg.

Le lendemain matin Élisabeth emménage au rez-de-chaussée du pavillon de Flore, avec la princesse de Lamballe qui s'est offerte à reprendre son ancienne charge auprès de la reine, trop heureuse de retrouver celle qu'elle n'aurait jamais voulu quitter, après avoir été supplantée par la ravissante duchesse de Polignac, aujourd'hui partie en exil pour ne plus compromettre la reine. Les cours et les terrasses sont envahies d'une foule qui réclame le couple royal à grands cris. Élisabeth, qui craint une émeute, va chez sa belle-sœur lui demander de se montrer.

Marie-Antoinette, ayant brûlé toutes ses résistances après l'atroce journée qu'elle venait de passer la veille, se montra, calme, et « parla avec toute la grâce que vous lui connaissez », écrit Élisabeth.

Toute la journée et le lendemain, la foule défila sous les fenêtres sans interruption. Les cours et les jardins ne désemplirent pas. Puis il y eut de grandes bousculades au Mont-de-Piété car les journaux avaient publié que la reine paierait tout ce qui serait au-dessous d'un louis. Ce qui fut fait. Et coûta trois millions. Élisabeth ajoute : « Il est impossible de mettre plus de grâce et de courage que la Reine n'en a mis depuis huit jours. » Un diplomate anglais, Robert Fitzgerald, a noté qu'elle s'adressait au peuple la voix tremblante et des larmes dans les yeux.

La vie de cour reprend peu à peu, on a fait venir du mobilier de Versailles. Des centaines de serviteurs, femmes de chambre et valets, rappliquent chaque jour. Louis XVI avoue : « J'ai besoin d'avoir avec moi ceux qui me sont restés fidèles pour consoler mon cœur affligé. » Il y a jeu, dîners publics et grand couvert le dimanche. Mais l'on est prisonnier sous bonne garde.

À Angélique, Élisabeth écrit : « Tout est tranquille ici… Tu sais que je sais assez m'accommoder de tout… J'ai bien peur que la nouvelle seule de ce qui s'est passé ne fasse mal à ton lait… Nous serons toujours mieux à Paris que partout ailleurs… Ce n'est pas parce que ma lettre sera lue que je te parle ainsi… Rappelle à ton mari qu'il me dit que j'étais à peu près la seule qui vît juste en ce moment. » Et puis Louise de Raigecourt, la chère Rage, est au fond du désespoir, son fils Stanislas vient de mourir. Élisabeth affirme qu'elle en sait la cause. Sa mère a toujours refusé de donner à son fils la moindre médecine.

Mais lorsqu'elle écrit à l'abbé de Lubersac, le ton n'est pas le même : « Croyez, Monsieur, qu'au milieu du trouble et de l'horreur qui nous poursuivent, j'ai bien pensé à vous… Ah ! Monsieur quelles journées que celles du lundi et du mardi… Les cruautés de la nuit !… La Reine, au courage incroyable, commence à être mieux vue par le peuple… Mais les gens de Versailles… des monstres sortis des enfers ! Croiriez-vous, Monsieur, que tous nos malheurs, loin de me ramener à Dieu, me donnent un véritable dégoût pour tout ce qui est prière. » Voilà, déjà auparavant, Élisabeth laissait divaguer son esprit pendant les sermons et n'écoutait rien, parlait du scandale qui règne dans les couvents comme ailleurs, et maintenant, elle l'avoue, elle ne peut plus prier. Simplement, concrète et efficace comme toujours, au lieu de prières, *elle offre sa vie*. Elle ne se laissera jamais prendre aux pièges d'une religiosité stérile. Elle a le don d'elle-même naturel.

Début novembre, l'Assemblée vote la séquestration des biens du clergé. Élisabeth écrit : « Le but n'est pas seulement de détruire le clergé mais la religion. » Son premier souci en la matière est pour sa très chère maison de Saint-Cyr, dite maison de Saint-Louis.

Les dames de Saint-Louis étaient tellement endormies dans le passé, vivant encore de la vie du XVIIe siècle, qu'elles ne s'aperçurent pas de la Révolution qui se préparait, ni des dangers qui les menaçaient. Il y eut dans toutes leurs terres, qui étaient nombreuses, et jusqu'à leurs portes, des soulèvements de paysans armés. Des bandes de vagabonds coupèrent les bois des dames, tuèrent leur gibier et pillèrent leurs champs. Le sieur Chastel, receveur des revenus de la maison de Saint-Louis, fut assassiné le 4 août, au milieu d'une émeute violente. Le village de Saint-Cyr se révolta de même. Les dames s'enfermèrent à double tour et se mirent en prière. Mais elles ne comprirent la portée du bouleversement politique qu'aux journées d'octobre, quand le bruit des Parisiens attaquant le château de Versailles arriva jusqu'à elles et que les paysans y répondirent par des cris de joie sauvage et des menaces.

On peut dire que Saint-Cyr était si complètement immobilisé dans le passé, qu'on y tombait brusquement de Madame de Maintenon à Mirabeau. Élisabeth écrit « toutes ces pauvres dames se dessèchent de désespoir en prières ». Elle n'ose plus leur rendre visite car d'une part elle n'en a pas encore l'autorisation et d'autre part « le village est si mauvais pour ces dames, que le lendemain on ferait une descente chez elles, en disant que j'ai apporté une contre-révolution. » La nuit du 4 août, où l'Assemblée a aboli tous les droits féodaux, a privé la maison de Saint-Louis de cent mille livres de revenus. Le décret du 2 novembre suivant qui a mis les biens ecclésiastiques à la disposition de la nation et celui du 13 février qui a aboli les vœux monastiques et supprimé les ordres religieux lui font craindre non seulement pour les biens de cette maison mais pour sa survie.

Élisabeth ne peut rester sans réagir quand on touche ainsi au cœur de son enfance. « Pauvre Saint-Cyr que deviendrez-vous ? » se demande-t-elle. Aidée par la reine, elle harcèle son frère pour qu'il trouve le moyen de sauver Saint-Cyr. Elle n'en dort plus la nuit, se torture l'esprit pour trouver une solution. Et puis soudain c'est l'illumination. Le roi doit préserver de la tempête révolutionnaire l'œuvre de madame de Maintenon en faisant une concession aux opinions nouvelles. Puisqu'il faut démocratiser, démocratisons. Le 26 mars il édite une ordonnance émanant du Conseil, qui révoque les règlements exigeant des preuves de noblesse pour l'entrée à Saint-Cyr. Désormais l'entrée de la maison sera ouverte à tous les enfants des officiers de terre et de mer sans distinction de naissance. L'Institut de Saint-Louis devient une simple maison nationale d'éducation. Les noms de Dames et de Demoiselles, un peu trop « féodaux », disparaissent au profit de « institutrices et élèves ».

Jacques apporte chaque jour aux Tuileries la crème et le lait de Montreuil, et Fleury, l'intendant, les fruits et légumes. Rage est toujours au comble du chagrin de la perte de son enfant, et Élisabeth, virile, commente dans une lettre à Angélique : « C'est un mal qu'elle portera longtemps dans son cœur : il fait diversion à tous les autres ; c'est cela de gagné. » Et un peu plus loin : « J'espère que ton petit Henry sera moins heureux que Stani et qu'il passera par toute l'horreur de ce monde avant que de jouir de la vraie félicité. »

Sa sœur Clotilde, très inquiète, lui écrit presque chaque jour du Piémont. Élisabeth souffre pour sa part toute la douleur du monde d'être séparée de ses chevaux. Ils lui manquent plus que tout. Elle se promène des heures durant dans les jardins des Tuileries avec sa nièce, mais cela ne remplace pas ses longues courses à cheval, surtout qu'un capitaine, « attaché » à ses pas, « ne la quitte pas plus que l'ombre ne fait le corps ».

Elle suit de près les travaux de l'Assemblée, le cœur battant de découvrir chaque jour un nouvel édit qui bouleverse le monde auquel elle est attachée. L'Assemblée a suspendu les paiements de toutes les pensions au-dessus de mille écus. De même que celles de tous les gens sortis de France. Les condamnations arbitraires se poursuivent en toute impunité : le marquis de Favras va être pendu pour être soupçonné, sans preuves, d'avoir organisé l'enlèvement du roi et l'assassinat de La Fayette. « J'espère que de ses cendres renaîtront des gens qui vengeront leur patrie des traîtres qui la trompent. » s'écrie

Élisabeth scandalisée. « Il fallait du sang au peuple » dit-elle encore.

Jourdan, le fameux coupeur de têtes des Gardes nationaux, vient d'être arrêté pour avoir arraché le cœur de deux condamnés, Foulon et Bertier accusés de royalisme et pendus. Il s'est plaint d'avoir été dérangé pour avoir seulement coupé deux têtes. « Voilà les monstres qui ont toujours l'avantage sur les bons et honnêtes gens » commente Élisabeth, et elle ajoute : « Les gens qui veulent le mal ont tant de force et ceux qui voudraient le bien sont si faibles. » Chaque jour le pouvoir du roi diminue un peu plus. Il est pris au piège et signe à contre cœur des décrets qu'il n'approuve pas.

Louis XVI a écrit une lettre solennelle et secrète au roi d'Espagne Charles IV, pour déclarer qu'il ne signait les décrets de l'Assemblée que contraint et forcé, puisque privé de sa liberté. Il ne faudrait pas que les souverains d'Europe s'imaginent que Louis XVI collabore avec les révolutionnaires. Ce serait catastrophique. Quelle aide pourrait-il encore espérer d'eux s'ils le croient de mèche avec l'Assemblée ? Le roi ne chasse plus, il a renvoyé ses écuyers. Le 14 septembre 1790, il a écrit cette phrase étrange dans son carnet : « Le cerf chassait pour la dernière fois ». Se prend-il pour le chasseur ou pour le cerf ?

Mirabeau ne rêve que d'un gouvernement constitutionnel où il se trouverait en bonne place, pourquoi pas ministre d'État ? Il intrigue pour devenir le confident de la reine. Mais pour l'instant, elle a dit « jamais ! » Il pense qu'il suffit d'attendre qu'elle ne sache plus à quel « saint » se vouer.

Une obsession : la fuite

Honoré Gabriel Riqueti, comte de Mirabeau, a scandalisé la noblesse par ses débauches, ses duels, ses dettes de jeu, ses séjours en prison. Rejeté par ses pairs, il a été élu aux États généraux dans les rangs du Tiers. De taille moyenne, corpulent, d'une puissante laideur sous une forêt de cheveux, et le regard de feu, dès l'abord, il domine son auditoire. Orateur hors pair, son éloquence déboule comme un torrent, il a un sens du verbe qui frappe les esprits. « Il aime la monarchie par raison et la noblesse par vanité » dit de lui le duc de Lévis. Et aussi : « Quand il foudroie ses adversaires, on dirait un géant écrasant des pygmées. »

Cet homme donc, a décidé par ambition de conquérir Marie-Antoinette à qui il fait horreur. Il ne reste aux souverains parmi les maîtres du jour, pour rallier leur cause, que deux hommes : La Fayette et la Garde nationale ou Mirabeau et l'Assemblée. On choisit Mirabeau. L'entrevue a lieu. Marie-Antoinette, qui ne songe qu'à fuir Paris pour revenir en vainqueur, trouve chez lui un écho à son désir le plus chevillé au corps. Mirabeau est prêt à tout, moyennant fortes finances, pour rétablir la royauté constitutionnelle. C'est sur ce terme-là que va très vite buter la reine. Elle se voit déjà reine de France régnant à côté d'un monarque soumis. Mais elle ne régnera pas, et le monarque ne se soumettra jamais.

Les États généraux soupçonnent Mirabeau d'avoir trahi le peuple, il a déclaré : « Rien ne m'arrêtera, je périrai plutôt que de manquer à mes promesses. » Et pour se réhabiliter aux yeux de l'Assemblée, il attaque violemment la droite royaliste. À son tour Marie-Antoinette se croit trahie. Il était effectivement une chance pour le roi. Élisabeth écrit : « Mirabeau a manqué d'être tué par des gens qui étaient plastronnés jusqu'aux dents. » On lui propose de s'enfuir à l'étranger. Finalement, il mourra un an plus tard. Empoisonné peut-être. Il était devenu trop dangereux.

Aux Tuileries, Élisabeth s'occupe des enfants, leur donne des leçons de français, d'histoire et de géographie. Elle apprend à la petite Marie-Thérèse à broder et sa mère lui donne des leçons de clavecin. Fini le Trianon, finie la chasse à courre, fini Montreuil, la famille royale est sans cesse réunie et mène une vie simple, en intimité. Mais l'oppression d'une sur-veillance ininterrompue lui pèse de façon insupportable. « Nous sommes bien mal, dit-elle, et tous les jours nous le sommes un peu plus. On cite beaucoup M. de La Fayette comme dictateur ; le résultat de son bel amour pour le roi, sera de le déclarer imbécile. » Elle explose de temps en temps : « Être toujours entourés de gens qui vous espionnent, qui vous tiennent dans votre cage ! Il y a de quoi s'impatienter ! »

Élisabeth pense que la guerre civile est déjà présente en France et que plus le roi se laissera mener, plus on risque de voir couler le sang car le pays est scindé en deux. Elle lance son cri de guerre le plus vigoureux : « Il fallait avoir de la fermeté. Il fallait ne pas avoir peur que les provinces se fâchent contre la capitale. Il fallait affronter les dangers, nous en serions sortis vainqueurs ! » Eh oui mais non. Louis n'a pas eu la fermeté. D'autant plus qu'il ne le veut pas. L'oint du Seigneur ne fera jamais par sa faute, couler le sang de son peuple. « Comment va ton avorton d'Henry ? reprend-elle, il faut bien désirer son malheur pour désirer qu'il habite cette terre... Ici, tout est tranquille, mais en Bourgogne il n'en est pas de même, on y assassine avec une recherche de cruauté abominable. Mon Dieu, quand est-ce que cela finira ? »

Voici qu'elle a enfin pu remonter à cheval une fois... Et pen-dant ce temps-là l'Assemblée s'occupe de retirer au roi le droit de guerre ou de paix. On vend le décret imprimé dans la rue en hurlant sur les boulevards « la Nation a gagné ». L'étau se desserre un peu à l'approche des beaux jours. On autorise la famille royale à passer l'été à Saint-Cloud pour ôter à la Pro-vince l'idée de la captivité du roi. « Nous sommes à Saint-Cloud pour huit jours, écrit Élisabeth. J'ai un petit jardin fermé sous la fenêtre de ma chambre où je passe une grande partie de mon temps, ce qui me rend fort heureuse. Je vais monter à cheval ce soir. » Un décret supprime maintenant les particules des noms nobles. Élisabeth s'amuse à la pensée de s'appeler dorénavant mademoiselle Capet ou Hugues ou Robert.

On prépare le Champ-de-Mars pour l'anniversaire du 14 juillet, mais en plein soleil, Élisabeth qui déteste la chaleur annonce « vu l'amour que j'ai pour le chaud, je crois que j'en crèverai ! J'ai tant étouffé dans mon petit appartement la semaine dernière, que j'en suis encore toute saisie. » La reine n'a pas le droit de siéger à côté du roi pour cette manifestation. C'est la première fois qu'elle est officiellement écartée. Le camouflet peine le roi pour sa femme mais il se moque de toutes ces brimades. Il se réfugie dans la maladie. Un jour, la fièvre, un autre, une fluxion qui le défigure. Il mange avec un appétit d'ogre et ne bouge plus que pour aller jouer au billard chaque soir avec sa sœur ou avec la reine lorsque celle-ci n'est pas auprès de son « chou d'amour ». Il enseigne les cartes de géographie à sa fille qui l'écoute avec un grand intérêt. La fille et le père se retrouvent enfin dans cette existence familiale, quoique non dépourvue d'apparat.

Le roi a un budget de 25 millions pour le train de vie de la cour. L'Assemblée a besoin d'un roi en représentation pour avoir les mains libres. Élisabeth soupire en ce mois d'août, « je voudrais bien être avec toi dans un petit coin de ta campagne avec ton avorton d'Henry qui ne m'aime que pour mon chocolat. Bitche (le deuxième enfant) pense-t-il encore à moi ? »

Louise de Raigecourt a proposé de prendre les vaches d'Élisabeth dans la propriété de campagne qu'elle vient d'acheter. Élisabeth ne se résout pas encore à se séparer de ses vaches, mais en revanche elle se lance dans un grand sermon sur la nécessité d'accepter la mort du petit Stanislas. Quant aux événements qui stagnent, Élisabeth ne sait que répéter : « Cette révolution est et sera toujours pour moi le mystère de la sainte Trinité. »

Mesdames Tantes, enfin ce qu'il en reste, car Henriette est morte et Louise a rendu l'âme au carmel en disant : « Au paradis ! Vite ! Et au galop ! » Donc, Adélaïde et Victoire se préparent à émigrer à Rome avec l'abbé de Vernond qui allège d'autant plus l'entourage autrichien de Marie-Antoinette. Celle-ci n'a de cesse de mettre sur pied dans le plus grand secret, et à grand renfort de lettres chiffrées et de messagers occultes, leur fuite vers l'est de la France. Son principal correspondant, celui qui organise tout, en chevaux, relais, troupes de soldats, logistique, est le comte Fersen. Si tout est si lent c'est que le roi tombe sans arrêt malade pour éviter de prendre des décisions. Il ne désire quitter ni Paris ni l'Assemblée, et encore moins, la France. Il freine des quatre fers et freinera jusqu'au bout. Élisabeth, au courant de toutes les menées de la reine, piaffe d'impatience, sans connaître dans le détail la façon dont les choses doivent se passer.

La France est en pleine anarchie, et c'est dans cet état, propice à l'insurrection que veulent la garder les factieux qui dominent l'Assemblée de leurs cris. Les dénonciations suivies de condamnations arbitraires ne se comptent plus, provoquant le scandale d'une partie de la population ; mais surtout elles déclenchent un affolement général car pendant ce temps aucun problème ne se règle.

On a contraint Louis XVI à signer la Constitution civile du clergé, ce qui représente la fin de l'indépendance de l'Église. Les prêtres « jureurs » seront seuls reconnus et admis, les autres seront considérés comme traîtres à la Révolution. C'est un autre moyen d'assujettir le roi – sacré en l'Église – à la Nation constitutionnelle.

Pendant toute l'année 1790, Élisabeth tient minutieusement le journal de tous les événements intimes et publics de la Révolution, pour Angélique. Tout y passe. Le temps est comme suspendu aux Tuileries. Les chanoines de Notre-Dame ont dû quitter leurs stalles, et ce sont les chœurs de l'Opéra qui ont chanté le *Te Deum* qui acclamait le roi ayant juré de défendre la Constitution. « L'Assemblée est toujours la même : les monstres en sont les maîtres. » Et puis l'Empereur Joseph II est mort et Élisabeth commente à l'emporte-pièce : « Comme l'Europe va être culbutée ! Je le trouve bienheureux sans cependant envier son sort. Comme j'ai toujours été curieuse, je voudrais voir la fin de cette Révolution. Cependant si le temps des persécutions contre la religion devait revenir, je demanderais au ciel de me faire la grâce de me retirer de ce monde avant, car je ne me sens pas du tout le courage pour les supporter. Il est vrai qu'il y a un proverbe qui dit qu'à brebis tondue Dieu mesure le vent... Tu dois me croire un peu folle. » Et, en post-scriptum : « Comme une bête j'ai jeté ma lettre dans mon bain, heureusement elle peut encore se lire. »

Elle a eu le plaisir de pouvoir rendre une visite aux dames de Saint-Cyr. Toutes les classes se sont rangées dans le couloir menant vers la communauté des dames et elle leur a fait un discours la gorge serrée, avec une tristesse profonde. « Si j'étais belle dame, je pourrais dire que mes sentiments me portaient à une certaine mélancolie. » Quelle pudeur dans l'expression ! Les officiers qui l'accompagnent ont tenté de lui jouer un mauvais tour. Comme elle n'avait pas accepté de prêter des chevaux aux gardes qu'on lui avait attribués pour la surveiller, ils ont voulu couper les traits de sa voiture pendant la visite. Mais elle a pu repartir avant qu'ils ne le fassent. Le lendemain un des officiers, pour se venger, s'est campé sur le cheval de son page sans même en demander la permission. « Pareille chose n'arrivera plus, dit-elle, parce que j'ai déclaré à monsieur de La Fayette que je n'avais pas de chevaux à prêter à ces messieurs, et que je le priais de donner des ordres pour qu'il n'y ait plus de querelles à ce sujet. Ce qu'il m'a dit qui serait fait. » Ce n'est pas le vainqueur d'Amérique qui impressionnera Élisabeth.

Elle a vu d'un assez mauvais œil que le marquis de Bombelles, époux d'Angélique, soit enrôlé sous la bannière du comte d'Artois. Il en a été question. Et comme Angélique le prend mal, Élisabeth lui répond de façon assez piquante : « Je savais, ma petite Bombe, que lorsque tes enfants tombaient malades tu devenais un peu imbécile, mais je ne croyais pas que tu le fus à l'excès de ne plus savoir lire une lettre dans le véritable sens où elle est écrite. Ta princesse n'est point folle, mais comme elle avait la rage dans le cœur lorsqu'elle t'a écrit, elle n'a rien su de mieux que de te mander tout le contraire de ce qu'elle pensait. » Elle s'en tire comme cela car leur intimité qui date de l'enfance le lui permet, mais la princesse a le sang vif et elle ne voudrait pas que son amie si chère soit du côté d'un prince, son frère, qui combat le roi en voulant se faire nommer régent. Elle est allée voir la vieille mère Bastide qui vient de décéder : « c'est bien jaune un cadavre mais cela ne fait pas trop d'horreur. Je ne sais pas si tu en as vu, je ne crois pas. » Comme si elle voulait se familiariser avec ce qui l'environne de toutes parts.

Dans les jardins des Tuileries, les « crieurs » arpentent sous ses fenêtres en hurlant des obscénités. Les échauffourées à Metz et à Nancy réprimées sévèrement par monsieur de Bouillé, ont fait des morts et des prisonniers qu'on a mis au cachot. Bouillé doit être pendu. Il en réchappe finalement. Necker a si peur qu'on lui réserve le même sort qu'il s'est « enfui » en Suisse. Les carabiniers de Nancy ont livré monsieur de Malseigne aux révolutionnaires. Quand ils ont compris leur erreur l'un d'eux s'est « brûlé la cervelle » de honte. Le duc de Castries s'est battu avec le comte Charles de Lameth et l'a blessé. On a fait courir le bruit que son épée était empoisonnée, pour avoir une raison de le pendre. Mais comme on ne l'a pas trouvé chez lui, on en a profité pour piller sa maison. « L'Assemblée a fort approuvé les brigands. » commente la princesse.

Élisabeth évoque sans cesse son impatience grandissante de pouvoir fuir loin de cet emprisonnement perpétuel où elle se trouve oppressée. Mais comme son courrier est lu la plupart du temps par ses gardiens, pour évoquer l'inertie du roi qui ne se décide pas à profiter des projets de fuite qu'on lui propose régulièrement, elle emploie des métaphores sur l'engourdissement des jambes. « Ses jambes reprennent de la vigueur, écrit-elle, et dans peu peut-être pourra-t-il un peu marcher, mais il y a si longtemps que le sang se porte à cette partie-là et lui en ôte l'usage, que je ne me résoudrai à le voir guéri que lorsque je le verrai marcher. »

On parle d'évasion en montgolfière, de souterrain allant des Tuileries à la Seine, d'un enlèvement du roi, de nuit. Et tout cela alimente les conspirations secrètes sans émouvoir le roi le moins du monde. Élisabeth se désespère et patiente. Seul le comte de Fersen prépare l'évasion de la famille royale tout entière selon les désirs de la reine.

« Te souviens-tu des belles chasses que nous avons faites ? » écrit-elle à Angélique. Lorsque l'Assemblée a pris un décret pour arrêter le brigandage qui dévastait le parc de Versailles, le roi a répondu qu'il ne chasserait à nouveau que lorsque son cœur serait content. Quant à Angélique dont nous n'avons que peu de lettres, elle écrit avec mélancolie à Louise de Raigecourt, qu'elle appelle « ma petite », « Lorsque je sors le soir à neuf heures pour aller chez madame de Polignac, il me semble que je vais souper chez notre princesse. Que de souvenirs, que de regrets cela me cause ! nous croyons absolument être dans un autre monde et nos causeries du soir pourraient s'intituler dialogues des morts. »

Le renoncement inévitable

Pendant ce temps Élisabeth traverse un mauvais coup de blues. Elle décide d'écrire et d'envoyer son testament à Angélique. « Je t'y recommande aux bontés du Roi et je te laisse mes cheveux. Prie bien pour le comte d'Artois, convertis-le par le crédit que tu dois avoir dans le ciel. Tu donneras de mes cheveux à Raigecourt. » Est-ce plaisanterie ou vraie tristesse, on ne sait trop avec Élisabeth. Ce ton n'est pas le sien habituellement. Mais elle désespère de son frère et sent bien dans l'air environnant qu'on veut la mort des princes. Quand les nouvelles du jour l'ennuient trop, elle s'autorise de longs sermons tout en se traitant de Gros-Jean, c'est-à-dire d'abrutie. Quand elle parle à Rage de la nomination prochaine de son mari à Venise qui serait un utile correspondant pour le roi, elle emploie des subterfuges qui veulent déjouer les indiscrétions du « Comité des recherches ». Ce dernier épluche toutes les correspondances qui vont et viennent aux Tuileries.

Mais pour elle, quitter la France serait une barbarie en même temps « qu'une platitude dont elle serait fâchée qu'on la crût capable ». Et toujours cette inertie si irritante du roi qui laisse passer toutes les occasions de partir : « Quant à ton parent, tu sais bien que dans l'automne, l'humeur se porte aux jambes avec bien plus de force. Je crains fort qu'il n'éprouve cette année, ce qu'il a éprouvé les autres. Ses médecins en voient les symptômes effrayants. »

Louise de Raigecourt est enceinte mais elle a voulu rendre visite à Élisabeth. Et pourtant celle-ci se vante de s'en être « débarrassée », son état ne lui permettant pas de rester près d'elle. Rage est désespérée de ne plus remplir sa charge auprès de sa princesse et le lui écrit sombrement. Elle insiste pour revenir auprès d'elle devant les événements qui se font de plus en plus menaçants. Alors là, Élisabeth se fâche. « Apprête-toi à recevoir un savon de ma façon. » lui dit-elle. Elle la vouvoie, la tutoie, la gronde, la sermonne, l'endort et surtout lui demande de rester loin de ce Paris dangereux qu'elle ne songe elle-même qu'à quitter. Elle sait bien que plus son frère tardera, plus il fera courir de risques à sa famille.

D'abord endurante, Élisabeth entrevoit mal comment sortir de cette situation et pressent l'arrivée d'une période noire. C'est d'ailleurs au moment où elle la devine que le coup est le plus fort, car lorsqu'elle devra la vivre, ayant tout accepté à l'avance, elle se mesurera au pire sans faillir. Elle écrit à ce sujet, en crypté : « J'ai vu l'homme qui est si beau (Fersen), il est un peu à la désespérade. Son malade a toujours de l'engourdissement dans les jambes, et il craint que cela ne gagne tellement les jointures, qu'il n'y ait plus de remède… Nous allons demain, cette petite Lastic (dame de sa suite) et moi, à Saint-Cyr, nous nourrir un peu de cette viande céleste qui fait beaucoup de bien. »

L'administration des biens de Saint-Cyr est passée au directoire du département de Versailles acquis à l'Assemblée. Les terres entourant la maison sont morcelées et facilement vendues, à prix élevés cependant. Bientôt, les dames seront expulsées et la maison deviendra plus tard une École militaire. Élisabeth est abattue : « Le précédent maître du lieu est plus déraisonnable que jamais. Ses créanciers le persécutent et finiront par faire mourir ses amis de chagrin. Rien de tout cela ne peut le décider à vendre son bien. Il se présente de tous côtés des gens d'affaires ; point ; tout cela est mis au néant. Que veux-tu ? Il faut le laisser pour ce qu'il est et ne s'en point inquiéter. » Décryptage : le maître du lieu, c'est le roi. Ses créanciers sont les députés de l'Assemblée. Ses amis sont sa famille, la reine, elle-même et les enfants. Vendre son bien c'est se décider à partir. Les gens d'affaires sont tous ceux qui proposent des solutions d'évasions au roi. Mais il refuse tout.

On continue à tenir des propos insultants sur la reine. L'opinion, menée par les feuilles à scandale comme *Le Père Duchesne*, ne décolère pas. Les journaux anti-royalistes alimentent les réunions des clubs innombrables où macèrent les idées nouvelles mâtinées de haine et de sarcasmes grossiers. Mais la recrudescence des troubles, les conflits religieux générés par la Constitution civile du clergé, et le manque de réformes urgentes, en refroidissent plus d'un. On a aimé *Le Mariage de Figaro* mais la réalité est tout autre. De plus, les émigrés s'agitent et il est grand temps de réagir à leurs menées désordonnées. Le comte d'Artois a levé une armée mais Marie-Antoinette a convaincu son frère le nouvel empereur d'Autriche, Léopold, de le faire tenir tranquille. Il l'a prévenu qu'il ne le soutiendrait pas.

Bombe écrit à Rage : « Mon Dieu ! que cela a dû vous faire de peine de laisser notre pauvre petite Princesse au milieu des bourreaux qui se plaisent à la persécuter elle et notre malheureux souverain !... Il ne faudrait que leur éloignement pour autoriser tous les défenseurs de la bonne cause à se montrer. » À Venise les Polignac occupent un grand palais qu'ils louent à bon marché. Ils vivent le plus discrètement possible comme pour se faire oublier. Il faut dire qu'ils ont tant fait pour la mauvaise réputation de la reine, en recevant par son entremise, de véritables fortunes.

On a tenté d'empoisonner le comte d'Artois. Élisabeth tressaille d'avoir évité « le chagrin le plus vif qu'elle aurait pu ressentir. » Un certain Dubois était parti pour Turin dans ce but. Tout avait été prévu à cet effet ; mais au dernier moment l'homme a renoncé à accomplir son forfait et ses commanditaires lui ont fait avaler le poison qui était destiné au futur Charles X. Il est mort, lui-même victime de cette machination.

On veut que les représentants du clergé prêtent le serment de soutenir la Constitution sous peine d'être destitués. Ils doivent choisir entre leur conscience et le martyre. Car les réfractaires sont soit poursuivis, soit simplement exécutés. « Monsieur de Condorcet a décidé qu'il ne fallait pas persécuter l'Église pour ne pas rendre le clergé intéressant. Cela nuirait infiniment à la Constitution. Ainsi, mon cœur, écrit Élisabeth à Rage, point de martyre, Dieu merci, car je t'avoue que je n'ai pas de goût pour ce genre de mort. »

Les services religieux sont interrompus. Les cathédrales sont fermées. Les deux camps s'affrontent. À Saint-Sulpice, il y a eu de terribles scandales. L'église était remplie à ras bord de « brigands ». On s'est jeté les chaises à la tête. On hurle, on se bat. Le soir il y a eu la même « bacchanale » à Saint Roch parce que l'on avait encensé les officiants. « On gémit mais le mal ne s'en opère pas moins. » « Bon Dieu ! dans quel temps nous avez-vous fait naître ! » s'écrie-t-elle excédée. Elle regrette amèrement le séjour à Versailles où elle aurait bien préféré être tenue prisonnière : « Malgré la crotte indigne qui s'y trouve, il serait bien heureux de pouvoir y être encore. »

Fersen, « cet homme qui est si beau », celui que la reine aime, est reparti. Évidemment il prépare l'évasion de l'extérieur, en Belgique. Quant au comte d'Artois on lui refuse désormais de quoi payer ses dettes, pendant que la Nation préfère accorder au duc d'Orléans un million de livres par an pour payer les siennes pendant vingt ans, avec déduction tous les ans des intérêts. Ce qui laisse Élisabeth pleine d'amertume. Mesdames Tantes partent pour l'Italie malgré toutes les menaces lancées par le club des Jacobins contre les émigrés qui envahissent les routes de France. Elles sont arrêtées et fouillées en route, sur la commune de Arnay-le-Duc. On refuse de les laisser repartir. On en réfère à l'Assemblée qui traite le sujet de plaisanterie. Le président Menou s'exclame : « L'Europe sera vraiment émerveillée quand elle saura qu'une grande Assemblée a mis plusieurs jours à décider si deux vieilles femmes entendraient la messe à Rome ou à Paris. » Mesdames Tantes arrivent enfin à Turin sans encombre.

« On est étonné que je n'aie pas pris le même parti qu'elles, écrit Élisabeth, je n'ai pas cru mon devoir attaché à cette démarche. » Car Élisabeth est chargée d'enfants comme jamais. Elle trace une petite scène sous nos yeux : « Je suis au milieu de trois enfants, plus bavards les uns que les autres. Ils viennent de faire une triste partie de reversi, où c'était à qui tricherait le plus ou jouerait le plus mal. Quand je dis qu'ils trichent, c'est que… cela n'était pas vrai, mais ma nièce qui était sur mon épaule me dictait. Au fait il est dimanche et je m'ennuie à crever. »

Mais pour ce qui est du roi, il en est toujours de même. Provence, soupçonné de vouloir « décamper dans la nuit », s'est vu envahir au palais du Luxembourg par une foule de huit cents émeutiers enragés qui exigent qu'il rejoigne sa famille au palais des Tuileries. Il a dû s'y résoudre. L'Assemblée publie aussitôt des décrets déclarant que l'émigration est un des grands crimes de lèse-nation. C'est à coups de décrets incessants, les uns fantaisistes, les autres réducteurs, que l'Assemblée grignote peu à peu l'autorité et la raison d'être de Louis XVI.

Le roi a compris que les cérémonies religieuses de la semaine sainte allaient être l'occasion de vives tensions entre les prêtres jureurs et ceux que l'on appelle « réfractaires ». La foule en colère hurle à tous les coins de rue : « À bas la calotte ! À l'eau les foutus prêtres ! » Il a donc décidé d'aller faire ses Pâques à Saint-Cloud. Le lundi de la semaine sainte toutes les voitures sont prêtes dans la cour principale des Tuileries. Madame de Tourzel, qui est allée rendre visite à sa sœur religieuse, rue du Bac, trouve à son retour une foule énorme massée autour des grilles des Tuileries. Elle renvoie sa voiture, obligée de traverser cette foule à pied. Elle arrive à grand-peine aux abords du château, pour trouver le roi, la reine, le Dauphin, Madame Royale et Madame Élisabeth en train de monter en voiture pour s'en aller à Saint-Cloud. Mais des émeutiers excités par des membres du Club des Cordeliers, persuadés que la course à Saint-Cloud n'est que la première étape d'une fuite à l'étranger, se mettent à la tête des chevaux et déclarent qu'ils ne les laisseront pas partir. Ils détellent les harnais et luttent avec les quelques gardes du roi, ainsi qu'avec le jeune duc de Duras, premier gentilhomme de sa chambre. Le roi est otage de la Nation. La Fayette est appelé en renfort.
On craint que Louis XVI ne forme une armée à l'étranger pour revenir ensuite écraser la Révolution. Ce qui amènerait la guerre civile en France et le roi ne s'y résoudrait jamais, il l'a maintes fois répété. Mais les esprits échauffés n'entendent rien à cela et ne quittent pas cette obsession de garder le roi prisonnier. Jusqu'à présent une sorte d'entente tacite tenait le roi et sa famille sous bonne garde, sans manifestation de force directe contre sa personne. Or aujourd'hui on prive positivement le roi de sa liberté. Chacun des membres de la famille

royale comprend qu'une étape très grave est franchie. Le roi, toujours maître de lui apparemment, mais blême de l'injure qu'on lui fait, dit : « Il serait étonnant qu'après avoir donné la liberté à la Nation, je ne fusse pas libre moi-même. »

Il est curieux de constater que le roi, ayant si peu l'habitude d'être un objet d'amour, se trouve malgré tout, touché, lorsque, même dans la violence, le peuple exige sa présence auprès de lui. Il pense « c'est le peuple que le ciel m'a confié, j'en suis le père, ce sont des enfants mal polis, mais je les aime et je ne puis croire qu'ils me rejettent tant que je n'aurai pas rendu mon dernier soupir. »

Devant les violences et les cris qui entourent la voiture, le petit Dauphin est pris de panique et voyant le duc de Duras molesté, il crie aux gardes nationaux : « Sauvez-le ! sauvez-le ! » Louis XVI demande à La Fayette de faire en sorte que la voiture puisse passer. La Fayette, qui ne veut pas se mettre mal avec le peuple, s'y essaye mollement et revient vers le roi pour lui dire que ce n'est pas possible sans user de violence. Aussitôt le roi répond par son éternel et noble refrain : « Je ne veux pas que l'on verse du sang pour moi. »

Cela fait deux heures que le roi et sa famille attendent dans leur voiture de pouvoir partir. La tension devient insupportable. Le renoncement est inévitable. « Il faut donc que je rentre », conclut le roi, très affecté.

La fuite à Varennes ne sera qu'une répétition en grand de cet échec cuisant. Marie-Antoinette regagne sa chambre, qu'elle ne quitte plus pendant plusieurs jours, en pleurs et défaillante. Élisabeth convainc enfin son frère avec force discours qu'il n'a plus rien à attendre de l'Assemblée et qu'il lui faut au plus vite se résoudre à partir. Le Dauphin et la petite Marie-Thérèse sont traumatisés car ils ont vu leur mère pleurer, leur père effondré et leur tante en colère comme jamais. Elle écrit : « Les méchants s'amusent à nos dépens ; les bons sont bêtes. La France est prête à périr. »

Et puis l'Assemblée a décrété que si le roi s'éloigne de plus de quinze lieues de l'endroit où elle siège, il serait destitué, et que s'il franchit la frontière il serait considéré comme ayant abdiqué. On le prive de son droit de grâce des condamnés à mort.

Élisabeth écrit pratiquement la même lettre à Bombe et à Rage pour leur dire que « les curés intrus ont été établis. Toutes les cloches ont carillonné d'une manière indigne. C'est d'une tristesse mortelle. Pour moi, j'en avais l'âme serrée. Et je ne puis vous dissimuler que cela m'a mise dans une fureur affreuse. Je ne suis pas contente de moi. J'aurais dû me piquer de dévotion aujourd'hui pour au moins réparer un peu tout ce que l'on fait contre Dieu : ne v'là-t-il pas qu'au lieu de cela j'ai été pis qu'une bûche ! »

Conciliabules

Élisabeth propose à Rage d'être la marraine de sa fille (on ne sait comment elle devine que c'est une fille) et de lui donner le nom d'Hélène qui est son troisième prénom « et si tu voulais accoucher le 3 mai à une heure du matin (jour et heure de sa naissance) ce serait très bien, pourvu que cela lui promette un avenir plus heureux que le mien. » Et puis la reine de Naples, sœur de Marie-Antoinette, a bien voulu pensionner Angélique de Bombelles. Élisabeth est pétrie de reconnaissance, elle va « se mettre, dit-elle, à l'aimer à la folie ». « Mon Dieu, ma Bombe, quand aurai-je le plaisir de te revoir, cela me ferait tant de bien ! »

L'émigration est une véritable hémorragie mais Élisabeth n'en refuse pas moins avec la dernière énergie qu'aucune de ses amies ne rentre en France. Les comtesses Lastic, Tilly, Sérent, dames de sa suite, sont parties. Quant à elle, elle ne sait pas quand elle partira, mais elle ne répond pas que cela n'arrive très bientôt. Elle a un nouveau confesseur, le sien venant d'émigrer. Mais elle se sent dans une veine de « maussaderie » vis-à-vis de Dieu.

Il y a de quoi. Des troubles violents ont éclaté dans la ville d'Avignon à l'occasion de la réunion du comtat Venaissin à la France, après la rupture diplomatique entre Paris et le Vatican. Le sinistre Jourdan, surnommé Coupe-tête, garçon boucher puis maréchal-ferrant, soldat, contrebandier, marchand de vin, ne sachant ni lire ni écrire, devient commandant en chef de l'armée du Vaucluse après la mort de son prédécesseur, assassiné par ses soldats. Cette armée commet les plus affreuses exactions dans les combats : meurtres des civils, incendies d'églises et de châteaux, dévastation de moissons, pillage de chaumières, rançons imposées aux prisonniers ; tout est un jeu pour ce chef de guerre sans foi ni loi. Il met le comble aux horreurs en massacrant à coups de barres de fer soixante-treize détenus à la Glacière d'Avignon, en octobre 1791. Il ne passera devant le tribunal révolutionnaire que le 27 mai 1794 et sera exécuté le jour même.

Élisabeth répète encore à sa chère Rage « non, mon cœur, ce ne serait point une consolation pour moi que tu fusses ici. » Désormais elle écrit ses lettres à l'encre sympathique. Semble-t-il avec du jus de citron qu'on passe ensuite à la cendre chaude. Elle écrit dans les interlignes d'une lettre anodine, les choses secrètes qui ne doivent pas être lues par les espions. Si bien que par moments, elle ne sait plus elle-même ce qu'elle a écrit et s'excuse de rabâcher les choses. Elle finit ce jour-là en disant : « Adieu, ma petite, dis mille choses de ma part à Hélène. Mais dépêche-toi donc d'accoucher ; je m'ennuie de dire tous les jours un *Sub tuum* pour toi. »

Il y a tant d'émigrées maintenant parmi ses dames qu'elle a compté n'avoir pas moins de dix-huit lettres à écrire, cette semaine-là. À l'instar de Marie-Antoinette, elle va d'ailleurs bientôt écrire ses lettres en codes chiffrés. Voici comment on procède : chaque correspondant doit posséder une même édition d'un ouvrage choisi. Élisabeth et Marie-Antoinette avaient rassemblé leurs dames et l'on avait voté sur quelques titres. Celui qui l'emporta fut *Paul et Virginie*. On indiquait par des chiffres convenus la page et la ligne où se trouvaient les lettres à chercher ou quelquefois un mot d'une seule syllabe. Madame Campan qui raconte cela, ajoute en parlant de la reine : « Et très souvent je lui faisais une copie exacte de tout ce qu'elle avait chiffré sans savoir un mot de ce qui avait été écrit. »

On a rouvert le couvent des Théatins qui se trouve près des Tuileries, on y a dit des messes. Mais après la dernière, les « brigands » ont renversé l'autel. La Fayette et Bailly ont assisté aux vêpres pour qu'il ne s'y passe rien de grave. Il y a bien eu quelques insultes et on a arraché l'inscription qui promet paix et liberté, puis on l'a brûlée, mais ensuite on a tout fermé et il n'y a point eu de nouveaux « sacrilèges ». Rage, qui a fini par accoucher d'une petite fille nommée Hélène, ne pense qu'à faire la folie de rejoindre sa chère princesse. Celle-ci pousse des cris : « Que voudrais-tu que je fisse s'il t'arrivait la moindre chose ici ? Ton lait passerait tout de suite dans ton sang, et tu tomberais malade ! » Elle ne cesse de lui répéter qu'elle l'aime mais qu'elle ne veut à aucun prix qu'elle la rejoigne à Paris. Elle se soucie aussi beaucoup de son frère Artois, car si elle observe une fidélité infaillible envers le roi, qui est le chef de la maison royale, son cœur se tourne toujours du côté du préféré qui reste là-bas, en Italie. Enfin, l'Assemblée « a fait hier un salmigondis avec une ancienne loi pour déclarer que les brefs du Pape n'auraient de valeur que lorsque le Roi et l'Assemblée les auraient approuvés. » Ceux qui en feraient mention, sans l'approbation, seraient condamnés à mort.

Le 3 mai l'effigie du Pape a été brûlée Place du Palais-Royal.

Pendant ce temps, Marie-Antoinette excédée d'humiliation et d'angoisse, se sent au bout de ce qu'elle peut humainement supporter dans de telles conditions. Sans cesse en danger d'être tuée, se tourmentant pour la sécurité de ses enfants, ne trouvant aucune énergie auprès du roi qui ne bouge pas, elle prépare l'évasion de la famille royale avec le seul qui la comprenne, le comte Axel de Fersen. Il ne s'agit plus de savoir si elle l'aime ou pas ; il est sa seule planche de salut. Tout se délite autour d'elle.

Le roi la laisse faire. Une rancune si profondément enfouie au fond de lui qu'il n'en sait plus le nom, le guide instinctivement vers un besoin irrépressible d'évasion. Il donnerait tout pour retrouver son champ d'action mais il n'en a pas conscience et donc ne réagit pas. Car la réaction du roi c'est un silence immobile. Et celle de la reine, une action forcenée.

Elle a obtenu du roi qu'il délègue son pouvoir, à l'étranger, au baron de Breteuil, ancien ambassadeur à Vienne, qui est en relation avec l'empereur Léopold, pour savoir ce que ce dernier acceptera de faire en faveur des fugitifs. Pas grand-chose d'ailleurs. Le marquis de Bouillé, qui a littéralement écrasé le soulèvement de Nancy, est pressenti pour diriger les troupes chargées de leur protection à la frontière du Luxembourg et même avant. Donc ils ne sont que quatre à connaître le projet de fuite, Fersen, Breteuil, Bouillé et l'empereur d'Autriche.

Le 20 avril, Marie-Antoinette écrit à Mercy qui est à Bruxelles : « Notre position est affreuse. Il faut absolument la finir le mois prochain. » Et à son frère Léopold : « Nous avons toujours compté et pensé à nous retirer de la position affreuse où nous sommes et pour cela nous nous sommes adressés à M. de Bouillé d'une part, et au baron de Breteuil, de l'autre. Il n'y a qu'eux deux dans la confidence, et une troisième personne ici (Fersen) qui s'est chargée des préparatifs du départ et de notre correspondance. D'après ces mesures nous devons aller à Montmédy. M. de Bouillé s'est chargé des munitions et des troupes à faire arriver en ce lieu, mais il désire vivement que vous ordonniez un corps de troupe de huit à dix milles hommes à Luxembourg, disponible à notre demande pour entrer ici. » (en France)

C'est le marquis de Bombelles qui fait le lien entre la reine et le baron de Breteuil qui est lui-même en relation avec l'empereur. On comprend bien que si le marquis, mari d'Angélique, a été choisi pour faire le lien entre Marie-Antoinette et Bruxelles et ensuite entre Bruxelles et Vienne, Élisabeth y est forcément pour quelque chose et se trouve donc au courant de ce qui se trame. Mais la reine n'en parle pas dans sa lettre puisque la duchesse de Tourzel et Madame Élisabeth qui feront partie de la fuite à Varennes, sont muettes comme des tombes. Le 12 juin, l'empereur écrit à sa sœur : « J'ai reçu par monsieur de Bombelles vos lettres exactement. Je travaille à disposer toutes les puissances pour agir de concert en votre faveur tout de suite, *dès que vous serez en sûreté.* » Autrement dit, comme chacun en Europe s'accorde à le penser : encore faut-il que vous réussissiez à partir. Donc l'empereur continue à faire la sourde oreille. Quant aux quinze millions demandés par Breteuil pour l'entretien des huit mille hommes de troupe, il se garde bien d'en parler.

Le départ est fixé au 6 juin. Mais les deux millions de la liste civile du roi n'arrivaient pas avant le 12. Donc on attendit que l'argent providentiel arrive. Puis on s'aperçut qu'une des femmes de chambre acquise à la cause révolutionnaire, et maîtresse du major général de la Garde nationale, Jean Baptiste Gouvion, avait laissé transpirer quelques indiscrétions. Elle quittait sa charge le 19.

Après tous ces retards Fersen écrivit à Bouillé que le roi partirait sans faute le 20 juin, à minuit. Et la reine écrivait à Mercy : « Tout est décidé, nous partons lundi 20 à minuit. Rien ne peut plus déranger ce plan. Nous exposerions tous ceux qui nous servent, mais nous sommes fâchés de ne pas avoir la réponse de mon frère l'empereur. »

Le marquis de Bouillé avait massé ses troupes les plus sûres vers Montmédy, non loin de la frontière du Luxembourg dont il pouvait espérer une aide comme territoires appartenant à l'Autriche. Mais il s'impatientait, car pendant ce temps la situation des troupes en position précaire avait tendance à se dégrader. Le roi lui avait fait porter un million de livres en assignats pour les frais en vivre, fourrages et munitions. Mais les actes d'indiscipline et les désertions se multipliaient. Dans les rangs des soldats postés là sans trop savoir encore pourquoi, un esprit de rébellion commençait à s'installer. Ils attendaient leur solde. On pensait déjà que les fugitifs n'arriveraient jamais. S'ils devaient jamais arriver. Cet état d'esprit sera une des principales causes de l'échec. Ayant trop longtemps attendu, Bouillé n'avait pas pu retenir ses troupes plus longtemps au moment même où elles auraient dû être là.

Frayeurs et déguisements

Le Dauphin est si joli avec ses boucles blondes et ses traits fins, mais aussi tellement connu de la population, que pour le rendre méconnaissable, on le déguise en fille. On le revêt d'une robe et on le baptise Aglaé. La petite Marie-Thérèse est enveloppée d'une grande capeline et affublée du nom d'Amélie. Le Dauphin, furieux d'être vêtu en fille ne se calme que lorsqu'on lui promet qu'il va rejoindre ses troupes comme un vrai chevalier, là-bas, où il retrouvera sa petite épée et ses bottes de cavalier.

Madame de Tourzel que l'on ne compte pas emmener dans cette expédition proteste que « les droits de sa charge l'autorisent à ne jamais quitter monsieur le Dauphin. » Marie-Antoinette est bien perplexe, car elle préférerait qu'un officier de la garde prenne sa place dans la voiture, mais on n'a plus le temps d'hésiter. Madame de Tourzel fera partie du voyage sous le nom de baronne de Korff, une dame russe censée regagner Moscou avec ses deux filles et ses domestiques. C'est au nom de cette dame que Fersen a commandé une grande berline destinée à contenir six personnes. On se servira aussi du passeport à son nom. Le roi et la reine seront respectivement valet de pied et gouvernante des enfants, sous le nom de monsieur Durand et de madame Rochet. Quant à Madame Élisabeth, sous le nom de Rosalie, elle sera la dame de compagnie.

Voilà donc les six personnes désarmées qui seront dans la grande berline confortable, tapissée de velours blanc. C'est une haute voiture sans signe distinctif particulier, peinte en vert foncé, que l'on a pourvue de tout le nécessaire en provisions de bouche, bœuf mode, veau froid, bouteilles de vin et d'eau, pâtisseries, et, service en argent, vase de toilette, pots de chambre car on ne doit pas s'arrêter, et puis linge de table.

Chacun est vêtu selon son état et reçoit un passeport approprié grâce aux menées de Fersen qui a englouti toutes ses ressources en argent et relations secrètes pour la préparation de la fuite.

Les Tuileries sont truffées de gardes plus ou moins affiliés aux Jacobins ou aux Cordeliers qui ont juré la perte du roi. Les alentours sont semés de patrouilles, on les rencontre partout, dans les corridors, dans les cours, dans les escaliers. La suspicion règne dans les moindres recoins. La nuit, le château est encombré de gens de service de toutes natures qui couchent à même le sol ou sur des lits de camp. Il faut souvent les enjamber pour passer. Il y en a dans les galeries, dans les grandes salles, et même sur la terrasse. L'Assemblée a délégué ses sbires aux aguets du moindre mouvement suspect.

Les fugitifs sont dans une excitation due autant aux dangers encourus qu'à la physionomie attrayante de l'affaire. Ils ont tant rêvé de liberté, de dignité, d'air pur et de grands espaces. Et ces déguisements qui ressemblent à un jeu de théâtre, leur donnent un sentiment de légèreté qui se mêle étrangement à l'angoisse. Ils ont envie de rire et de crier quand il leur faut garder le plus grand silence et le plus grand naturel.

Dans le salon ce soir-là, pas un cil ne doit bouger sur leurs visages compassés. Provence à qui l'on apprend au dernier moment qu'il part lui aussi mais dans une autre direction, Madame, le roi, la reine, Élisabeth, dînent d'un air détaché. Ils attendent d'être seuls pour pouvoir parler. Provence, déguisé en Anglais, doit rejoindre son frère à la frontière des Pays-Bas autrichiens. Le roi attend avec une jouissance folle le moment où il va recouvrer le gouvernement de lui-même et de son destin. Tout le monde doit se retrouver au village de Montmédy.

L'après-midi la reine s'était promenée, paisible en apparence, dans les jardins avec Madame Élisabeth et ses enfants. Le soir les deux jeunes femmes avaient couché les enfants comme d'habitude vers huit heures puis avaient regagné le salon. Vers dix heures, Marie-Antoinette était retournée les réveiller et les habiller aidée de madame de Tourzel.

Maintenant qu'il fait nuit noire, la reine conduit ses enfants en passant par la cour des Princes, du côté Seine, elle a traversé l'appartement vide de Monsieur de Villequier, émigré lui aussi. Fersen vêtu d'une tenue de cocher, les attend dans un fiacre de louage. Tourzel et les enfants grimpent dans la voiture et la reine repart jouer au salon comme si elle s'était simplement retirée quelques minutes dans son cabinet privé.

Provence et sa femme quittent les Tuileries en se faufilant sans encombre au milieu des cochers et des palefreniers qui plaisantent dans la cour Royale. Le roi va rejoindre son lit suivant les rites consacrés. La Fayette est venu assister au coucher du roi. La conversation traîne en longueur : le clergé constitutionnel doit se chargera d'organiser la Fête-Dieu, sans déclencher d'échauffourées avec les partisans des prêtres non jureurs. Oui, oui, bien, bien. Louis crève d'impatience. Enfin il se couche sans s'être livré aux taquineries dont il aime égailler son vieux valet de chambre quand il est de bonne humeur. Du moins il fait semblant de se coucher. On tire les rideaux de l'alcôve. Les valets s'éloignent pour rejoindre leurs lits de camp.

Louis ressort de son lit sans bruit, se rhabille en valet, redingote sombre, perruque grise, et chapeau rond. Il se glisse incognito au milieu des cochers qui attendent auprès des voitures qui encombrent la cour. Il est accompagné d'un de ses gardes du corps, monsieur de Valory. Une de ses boucles de soulier se détache, il la ramasse sans se troubler. De sa démarche dandinante, il rejoint le fiacre où les enfants s'agitent en compagnie de la duchesse de Tourzel. Élisabeth, dans sa chambre, attend la reine. Elle s'est vêtue simplement et a passé sur sa tête un grand fichu noir. Mais la reine n'arrive pas. Alors Élisabeth, accompagnée d'un second garde du corps, monsieur de Malden, s'engage dans la rue sombre et, le cœur battant, rejoint la voiture où se trouve déjà le roi.

La reine, comme le roi, a feint de se coucher, a renvoyé ses dames, puis elle s'est relevée, s'est rhabillée en femme de chambre, s'est glissée dans les entresols accompagné d'un garde, monsieur de Moustier ; elle est maintenant dehors, et traverse la cour royale au moment où le carrosse de La Fayette, la frôle à grand bruit, sans la remarquer. Son cœur bat à se rompre, elle se trompe de rue, elle traverse même le pont Royal et s'engage dans la rue du Bac. Elle doit demander son chemin, évitant de réfléchir à la situation.

Il est déjà minuit et demi lorsqu'elle retrouve le petit groupe mort d'inquiétude. Fersen conduit sa troupe jusqu'à la barrière de Clichy, passe sans difficulté. Il faut trouver maintenant la berline stationnée dans la nuit aux environs. Angoisse, on ne la trouve pas tout de suite. Le roi descend pour la chercher. Danger, quelqu'un pourrait le suivre. La berline est là, rangée un peu plus loin, attelée de cinq superbes chevaux des écuries du bel Axel.

Dans le fiacre de louage, les enfants sont surexcités, Madame Élisabeth les supplie de se taire. Marie-Thérèse s'enferme dans un mutisme boudeur car la gouvernante l'a grondée. Tout le monde se précipite dans la grande voiture. On a déjà une heure de retard. Les enfants sont ravis. Ils se croiraient dans un petit Versailles tellement Fersen a veillé à ce que tout soit le plus confortable possible. Luxueux même. Que ne ferait-il cet homme, pour la seule femme qui lui soit interdite, lui qui traîne tous les cœurs après lui ? Cette voiture ne transporte-t-elle pas ce qu'il connaît de plus gracieux au monde ?

À Bondy, on retrouve les deux femmes de chambre parties quelques heures avant dans une voiture plus petite. Fersen, le cœur serré, fait ses adieux à la famille royale. Il répète une fois de plus avec inquiétude : « Tout dépend de la célérité et de la discrétion. » Puis il fonce à bride abattue en Belgique rejoindre Choiseul. On se retrouvera à Montmédy. La nuit claire en ce début d'été donne des tons de mélancolie à ces adieux et fait couler les larmes de la reine. Mais pour une fois ce ne sont pas des larmes d'humiliation, ce sont des larmes d'amour. Louis baisse la tête, il tend son mouchoir de dentelle. Un mystère plane. Le Dauphin demande : « On va le retrouver n'est-ce pas ? Ne pleurez pas maman. » La reine sourit à travers ses larmes et serre son enfant dans ses bras. Élisabeth mâchonne un macaron en regardant par la fenêtre. Madame de Tourzel se sent de trop. Louis tout à coup déclare avec conviction :

« Soyez bien persuadé qu'une fois le cul sur la selle, je serai bien différent de ce que vous m'avez vu jusqu'à présent. » Élisabeth sans vergogne, murmure : « Ce ne sera pas difficile. »

Louis n'a pas entendu. La reine regarde sa belle-sœur avec un demi-sourire qui lui a échappé. L'atmosphère peu à peu se détend. Marie-Thérèse, bercée par le train de la voiture très bien suspendue, s'endort contre l'épaule ronde de sa tante. Le Dauphin comme un ange, s'abandonne à la renverse sur les genoux de sa mère. Il a exigé d'enlever cette robe ridicule qu'on lui a mise. Il la remettra en sortant, c'est promis. Dans l'obscurité, Louis dodeline de la tête, Tourzel ronflotte et Marie-Antoinette, les yeux grands ouverts supplie le ciel que l'entreprise réussisse. Élisabeth qui semble dormir, ne dort pas. Elle se répète « quoi qu'il arrive, Dieu l'a voulu », mais elle n'y croit pas trop et espère que les troupes massées à la frontière viendront les sauver du désastre. Le cabriolet des femmes de chambre ouvre la route, un éclaireur prévient les relais à l'avance pour que l'on change les chevaux qui ne font pas plus d'une quinzaine de kilomètres par attelage.

Vers 7 heures du matin on arrive à Meaux. Le jour est levé. Les délicieuses victuailles qui attendent les voyageurs dans les malles prévues à cet effet les mettent en joie. On boit, on mange avec les doigts. Le roi s'éloigne pour épancher un besoin naturel. Le Dauphin l'imite en poussant des cris de Sioux. La reine est inquiète. Que personne ne se montre ainsi. S'ils étaient reconnus par un paysan passant par là, quelle catastrophe ! Tout serait perdu. Mais non le roi est détendu. Il musarde, il respire, il déploie son âme oppressée, il reprend son assurance. « Mon voyage me paraît à l'abri de tout accident » affirme-t-il.

Aux relais, il distribue des pièces aux petits mendiants qui attendent les voitures, il parle avec les badauds, toujours son chapeau rond sur la tête et l'air involontairement majestueux que lui donnent sa haute taille et les manières onctueuses qu'il n'a jamais quittées. Jusque-là les postillons ne connaissent pas la véritable identité des passagers qu'ils transportent. Mais au relais du Petit Chaintry, dans un hameau de quelques maisons, le roi est reconnu. Au lieu d'en rire et de s'en défendre, il accepte les hommages et boit une boisson fraîche avec l'aubergiste. C'est ainsi qu'il conçoit son rôle de souverain. Il n'est déjà plus monsieur Durand, il est redevenu Louis XVI, comme il en rêve depuis des mois.

Élisabeth murmure avec Marie-Antoinette contre cette attitude dangereuse. À chaque relais dorénavant, on saura la nouvelle incroyable : le roi arrive. La voiture heurte une borne sur un pont. Il faut réparer. On perd une heure. On a déjà pris en tout quatre heures de retard. Fersen avait dit « célérité et discrétion ». On arrive à Châlons, ville dangereuse s'il en est car ici les Jacobins sont légion. On passe sans encombre et la reine qui n'a pas encore pris le temps ni de manger ni de dormir, murmure dans un soupir « nous sommes sauvés ». Élisabeth lui propose pour la vingtième fois de prendre quelque chose. Marie-Antoinette boit un demi-gobelet d'eau et repose enfin sa tête contre le velours blanc qui capitonne l'intérieur de la voiture. Elle semble exténuée. Il est 6 heures du soir. Ils sont en route depuis la veille à minuit.

Mais à Pont-de-Somme-Vesle, ni Choiseul ni même le coiffeur de la reine, Léonard, qu'elle avait fait envoyer en avance, ne sont là. La reine, par ce souci de coquetterie, prouve à quel point il y a loin entre le tragique de la situation et la perception qu'elle en a. Le roi sent le sol se dérober sous ses pas. Devant tant de retard, le duc de Choiseul s'était replié sur Varennes, pensant « qu'il n'y avait pas d'apparence que le "trésor" passât aujourd'hui. » La voiture repart. À Sainte-Ménehould, les mouvements des troupes des hussards de Bouillé, venus puis repartis, ont mis la ville en effervescence. Drouet, le maître de poste, reconnaît le roi. S'il ne dénonce pas les fugitifs, il sera coupable de trahison envers la Nation. La berline repart malgré tout vers Varennes. Drouet, beaucoup plus rapide, est parti à cheval. Il prévient la ville que le roi en fuite arrive dans une berline chargée de bagages. Inconscients du danger, les voyageurs progressent lentement dans la nuit, toutes lanternes allumées. Au cœur du drame, Marie-Antoinette s'est enfin endormie, épuisée. Le pire se prépare.

Varennes : la fin d'un monde

Élisabeth a manifestement préparé cette expédition avec Marie-Antoinette, dans le plus grand secret. Car non seulement le marquis de Bombelles porte les messages entre la reine et son frère, l'empereur Léopold, mais le comte de Raigecourt attend les fugitifs à Varennes avec le fils cadet de Bouillé, François.

Enfin, « attendre » n'est plus le mot car, précisément, ils n'ont pas attendu. Lorsque les fugitifs arrivent, dans la nuit sombre, il n'y a plus personne. Le roi, fatigué de ses vingt-trois heures de route, entre dans une grande colère. Il descend et tambourine à la première porte en demandant où se trouvent les chevaux de poste. Pas de réponse. La voiture est immobilisée à l'entrée de la ville. Les postillons refusent de faire un pas de plus. Soudain un cavalier arrive à hauteur de la berline et donne un ordre bref aux cochers en passant. Interdiction de bouger, ordre de dételer. Élisabeth a saisi le manège rapide et devant les hommes qui s'exécutent elle s'écrie : « Nous sommes vendus ! On leur a donné l'ordre de dételer ! »

Le tocsin se met à sonner l'alerte. Louis ne s'affole pas outre mesure. « Sonnez, sonnez, braves gens, cela ne peut nous desservir », pense-t-il. Car le fils de Bouillé et Raigecourt, en entendant le tocsin, finiront bien par revenir avec leurs troupes. Mais il semble que tous les environs entendent sauf eux, car on ne voit rien venir de semblable à l'horizon. En revanche, les paysans affluent, armés de piques, de fourches et de fusils. La répression du marquis de Bouillé fut sévère à Nancy. Ils viennent pour se battre. Drouet a bien fait son travail : il a prévenu partout que la voiture en fuite contenait le roi et sa famille et qu'il fallait à tout prix les stopper. Il est allé réveiller le procureur-syndic, Jean-Baptiste Sauce, un brave

185

épicier du village. Pendant ce temps on obstrue la route avec des charrettes.

Sauce s'approche de la voiture où sont les trois femmes et les deux enfants. Il exige les passeports. Les examine à la lumière de sa lanterne. Tout est en règle. Mais Drouet veille. Il agite le spectre de la trahison. Sauce prend peur. Il ne peut laisser partir les voyageurs sans que le conseil de la ville ne se réunisse. De plus la route étroite, de nuit, est périlleuse. Il offre aux voyageurs de passer la nuit dans sa demeure. Le tocsin sonne inlassablement. Les enfants, les cheveux en désordre, sont réveillés. Le Dauphin pleure comme dans un cauchemar. Marie-Thérèse, les yeux agrandis par la stupeur, gémit qu'elle a mal au cœur.

Marie-Antoinette, à cette heure, ferait n'importe quoi pour le bien-être de ses deux enfants. Il n'y a plus de fuite, il n'y a plus de royauté, il n'y a plus d'autre nécessité que de faire cesser au plus vite cette situation affreuse. La profondeur des ténèbres ponctuée de loin en loin par les torches des paysans, augmente ce sentiment de drame qui la terrifie. Ce n'est plus du tout du théâtre. Si cet homme propose de les accueillir chez lui, il faut y aller. Élisabeth est persuadée qu'il faut au contraire « décamper » au plus vite. Mais la reine, son fils dans les bras, a déjà pris sa décision. Louis se range à son avis. Allons chez l'épicier passer la nuit, cela donnera aux troupes de Bouillé le temps d'arriver. Mais à celles de Paris aussi.

Voici d'ailleurs le duc de Choiseul qui débarque avec sa troupe épuisée, et Goguelat, le secrétaire de la reine. Ce sont des retrouvailles. Bouillé et Raigecourt avec leurs cinq cents cavaliers du Royal-Allemand, n'arrivent toujours pas. On leur a dit depuis déjà cinq heures de l'après-midi que le voyage était annulé. Ce qui était faux. On l'apprendra ensuite. Le tocsin sonne toujours, de façon lancinante. Les nerfs de la reine sont tendus à se rompre. Le Dauphin ne peut se rendormir. Il demande son régiment en pleurant. La reine supplie Sauce de lui montrer le chemin de sa maison.

Et la famille royale grimpa le petit escalier jusqu'au premier étage. On coucha les enfants dans la chambre. Ils s'endormirent comme des masses. On apporta aux adultes de quoi se sustenter. Louis mangea avec appétit selon son habitude. Élisabeth, scandalisée que l'on s'arrête, essayait de convaincre son frère de repartir au plus vite.

Or un homme qui a occupé un emploi dans le service de bouche de la reine, reconnaît les souverains. « Sire ! » s'écrie-t-il en mettant un genou en terre, son chapeau à la main. « Hé bien oui, je suis le roi, révèle enfin Louis, immensément soulagé de déposer ce rôle de valet qui ne lui sied pas. Voici la reine. Et nos enfants sont à côté. Ils dorment en paix dans une de vos maisons. Je viens chercher ici, chez vous, l'amitié de tous les fidèles sujets que je n'abandonnerai jamais. Je ne peux rester à Paris sans y mourir, menacé à chaque instant par les poignards et les baïonnettes. »

On apprend, par le procès-verbal de la municipalité, qu'emporté par son émotion, il embrassa tous ceux qui assistaient à cette scène. Bientôt deux à trois mille personnes envahissent la petite ville. Chacun veut voir le roi de ses yeux. Mais on se méfie. Que fait-il ici ? Est-il en train de s'enfuir hors de France pour ramener la guerre dans le royaume ? Si le roi « trahit » son pays, le peuple est prêt à le mettre en pièces, lui et sa famille.

Pour l'instant chez Sauce l'atmosphère est bon enfant. « Eh bien ! Goguelat, demande le roi, jovial, quand partons-nous ? » « Sire, quand il plaira à votre Majesté » répond celui-ci. Oui mais non. La municipalité lui demande expressément d'attendre le lever du jour. Les routes sont envahies de paysans au bord de l'émeute. Une grande agitation règne dans les environs. La famille royale est en danger. Les troupes de Choiseul peuvent dégager la route. Mais ce sera à leurs risques et périls. Il y aura des morts. Le peuple est déterminé à retenir le roi tant que les ordres de Paris ne seront pas arrivés. La reine épuisée, avait dit « faites ce que vous dira le roi. » Élisabeth, aux abois, suppliait son frère de faire dégager la voie. Sans succès. Il ne voulait pas faire couler le sang.

Et ce fut trop tard. À cinq heures et demie, deux émissaires de l'Assemblée, Bayon et Romeuf, surgissent porteurs d'un décret enjoignant tous les fonctionnaires publics, gardes nationaux et troupes de lignes, de mettre un terme à « l'enlèvement » du roi et de l'empêcher de continuer sa route. Effondré, le roi pose le papier sur le lit où dorment ses deux enfants. La reine, survoltée de colère, se jette dessus et l'envoie au fond de la pièce en hurlant : « Je ne veux pas qu'il souille mes enfants ». Et elle éclate en sanglots. Élisabeth la prit dans ses bras craignant qu'elle n'ait une crise de nerfs. Mais la reine se redressa, ravala ses larmes et appuyée sur sa belle-sœur entendit le roi proférer ces sombres paroles : « Il n'y a plus de roi en France. » Ils étaient définitivement prisonniers.

Romeuf, qui avait servi la reine, en tant qu'écuyer, avait cru mourir de honte lorsqu'elle avait dit : « Quoi, Monsieur, vous ! Je ne l'aurais jamais cru. » Mais Bayon qui n'avait pas les mêmes sentiments, était déjà en train d'haranguer la foule et lançait de tous côtés le cri bien connu et repris par tous de « A Paris, à Paris ! ». Varennes ne tenait pas à garder ces otages encombrants dans ses murs. Louis cherchait à gagner du temps. Il avait feint de s'assoupir à moitié couché au bord du lit des enfants. Madame de Tourzel attendait en pleurant, assise sur une chaise et les deux princesses dans les bras l'une de l'autre ne cessaient de répéter : « Il fallait aller vite et ne pas se faire reconnaître. »

Louis n'avait pas été assez prudent. Ou bien n'avait-il pas voulu l'être. Quelque chose en lui se révulsait à l'idée de la fuite. C'était petit. Il s'y sentait à l'étroit de façon insupportable. Il ne s'y était résolu que par amour et fidélité envers sa femme et sa sœur. Maintenant il attendait la dernière chance, Bouillé et ses troupes. Qui n'arrivaient pas.

À Paris quand on avait appris que le roi avait disparu avec les siens, ce fut la stupeur, la colère et la réaction immédiate : on allait le retrouver et le ramener à Paris sous bonne garde. Bailly, le maire, et La Fayette qui avait assisté au coucher du roi, n'en revenaient pas. Officiellement, pour sauver la face, on parla d'enlèvement. Car il fallait conserver à tout prix la monarchie constitutionnelle que l'on essayait de mettre sur pied. La Fayette envoya sur toutes les routes de l'est et du nord de la France, des officiers chargés de rattraper les « prisonniers » et de les sauver des griffes de leurs « ravisseurs ».

Les clubs dénoncèrent tout de suite la version de l'« enlève-ment ». Il s'ensuivit une nouvelle vague de haine contre la royauté. Les Cordeliers s'empressèrent de demander l'abdica-tion du roi et la proclamation de la République. L'Assemblée siégea de façon ininterrompue pendant quarante-huit heures. Un député de centre gauche, Barnave, avocat de son état, plaida pour le maintien de la Constituante et réussit à imposer la thèse d'un roi séduit, abusé, que l'on aurait égaré par des « suggestions criminelles ». L'Autrichienne, assoiffée de sang, était en cause. Dangereusement. On la rendait responsable de cette trahison.

Quand on apprit l'arrestation à Varennes, ce fut un soulage-ment universel. L'Assemblée désigna trois émissaires pour aller à la rencontre des fugitifs. La Tour-Maubourg, qui était royaliste, Barnave, pour une monarchie constitutionnelle, et Pétion, extrémiste de gauche. On leva une armée de cent mille gardes nationaux dans tout le pays.

Lorsque vers neuf heures du matin, le marquis de Bouillé arriva en vue de Varennes, la berline était déjà repartie vers Paris depuis une heure, escortée des milliers d'hommes en armes, qui dans un nuage de poussière, cheminaient plutôt cal-mement, rassérénés mais vigilants.

Avant d'être massacré, Bouillé s'enfuit à l'étranger.

La traversée des enfers

Le chemin que l'on avait mis vingt-trois heures à parcourir à l'aller on le refit dans les pires conditions au retour pendant trois jours et trois nuits. À un train de sénateur, ralenti la plupart du temps par une foule enragée qui entravait la progression de la voiture. La chaleur augmentait d'heure en heure. Une poussière étouffante maquillait le visage des voyageurs à qui l'on interdisait de tirer les rideaux de taffetas qui les auraient protégés du soleil brûlant, afin de permettre à tous de les regarder de plus près.

Les paysans armés de fourches, de serpes ou de fusils, se pressaient aux portières, l'insulte à la bouche. Des soldats en désordre, dépenaillés, traînards, braillards, pillards, s'agrégeaient au convoi, chantant des chants révolutionnaires ou des refrains grivois qui injuriaient la reine et le roi. À chaque village traversé, de nouvelles recrues grossissaient les rangs de factieux déchaînés. Ah le roi avait voulu s'enfuir ! Ah il avait tenté de trahir le peuple ! Ah il avait violé son serment ! Hé bien il allait voir comment on traitait les parjures. Et les cris, les huées et les obscénités reprenaient de plus belle.

Certain quidam s'accrocha à la portière et cracha sur le roi. La chaleur était écrasante et Louis n'y prit pas garde, il essuyait sans cesse son visage dégoulinant de sueur. Il répétait à tout moment « mon intention n'était pas de sortir du royaume ». Mais il ne s'attirait que sarcasmes. Madame Élisabeth passait sur le visage de la reine un petit mouchoir mouillé qui n'était plus dans ses mains qu'un pauvre chiffon maculé de poussière. Marie-Antoinette, le regard brûlant de larmes et d'insomnie, la remerciait sans parole, tenant dans ses bras le petit Dauphin réduit à l'état de flaque d'eau.

Marie-Thérèse, choquée et traversant un cauchemar qui

semblait ne jamais devoir s'arrêter, refermait régulièrement le rideau de sa portière, qu'à chaque fois une main, forte, noire de terre, aux doigts noueux, rouvrait avec un juron grossier. Un chevalier de Saint-Louis, monsieur de Dampierre, qui fut remarqué pour son empressement à vouloir saluer la voiture qui passait, en criant « Vive le roi ! Vive la reine ! Vive monseigneur le Dauphin ! » reçut un coup de fusil en plein cœur et fut achevé à coups de pioche. On brandit ses vêtements maculés de sang et déchirés, devant les portières de la berline. Marie-Thérèse se jeta dans les bras de son père. On crut qu'elle allait s'évanouir. Élisabeth jeta de l'eau sur son visage et la fillette demanda d'une voix mourante si on était bientôt arrivé. Hélas non.

Mais à Châlons, les membres de la famille royale furent reçus avec respect par les autorités. On se souvenait de l'arrivée de la jeune Marie-Antoinette, alors Dauphine, en 1770. On les accueillit dans cette même maison de l'Intendance où elle était descendue. À sa vue, des femmes en larmes, lui offrirent des fleurs. Les autorités de la ville se désolaient de leur impuissance à sortir le roi de cette situation. On lui offrit la possibilité de s'enfuir la nuit, seul. Par la chambre du Dauphin qui n'était pas surveillée. Il repoussa l'offre sans hésiter, sachant que s'il disparaissait, sa femme et ses enfants seraient pris comme otages pour le faire revenir.

Marie-Antoinette, qui se trouvait pour la première fois depuis leur départ, dans un bain de douceur, supplia le roi d'obtenir de rester là pour attendre les émissaires de l'Assemblée qui devaient protéger leur retour. Le chemin qu'ils avaient parcouru jusqu'ici avait été si atroce qu'il en avait blanchi les cheveux de ses tempes. Elle n'avait que trente-cinq ans. Les enfants dormaient dans un vrai lit. Ils étaient si fatigués. Ils avaient tant souffert de la chaleur, de la poussière et des cris. Mais il n'y eut pas moyen d'attendre dans cette ville. Les forcenés qui accompagnaient la voiture, rageant de voir la famille royale aussi bien accueillie, firent chercher dans la ville de Reims une bande de soldats débraillés et vociférant.

Le lendemain, 23 juin, jour de la Fête-Dieu, les souverains assistaient à la messe dite par un prêtre jureur, lorsqu'en plein milieu, les bandits obligèrent le prêtre à quitter l'office religieux. Exigèrent ensuite que le repas fût abrégé, afin d'atteler les chevaux au plus vite et de repartir sans délai. Puis ils se plaignirent de la faim. La reine leur offrit de se restaurer avec ses provisions. Ils dirent « N'y touchons pas, c'est sûrement empoisonné. » Le roi indigné mangea sur-le-champ de bon appétit avec ses enfants. Châlons, navré, les avait pourvus, en vins, poulets froids, fromages et pâtisseries, pour huit jours au moins.

À Épernay, l'accueil fut violent. Pour aller dîner à l'hôtellerie de Rohan où un repas leur avait été préparé, ils durent affronter une foule déchaînée, armée de piques et de fusils. Dans les bras d'un garde, le Dauphin hurlait de peur. Marie-Antoinette, conspuée, bousculée, arriva à l'hôtellerie, la jupe déchirée, les cheveux défaits – ah Léonard, si tu avais vu sa coiffure tu y aurais perdu ton latin, plus question de bouillonnés de tulle, ni d'oiseaux, ni de fleurs, ni de diamants, ni de fruits –, elle n'était plus qu'un corps livré au gré d'un courant de haine qui voulait sa mort.

Le déjeuner parut cruel : elle ne put rien avaler et ne fit que pleurer non de peur mais de cette océan de malveillance qui l'environnait. Car la multitude grossissait à chaque instant et la rumeur grondante de ses clameurs serrait la gorge et le ventre des convives. Le roi dû quitter son repas car le peuple enragé le demandait avec fureur. Madame Élisabeth, en bon petit soldat, ne lâchait pas la main de Madame Royale qui s'agrippait à elle comme à un rocher. Cette tempête dépassait de mille coudées sa résistance d'enfant. Le prêtre qui avait célébré la Fête-Dieu, jureur ou pas, fut attaché à un cheval et achevé à coups de baïonnette.

À 7 heures du soir, les voyageurs rencontrèrent les trois émissaires de l'Assemblée nationale, accompagnés du commandant Dumas chargés des troupes qui devaient ramener le roi à Paris. Ce fut un soulagement. La reine serra avec effusion la main de La Tour-Maubourg. Elle hésita puis tendit la main à Barnave qui s'inclina, et fit un signe de tête à Pétion.

Madame Élisabeth ne cessait de répéter : « Le roi n'a jamais voulu sortir de France. » Sa Majesté s'empressait de confirmer. L'air très calme. La reine demanda instamment que l'on ne fît aucun mal aux trois gardes du corps qui les avaient accompagnés. Ils finiront pourtant par aller en prison. La Tour-Maubourg, qui n'avait pas besoin d'être convaincu de royalisme, durant ce voyage, monta modestement dans la voiture des femmes de chambre, et laissa Barnave et Pétion avec la famille royale.

Barnave s'assit au fond de la berline, à côté de la reine gardant le Dauphin sur ses genoux. Et Pétion, sans gêne, s'assit entre Madame Élisabeth et madame de Tourzel. Marie-Thérèse se plaçant dans les jambes de madame de Tourzel. Madame Élisabeth voyageait donc en face de Barnave, et Pétion en face de Marie-Antoinette. Quant au roi, soit dormant, soit absorbé dans ses cartes routières, il était en face de madame de Tourzel. Pétion qui forçait le trait de sa grossièreté par fidélité politique à son parti, demandait à Madame Élisabeth qu'elle lui serve à boire du vin et, sans remercier, relevait simplement son verre pour signifier qu'il en avait suffisamment. Et ce faisant il vantait le bonheur que ce serait d'être américain et d'avoir comme régime la république. Le roi, choqué de ses manières, voulut détourner son attention et lui dit : « Nous savons bien le désir que vous avez d'en établir une en France. » À quoi le député répondit : « Je ne serai pas assez heureux pour la voir établir de mon vivant. » Après cette insolence, le roi ne lui adressa plus la parole de tout le voyage.

Cette disposition des personnes eut son importance. Au début l'atmosphère fut pour le moins tendue. Pétion, gonflé de fierté de ce nouveau rôle qui lui était échu, et s'étant fixé pour but d'humilier la famille royale par tous les moyens, prétendit qu'il savait tout de leur escapade. Il affirma qu'ils étaient montés en quittant les Tuileries dans une voiture de louage, conduite par un certain cocher suédois du nom de… il demanda à la reine de lui rappeler le nom déjà de ce cocher qu'il avait oublié, soi-disant. Superbe et cinglante, la fille de l'Impératrice répondit qu'il n'était pas « dans l'usage de savoir le nom des cochers de remise. »

Par quelle énergie hors du commun cette femme exténuée, indignée, dégradée, retrouvait-elle l'esprit de sa caste, pour remettre à sa place celui qui de façon perverse touchait dès l'abord au sacré de son cœur ? On ne sait. Mais les choses allèrent de mieux en mieux. Les deux députés, nourris d'idées préconçues sur une famille réputée arrogante, intrigante et dépensière, se trouvaient devant des gens sales, aux vêtements pauvres et déchirés, qui les accueillaient avec reconnaissance.

Barnave, jeune orateur talentueux, le visage long et énergique où brillaient deux yeux clairs, se conduisit en homme de bonne compagnie. Il se sentait touché par la dignité mélancolique de la reine, sensible à la majesté, dépouillée de faste, qui persistait dans toute sa personne, à travers des détails douloureux. Il vit ses mains fines aux ongles cassés. Il vit ses cheveux en neige vaporeuse autour de son front où restait un trait de poussière noirâtre. Il vit une trace de coup, à l'échancrure de son épaule, comme une injure sur sa peau claire. Il vit surtout une mère transie d'amour qui de ses bras sans force entourait pourtant avec une vigueur incroyable le corps adoré de son jeune enfant. Il vit l'enfant royal, épanoui sur les genoux de celle sans qui il ne pouvait vivre.

La nuit précédente, l'enfant avait eu un cauchemar qui l'avait terrorisé. Il était dans un bois tout noir, sa mère était en grand danger et il ne pouvait arriver à la rejoindre. Il s'était éveillé en hurlant et avait fini sa nuit dans le lit de la reine qui ne dormait pas, craignant dans son sommeil de réveiller son fils.

Élisabeth et Barnave

Barnave avait soutenu une lutte mémorable à l'Assemblée contre Mirabeau au sujet du droit de guerre et de paix qu'on laisserait ou non au jugement du roi. Levis dit de lui : « Il avait des idées libérales et des vues honnêtes. » C'est cet homme qui s'est déjà largement fait remarquer par ses duels et sa fougue qu'Élisabeth et Marie-Antoinette ont décidé d'entreprendre sur l'avenir immédiat du pays et de la royauté. Le roi distribue benoîtement des petits gâteaux à ses enfants et ne compte en aucun cas se mêler à la discussion.

Pétion a décidé de se conduire comme un goujat. Mais le charme opère et, peu à peu, c'est lui qui se détend et entre de plain-pied dans une atmosphère d'intimité familiale. Il écrira plus tard : « J'aperçus un air de simplicité qui me plut. Il n'y avait plus là de représentation royale. Il existait une aisance et une bonhomie domestique. La reine faisait danser le prince sur ses genoux. Madame, quoique plus réservée jouait avec son frère. Le roi regardait tout cela avec un air assez satisfait. »

Le Dauphin, dans cet espace réduit, qui lui permet enfin d'avoir pour lui ses deux parents en même temps, est aux anges. Il grimpe tour à tour sur les genoux des deux députés. Puis choisit finalement ceux de Barnave qui reste patient et discret, un sourire aux lèvres. Il lui pose toutes sortes de questions, lui demande s'il peut regarder son épée et quelle est sa devise : « Vivre libre ou mourir » répond aussitôt le jeune orateur. « Comme moi ! n'est-ce pas maman ? » Marie-Antoinette sourit avec grâce. Elle fait déjà usage de son célèbre charme en direction du député qui lui semble devoir être un interlocuteur intéressant. Sans cesse ses regards se dirigent vers Madame Élisabeth qui n'en perd pas une miette et qui voit clairement s'installer dans l'esprit de la reine un projet de séduction et de lien privilégié avec le jeune Barnave. Les deux femmes par de rapides coups d'œil communiquent.

Maubourg avait compris que la vue de la famille royale pouvait faire sur cet homme une impression favorable dont on pourrait tirer parti. Ne voilà-t-il pas que Barnave, voulant effacer l'impression laissée par les paroles de Pétion, répond aimablement à la reine qui lui offre de se restaurer : « Madame, les députés de l'Assemblée dans une circonstance aussi solennelle, ne doivent occuper Vos Majestés que de leur mission et nullement de leurs besoins. » C'était un trait tiré contre les mauvaises manières de Pétion. La reine, sensible à toutes les manifestations de sympathie, après les jours terribles qu'elle vient de vivre, lui fut profondément reconnaissante d'avoir d'un mot rétabli la dignité d'Élisabeth. Celle-ci apprécia, mais rien ne l'étonnait plus et elle envisagea soudain la possibilité de parler sincèrement avec cet homme qui se conduisait bien.

Pétion mange et boit d'importance, jetant les os de volaille par la portière, au risque de les envoyer à la tête du roi assis du côté opposé au sien, en diagonale. La chaleur est suffocante, les troupes à pied et à cheval qui entourent la voiture font lever une poussière épaisse qui entre plus facilement à l'intérieur que le moindre souffle d'air. Soudain un groupe de furieux veut s'en prendre aux gardes du corps qui voyagent au plus près des portières. Barnave se lève et les rejette de ses poings, mais l'un d'eux se saisit de pierres pour en arroser la berline, alors Barnave, impliqué par la situation dans laquelle il se trouve, s'écrie d'une voix puissante : « Tigres, avez-vous cessé d'être Français ? Nation de braves, êtes-vous devenus un peuple d'assassins ? » Il ne savait pas parler simplement. Et emporté par sa véhémence, il manque de tomber au-dehors dans un même élan. Élisabeth, prompte à réagir en toute occasion, s'est saisie de son habit et le retient en tirant dessus de toutes ses forces. La reine, touchée de la réaction du jeune homme et sidérée du geste spontané d'Élisabeth, se faisait la réflexion « que dans les moments des plus grandes crises, apparaissait soudain un contraste bizarre qui la frappait et lui paraissait la chose la plus surprenante ».

Barnave remercia galamment Élisabeth d'avoir eu la bonté de l'empêcher de tomber au milieu de ces enragés. Mais la glace était rompue et la jeune fille se mit à rire de cet épisode qui lui semblait en vérité totalement cocasse. Et pour un spectateur, tellement révélateur de cet instinct d'humanité qui la possédait profondément. Barnave avait deux boutons arrachés. Élisabeth ajouta sans trouble « je vous les recoudrai. » « Bien. » répondit le jeune député. Il reprit d'un air naturel : « Monsieur de La Fayette était-il dans le secret de votre départ ? » « Certes non, monsieur » répondit la reine avec un sourire. Et Barnave se lança dans un grand discours plein de chaleur, à la surprise des deux femmes. « Les royalistes ont commis beaucoup de fautes, durant les premiers temps de cette Révolution. Leurs intérêts ont été si faiblement et si mal défendus. Combien de fois n'ai-je pas pensé vous offrir un homme courageux qui connût bien l'esprit du siècle et de la Nation. » Il disait vrai la royauté péchait par manque d'adaptation à la modernité. Élisabeth le regardait incrédule. Prenait-il parti pour elles, lui qui s'était déclaré nettement pour la Constitution ? Mais la reine voulant en savoir plus demanda :

Et quels moyens, Monsieur, nous auriez-vous conseillé d'employer ? »

— La popularité, Madame. »

— Et comment pouvais-je en avoir puisqu'elle m'était enlevée ? »

— Il vous était bien plus facile de la reconquérir qu'à moi de l'obtenir. »

Mais là Élisabeth ne put se taire. Elle répondit vivement aux paroles assez étonnantes de Barnave. « Monsieur, cette popularité inaccessible, vous le savez bien, est restée hors d'atteinte grâce aux menées des clubs. On a trompé le peuple en lui faisant croire que la royauté était responsable de la ruine du pays. Or vous avez trop d'esprit pour ignorer que l'argent, versé par exemple à l'empereur d'Autriche au moment de la guerre des Flandres, permettait à la France d'économiser la vie de deux cent mille soldats et les millions de livres qu'aurait coûté la guerre. Car nous étions alliés et ne pouvions refuser. Mais l'on ne dit pas la vérité. On ne disait jamais la vérité. Vous ne pouvez ignorer que la guerre d'Indépendance en Amérique ne nous a rien rapporté si ce n'est de nous montrer les ennemis de l'Angleterre. La reine n'a pas dépensé le centième de ce qu'elle nous a coûté. Et bien souvent sa cassette n'a servi qu'à soutenir les indigents. » Elle ne disait pas que la sienne également. Elle aurait pu continuer comme cela longtemps mais elle craignait d'ennuyer Barnave, aussi changea-t-elle de sujet. Elle parlait, parlait, ne pouvait plus s'arrêter de parler.

Il y aurait eu tant de choses à dire. La bonté du roi – Louis XVI dormait ou feignait de dormir –, son amour pour le peuple, son éternel refus de faire couler le sang, même au prix d'un risque énorme pris par lui et ses proches. Son refus catégorique d'émigrer. L'obligation où il avait été mis de quitter Paris pour aller dans une ville du royaume, où, libre de ses faits et gestes, il aurait pu travailler avec l'Assemblée ; réviser ses décrets dont certains n'avaient pas le sens communs, avouez-le, et refondre avec elle une Constitution qui aurait fait le bonheur de la France.

Barnave semblait écouter ces réflexions sans y trouver à redire même si certains termes comme « refondre » lui semblaient dépasser légèrement les limites. Il faisait preuve d'un respect admirable devant le discours enflammé d'Élisabeth. La reine, le visage rougi par l'exaltation, paraissait s'unir de toute son âme aux paroles de sa belle-sœur en approuvant silencieusement ses paroles.

Alors, pourrait-on dire, Élisabeth monta d'un cran dans son discours. Elle poursuivit : « Aveuglé par un amour excessif de ce qui vous semblait la liberté, vous n'avez calculé que ses avantages, sans penser aux désordres qui pouvaient l'accompagner. Vos premiers succès vous ont enivrés et vous ont entraînés bien au-delà du but que vous vous étiez fixé. Vous vous êtes raidis contre les difficultés au lieu de les envisager peu à peu. Vous avez brisé sans réflexion tout ce qui mettait obstacle à vos projets. Vous avez oublié que le bien s'opère lentement, et qu'en voulant arriver trop promptement au but, on court le risque de s'égarer. Vous vous êtes persuadés qu'en détruisant tout ce qui existait, bon ou mauvais, vous construiriez un ouvrage parfait. Séduits par cette idée, vous avez attaqué tous les fondements de la royauté et abreuvé d'outrages et d'amertume le meilleur des rois. »

Le roi sursauta dans son sommeil comme s'il avait été piqué par une mouche. Dormait-il ou non ? S'inquiétait-il de l'audace de sa jeune sœur qui ne pensait qu'à le réhabiliter et à ouvrir un chemin d'entente entre cet homme ancré dans la modernité des penseurs de son époque, certes, mais qui n'avait sans doute pas la volonté de destruction totale qui courait les rues ? Il n'était pas ignorant des troubles violents qui agitaient les provinces et savait l'ampleur de la tâche pour les rétablir en ordre de marche. Combien de connaissances universelles n'étaient-elles pas nécessaires pour mener la marche d'un vieux pays comme cette France ancrée dans ses racines !

Pétion, ayant bu plus que de raison, dormait profondément dans cette chaleur étouffante. Le Dauphin s'était endormi sur les genoux de sa mère. Celle-ci, incrédule, voyait se profiler soudain des horizons nouveaux, une chance enfin de se frayer un chemin dans la jungle effrayante de cette Révolution. Son parti était pris, c'est avec cet homme dorénavant qu'elle tenterait de s'entendre. C'est ainsi que se mit en place une abondante correspondance entre Barnave et Marie-Antoinette.

Le jeune député centriste mettra toute son énergie à rapprocher la royauté des Constitutionnels. Élisabeth, avec sa fougue, avait ouvert cette porte. Les événements cependant auraient raison de sa bonne volonté car la reine n'avait rien de politique et sa compréhension des choses était partielle. En tout cas elle n'avait pas assez de pouvoir pour redresser la pente vers le gouffre dans lequel sombrait le pays. « Il aurait fallu ne pas avoir peur » comme avait dit maintes fois Élisabeth à son frère.

La voiture fit une embardée sur un nid-de-poule assez profond. Tout le monde se trouva jeté sur son voisin. La reine sur Barnave, Pétion sur Élisabeth. Aux excuses de la reine, Barnave répondit avec la dernière courtoisie, mais l'émoi provoqué par la proximité des corps en fut augmenté. La reine se taisait. Barnave lui demanda de façon superflue si elle ne s'était pas fait mal. Non, elle s'était seulement étendue sur lui de façon tout à fait impudique mais involontaire. Pétion, au contraire, jeté sur Élisabeth qu'il avait à moitié écrasée, ne s'excusa pas. Il en profita pour augmenter sa surface d'occupation si bien qu'Élisabeth se trouva encore plus serrée dans son coin de portière qu'auparavant. Il posait son bras sur elle de façon totalement sans-gêne mais comme on ne pouvait pousser les murs, Élisabeth tâcha de s'isoler en regardant par la fenêtre.

Avec le discours passionné qu'elle avait tenu dans cette chaleur, et l'épuisement causé par cette équipée interminable, elle tomba peu à peu dans une innocente somnolence. Pétion la jugea comme un abandon amoureux et soutint par la suite que s'ils avaient été seuls, il aurait pu lui faire subir les derniers outrages avec son consentement. Vaine fanfaronnade sans rapport aucun avec la situation imposée que la jeune fille subissait en silence et même avec une certaine indifférence, car elle avait rempli sa mission et « la rudesse républicaine » de Pétion dont parla ensuite la reine, ne lui en contait pas une seule seconde.

Elle n'avait de « petite passion » dans le cœur que pour le jeune docteur Dassy qui assistait le premier médecin du roi, le docteur Le Monnier. En 1793, Pétion, qui allait se suicider pour échapper a ses juges, gonflera de façon immodérée cet épisode, sans doute pour s'approprier Madame Élisabeth. Néanmoins cet homme de gauche convaincu écrira, avant de mourir, à propos du roi : « On pourrait prendre sa timidité pour de la stupidité mais on se tromperait : je ne lui ai jamais entendu dire une sottise. » Quel hommage, venant de lui !

Le retour aux Tuileries

La voiture entra dans Paris par les Champs-Élysées. Une foule massée jusque sur les toits restait silencieuse. La Fayette avait ordonné à tous de garder leurs chapeaux sur la tête, aux gardes nationaux, d'avoir la crosse du fusil en l'air, et aux roulements de tambours de se montrer les plus réprobateurs possible. Ce fut sinistre.

En arrivant sur la terrasse des Feuillants, aux Tuileries, il fallut arracher le Dauphin aux émeutiers, la reine se trouva mal dans les bras d'Élisabeth qui ne la quittait pas, bien qu'elle soit elle-même épuisée. La Fayette voulut prendre les ordres du roi. « Il me semble que je suis plus à vos ordres que vous n'êtes aux miens ! » fut la réponse cinglante qu'il s'attira. Le roi se remit entre les mains de ses valets et fut tout de suite en représentation, comme si rien ne s'était passé. Pas un instant il n'avait cru à cette équipée. Il n'avait rien perdu de son flegme et de sa bonhomie. La reine avait disparu. Pendant plusieurs jours, elle fit répondre aux députés de l'Assemblée venus recueillir sa déposition, qu'elle était dans son bain. Elle n'avait rien à leur dire.

Dès son retour, Élisabeth qui est d'abord restée abasourdie de ces quatre longs jours de voyage, coincée dans cette voiture, retrouve tout de suite le souci de ses amies lointaines. Surtout que l'Assemblée vient de voter un décret condamnant les émigrés à payer une triple imposition, sauf à rentrer sous trois mois. Elle se dit encore bien malheureuse d'avoir ainsi échoué, mais en bonne santé. Le roi et la reine sont gardés à vue, dans leur chambre même. Ce qui semble effectivement un peu excessif. Élisabeth précise « on a établi une espèce de camp sous leurs fenêtres, de peur qu'ils ne sautent dans le jardin, qui est hermétiquement fermé et rempli de sentinelles. » Elle pense que pendant le voyage tout s'est « ridiculement » passé avec Pétion, il lui arrive d'en rire encore rien que d'y penser, mais Barnave s'est parfaitement bien conduit. « Il a beaucoup d'esprit et n'est point féroce comme on le dit, écrit-elle. Nous n'étions pas du tout au supplice. » Ils ont parlé avec beaucoup de liberté.

Élisabeth sait maintenant que les jours de la royauté sont comptés. Non du fait de la Révolution, mais du roi lui-même, qui a renoncé. Il a renoncé à se courber jusqu'à ce que Mirabeau, lui, avait compris : jusqu'à la démocratie. Il veut être maître de la destinée de son peuple en tenant compte de ses désirs, mais en décidant lui-même de ce qui est bon. Or l'Assemblée ne l'accepte pas. Ce sera tout le combat de Barnave dans ses lettres à Marie-Antoinette qui, pas plus que son royal époux, ne reconnaît le droit du peuple à disposer de lui-même. Mais en ce qui la concerne, ce n'est pas par politique, c'est par la blessure profonde que lui a infligée ce même peuple. Elle reste traumatisée par les injures et les calomnies et ne peut se résoudre à confier sa destinée à ceux qui l'ont traînée dans la boue pendant toutes ces années. Et qui continuent.

Une crise naît entre les deux conceptions qui se dégagent au sein de la formation des Jacobins. D'un côté, La Fayette et la monarchie constitutionnelle, de l'autre, Robespierre, sans le roi. Plus loin à gauche, la haine se déchaîne, on exige que le roi félon soit déposé. Élisabeth a compris que la famille royale est gardée en otage tant que le roi n'aura pas signé officiellement la Constitution votée par l'Assemblée. Les Jacobins veulent qu'on présente sur l'autel de la patrie, au Champ-de-Mars, une pétition contre le roi. Le 17 mars une manifestation des extrémistes risquant de tourner en émeute, La Fayette envoie la Garde nationale chargée de tirer, si nécessaire, sur la foule. On relève cent cinquante morts. Les révolutionnaires ont commencé ce jour à verser le sang dans leurs propres rangs.

Au milieu de tous ces troubles, Élisabeth écrit à Louise de Raigecourt, c'est-à-dire à sa Rage, « Je suis encore tout étourdie de la secousse violente que nous avons éprouvée. Petit à petit j'espère que cela reviendra et que je ne finirai pas par devenir folle. » Pourtant elle se soucie encore du doigt qu'Angélique s'est pincé, de la pension que doit lui verser la reine de Naples. Mais son tourment quotidien, c'est le roi son frère dont elle dit : « Je frémis du moment où le Roi sera dans le cas d'agir. Nous n'avons pas ici un homme de tête en qui l'on puisse avoir confiance. » Elle est plus affectée par la captivité de la reine, – qui doit supporter de dormir la porte ouverte pour qu'un garde posté dans son antichambre la surveille –, qu'elle ne l'est par la sienne propre. « Je sens que la vertu de résignation n'est pas mon fait. » dit-elle, et elle avoue dans une lettre à son ancien confesseur : « Après avoir été pendant près d'un mois dans un état violent, je commence à reprendre un peu mon assiette. » et à Rage, enfin un mois après l'épisode affreux de la fuite : « La tristesse s'est désemparée tout à fait de mon âme ; je végète, ce qui est beaucoup plus doux. Cependant ne crois pas que pour cela je sois maîtresse de ma tête. Il s'en faut du tout au tout. »

Elle écrit toujours à l'encre sympathique car les courriers sont plus surveillés que jamais. On a mis trois cent mille gardes nationaux pour garder les frontières. Toute fuite ou tout message ne passeraient que difficilement. La Constitution est entre les mains du roi qui l'examine attentivement, en prenant tout son temps. Élisabeth s'impatiente de cette nouvelle captivité. Elle en souffre au plus profond d'elle-même, car sa vie s'est toujours construite autour de ses amies dont elle se sent cruellement privée aujourd'hui. « Le moindre espace de temps à parcourir jusqu'au moment où je pourrai te revoir, me paraît un siècle et j'en gémis tant que je puis. » écrit-elle à Rage.

L'atmosphère est électrique. Les coups de feu partent pour un oui pour un non dans l'enceinte des Tuileries. Une sentinelle reçoit pendant sa garde un marron sur la tête, il se retourne et tire. Le caporal se précipite et tire à son tour croyant à une échauffourée. Un autre, dans les corridors du château fait un rêve, crie en dormant et tout le poste de garde arrive jusqu'au fond de la galerie du Louvre voir ce qui se passe. Il ne se passe rien. Tout le monde est sur les dents et déclenche des alertes sans raison entretenant une terreur sans objet qui envahit les esprits. Élisabeth fait une « espèce de retraite » qui ne lui apporte pas grand-chose si ce n'est sa lecture : « Je lis la vie de sainte Thérèse d'Avila, écrit-elle, elle a été terriblement éprouvée ; mais quelle patience dans toutes ses souffrances et dans les contrariétés qu'elle a eues. » Elle se trouve sans dames d'honneur et donc dans une certaine solitude. Toutes sont maintenant émigrées : « Je ne suis pas un loup garou. Je ne comprends pas pourquoi elles ont cette peur abominable de moi. Le pays étranger a une certaine glu qui attache de manière incroyable. Tout en en étant un peu fâchée, je trouve cela parfaitement normal. »

Il y a en tout cas près de cinq cents gardes nationaux affectés à la garde du château. Les Tuileries sont envahies. Tous espèrent que le roi signera très vite ce « superbe ouvrage dont ils ont la tête tournée et qu'ils croient fait pour leur bonheur. » Cependant elle n'oublie pas les petits détails de la vie de ses amies : « Tu me fais rire, écrit-elle à Bombe, avec ton dictionnaire et ta grammaire que tu promènes toujours avec toi pour te faire entendre : sais-tu bien que cela rend la conversation très piquante, lorsqu'il faut feuilleter son livre avant que de répondre ! » et puis : « Ne plaisante pas avec ton lait, si tu en as encore, je te le demande en grâce. » Que de sollicitude de la part de cette jeune femme de vingt-six ans qui n'a pas d'enfants et qui, dans la tourmente, se soucie d'abord et avant tout de ceux qu'elle aime.

Le Roi « constitutionnel »

Le 14 septembre 1791, Louis XVI se rendit à l'Assemblée accompagné de la reine, du Dauphin et de Madame Royale, pour prêter le serment de fidélité à la nouvelle Constitution. Au moment où il jura les députés s'assirent de façon grossière. Le roi et la reine reçurent l'outrage de plein fouet. Le discours du roi n'en fut pas moins applaudi par ses partisans. Puis on vota l'amnistie des prisonniers de Varennes et des manifestants du Champ-de-Mars.

En rentrant au Tuileries, Louis, les traits altérés par l'affront qu'il venait de subir dit à la reine : « Ah ! madame, vous avez été témoin de cette humiliation. » L'allégresse populaire fut immédiate. Mais les aristocrates entrèrent dans une fureur sans nom, devant leurs privilèges remis en cause. Ils ne considéraient pas que le roi était lui-même privé de toutes ses prérogatives. Il avait dit : « Je consens que l'expérience seule en demeure juge. »

Le lendemain il écrivit à ses frères une longue missive d'une limpidité lumineuse par sa sagesse et sa loyauté. Il disait, avec une placidité étonnante : « Pour faire cesser les divisions et rétablir l'autorité, il n'y a que deux moyens : la force ou la réunion. La force ne peut être employée que par des armées étrangères

« [...] Je sais que les rois se sont toujours fait honneur de regagner par la force ce qu'on voulait leur arracher ; que de craindre alors les malheurs de la guerre s'appelle faiblesse. Mais j'avoue que ces reproches m'affectent moins que les malheurs du peuple.

« [...] La noblesse et le clergé souffrent de la Révolution... Moi aussi j'ai souffert mais je me sens le courage de souffrir encore, plutôt que de faire partager mes malheurs à mon peuple.

« [...] J'ai cru devoir essayer des seuls moyens qui me restaient : la réunion de ma volonté aux principes de la Constitution.

« [...] Et puisque sans changement on ne pouvait espérer que des convulsions nouvelles, je marche mieux vers un meilleur ordre des choses par mon acceptation que par mon refus. »

Pendant ce temps, ses frères, par la déclaration de Pillnitz, s'étaient engagés à intervenir par la force. Louis XVI se sentait trahi de tous côtés. On l'accuserait de mener double jeu.

Marie-Antoinette affirmait : « Ces gens ne veulent point de souverains... nous succomberons à leur tactique perfide ; ils démolissent la monarchie pierre par pierre. » Et de fait, le roi s'enferme maintenant dans un mutisme qui trahit cette autre sorte d'enfermement dans lequel il s'est mis en acceptant la Constitution. Il est défait de tout pouvoir, mis à part ce fameux *veto* qu'on lui laisse comme un os à ronger. « Pour moi qui ne suis pas si crédule, écrit Élisabeth, je lève les mains au ciel et lui demande de nous préserver de maux inutiles. »

Elle doit se soumettre ainsi que les souverains à des réjouissances qui lui sont odieuses. « Je me suis déjà trimbalée (sic) à deux spectacles et je le serai encore à un troisième. Ce n'est certes ni mon goût ni mes principes qui m'y mènent : ce n'est donc que mon devoir. »... « Nous avons été à l'Opéra et à la Comédie ; nous irons demain aux Italiens. Mon Dieu ! Que de plaisirs ! J'en suis toute ravie ! » À la Comédie on devait jouer *La Coquette corrigée*, mais le titre seul étant par trop provocateur pour les souverains, on choisit heureusement une autre pièce intitulée *La Gouvernante*. Puis aux Italiens on donne *Les Événements imprévus*, la famille royale s'y rend contrainte et forcée.

Au parterre les royalistes acclament la reine, mais au balcon, les Jacobins qui ne dételent pas ont tout prévu. Au moment où l'actrice chante le couplet *Ah ! comme j'aime ma maîtresse*, les uns crient « Vive le roi ! Vive la reine ! » et les autres « Pas de maîtresse ! Pas de maître ! Liberté ! ». Ils se battent entre eux. Les Jacobins ont le dessous. Les touffes de cheveux non poudrés volent dans la salle. La garde est alertée. Le peuple du faubourg Saint-Antoine s'attroupe et veut marcher sur les *Italiens*, mais la Garde nationale les en empêche.

Ce fut le dernier spectacle auquel les souverains se rendirent. Au retour sur les boulevards on leur chante *Ah, ça ira, ça ira, ça ira, les aristocrates à la lanterne...* Marie-Antoinette et Élisabeth frémissent à ce refrain qui évoque la pendaison. Si bien que la jeune femme écrit le soir même : « Ce soir nous avons encore une illumination ; le jardin sera superbe, tout en lampions et en petites machines de verre que depuis deux ans on ne peut plus nommer sans horreur. » Élisabeth répugne maintenant à employer dans le langage courant le mot de « lanterne » tant il s'attache à ce chant de la Révolution qui exige sa mort, celle du roi et de la reine. Elle garde fidèlement le souvenir de Barnave. Cet homme a bien du talent, il aurait pu être un grand homme s'il l'avait voulu. Mais pour l'instant son cœur s'est arrêté sur le baron de Viomesnil qui se dépense en grand pour la royauté, à Turin comme à Coblence. « Si tu as des nouvelles du baron, donne-m'en, écrit-elle à Rage, tu sais que j'ai un tendre sentiment pour lui et je n'en ai plus entendu parler depuis qu'il est en Lorraine. Ne dis pas pourtant que je t'en ai parlé, car j'aime que mes sentiments soient secrets. »

Toutes les fêtes qui se succèdent ont pour raison d'être l'acceptation de la Constitution par le roi. Elle provoque un éclat de joie extraordinaire. Partout on allume des feux de joie et les cloches retentissent aux quatre coins du pays. On proclame une amnistie générale. Mais la simple résignation au pacte constitutionnel ne suffit pas ; pour maintenir la sécurité il faut un engagement manifeste. Or la cour, c'est-à-dire Marie-Antoinette, ne le veut pas et le peuple le sait.

Enfin pour la première fois depuis longtemps Élisabeth a convaincu la reine de monter à cheval. Cela leur a été permis. Il faisait chaud, la poussière était horrible, on n'y voyait presque rien, mais cela leur a fait du bien. Pendant ce temps les émigrés protestent vertement contre la démarche de Louis XVI. Il est lâché de partout, les clubs créés par les Jacobins envahissent la France et chauffent à blanc les esprits par leurs journaux, leurs pamphlets « calomniateurs et incendiaires ».

Partout on répète les mots de Marat : « Le cochon royal se vautre dans son auge d'or avec ses 25 millions. » Des aristocrates privés de leurs privilèges, au peuple qui regimbe dans la misère. La Fayette et les députés Barnave et Lameth ont pris la fuite. Ils sont en province. Personne ne s'accorde plus. Élisabeth s'affole de la raideur de chaque camp qui ne concède rien à l'autre. « Enfin, conclut-elle, nous ressemblons à la tour de Babel d'une manière incroyable. »

Pour oublier son malaise grandissant il ne lui reste que de monter à cheval. Mais tout cela ne l'empêche ni de rire ni de « végéter ». Varennes lui a donné un choc comme elle n'en eut jamais, car pour la première fois de sa vie elle a pris un bain de violence brute. Alors, depuis… elle voit qu'en ce qui concerne la religion, elle est devenue pire que jamais. « Que l'on a raison de croire n'être pas faits pour ce monde ! » est la seule réflexion qui lui revient sans cesse. Ses journées sont monotones, elle vit à petit feu, ne quitte plus la reine, ni ses neveux.

Le roi fait brûler en cachette, dans les fours de la manufacture de Sèvres, les libelles injurieux qui courent sur la reine pour lui épargner de nouvelles humiliations. Elle va à la messe seule, à cinq heures du matin, pour éviter les quolibets. Un homme vient déféquer sous sa fenêtre pour déclencher les rires des badauds. Sa vie comme celle d'Élisabeth est bien insipide, elle passe des heures à écrire sa correspondance secrète aux émigrés ou à son frère François II qui accède au trône d'Autriche à la mort de Léopold.

Les journées se décalquent les unes sur les autres : la famille royale déjeune à une heure et demie et reste rassemblée jusqu'à six heures, à lire, broder, ou instruire les enfants royaux. À sept heures et demi les quelques femmes de leur suite viennent faire leur cour, madame de Tourzel, madame de Mackau, qui ne quitte pas Élisabeth, madame de Lastic, madame de Tarente, mais le cœur n'y est pas. À neuf heures et demie c'est l'heure du souper, « puis on joue au billard après souper pour faire faire de l'exercice au Roi ». Le roi ne chasse plus, ne bouge plus, mange comme un ogre, engraisse à vue d'œil. On tient le relevé des notes, à la cour, sur ces parties jouées entre Madame Élisabeth et lui, jusqu'à la veille du dix août. À onze heures tout le monde va se coucher et on recommence le lendemain.

La nouvelle législature a commencé à attaquer les droits que la Constitution avait donnés au roi. On ne doit plus l'appeler ni « Sire », ni « Majesté », ni dire roi de France mais roi des Français. Il ne doit pas s'asseoir en premier aux assemblées, et ne doit pas avoir un fauteuil différent de celui du président. « Tout cela ferait rire, déclare Élisabeth, si l'on n'y découvrait un désir violent de détruire la royauté. » Les uns sont ravis, les autres dans une colère noire. « Je vois déjà, dit-elle, la religion constitutionnelle s'établir parfaitement, la philosophie jouir de son ouvrage, et nous autres, pauvres apostoliques et romains, gémir et nous cacher… dans un temps il faudra peut-être du courage pour se dire chrétiens. »

L'empereur a reconnu le drapeau tricolore comme pavillon royal. Les émigrés de France envahissent l'Europe. Rage écrit d'Allemagne « bientôt il y aura dans ce pays-ci plus de Français que d'Allemands. » Ceux-ci sont d'ailleurs en grand danger de se voir totalement dépouillés de leurs biens de France par une décision de l'Assemblée.

Mais l'hiver 1791 arrive, il fait un froid de loup depuis quelques jours, il y a déjà assez de glace dans les bassins pour emplir les glacières. Élisabeth s'inquiète pour les gens sans ressource car elle n'a plus le droit d'aller faire ses distributions de nourriture et de médicaments à Montreuil. Certains pensent que Marie-Antoinette dissuade son frère d'intervenir de quelle que manière que ce soit, mais Élisabeth comme toujours, défend sa belle-sœur : « Croire, comme bien des gens l'assurent, que c'est la Reine qui l'arrête, me paraît être presque un crime. » L'empereur qui a déjà bien assez à faire avec la Hongrie et les Pays-Bas n'a aucunement l'intention de s'engager dans une affaire française qui lui semble beaucoup trop compliquée.

Monsieur et Madame Veto

Comme Élisabeth s'en inquiète même si son impuissance est patente, une totale anarchie s'installe peu à peu dans le pays laissant la voie libre aux factions déchaînées. Tout peut arriver le pays n'est plus dirigé. Les initiatives les plus fantaisistes ou les plus dangereuses apparaissent. Un caporal s'est piqué de consigner le roi et la reine dans leurs appartements. Du coup on croit le roi en état d'arrestation. Mais il n'en est rien. La reine devait monter à cheval ce jour-là, or personne ne l'a vue se présenter. Le caporal va passer en conseil de guerre. Il risque la pendaison. La gauche monte : Pétion est nommé maire de Paris. Élisabeth au comble de la gêne au souvenir du trajet en berline au retour de Varennes ne sait pas quelle ton elle adoptera avec lui lorsqu'il lui sera présenté.

Les décrets sur les prêtres se succèdent. S'ils passent, aucun d'eux n'osera plus se montrer. Et en effet, ils passent « avec toute la sévérité possible ». Une députation de vingt-neuf membres est venue prier le roi de faire des démarches vis-à-vis des puissances étrangères pour empêcher les rassemblements aux frontières ou bien on devra leur déclarer la guerre. On dit que Louis XIV ne les eût pas soufferts. Et Élisabeth d'ironiser : « N'est-ce pas joli que l'on parle de Louis XIV, ce despote, dans ce moment ? » Mais les nouvelles l'ennuient à mourir, prétend-elle, et puis on ne peut par la poste communiquer facilement ses pensées. Plus elle n'a rien à dire plus ses lettres sont longues, avoue-t-elle. Elle n'a pas encore aperçu le nouveau maire depuis sa nomination. Et ne serait pas fâchée de savoir s'il se trouve toujours dans les mêmes dispositions envers elle. « Nous sommes très bien chacun chez nous », conclut-elle sagement.

Le roi est allé déclarer à l'Assemblée qu'il allait solliciter les bons offices de l'Empereur pour faire sortir les Français réfugiés dans les Provinces des Électorats. La guerre sera déclarée, si les émigrés ne sont pas expulsés d'ici à un mois. Élisabeth conseille à Rage, si elle ne veut pas exposer sa fille Hélène, de ne pas rester à Coblence où elle a émigré récemment.

Et puis le feu aux poudres va être mis soudain par le roi. Sans doute en accord avec sa sœur et sa femme car il n'est plus en état de leur refuser quoi que ce soit, il oppose son veto aux décrets touchant le clergé. Le 28 avril l'Assemblée a émis deux décrets : la dissolution des congrégations régulières comme les Oratoriens ou les filles du Bon Pasteur et la déportation des prêtres réfractaires. La séance a été houleuse, les décrets issus d'une discussion tumultueuse et emportée. Après quelques jours de réflexion Louis XVI déclare : « J'ai fait assez tout ce que le monde désire pour que l'on fasse une fois ce que je veux. » Le 8 juin un autre décret décidait le rassemblement près de Paris d'un camp de vingt mille gardes nationaux. Louis, à bout de résistance, oppose son veto à ces derniers décrets.

La violence en ce qui concerne la foi ne pouvait donner lieu qu'à une recrudescence de martyrs. Aussi le mal s'accrut. Si beaucoup de prêtres étaient passifs dans leur résistance, d'autres en revanche poussaient les populations à la révolte. La Bretagne se souleva, le crucifix, le fusil ou la fourche à la main. Fermait-on une église dans les campagnes à un prêtre réfractaire, la hache en abattait les portes. Des bandes extrémistes, comme au temps des guerres de religions, franchissaient des distances sans communes mesures pour assister à un office célébré par un prêtre recherché pour son refus d'être assermenté. Les torches incendiaires jetaient des feux lugubres dans la nuit. Les passions s'enflammaient en tout lieu. Le pape avait mis en demeure le roi, sous peine d'être en position d'excommunication, de refuser les décrets de l'Assemblée. Le roi s'y résolvait par respect pour Rome et pour sa conscience. Élisabeth et Marie-Antoinette se réjouissaient du veto opposé par le roi, mais elles n'en mesuraient pas toutes les conséquences dramatiques.

Et puisque tout le monde veut la guerre, Marie-Antoinette pour que les armées étrangères la délivrent, l'Assemblée pour que les « tyrans » soient déchus, et François II, le fils de Léopold, pour reconquérir les provinces qu'il convoite. Eh bien, si chacun veut entrer dans ce conflit, Louis XVI, qui préfère tout à la guerre civile, s'y résout la mort dans l'âme. Le 20 avril 1792 il propose à l'Assemblée d'ouvrir les hostilités contre le futur empereur François II qui n'a pas encore été sacré. Puis il sombre dans une dépression profonde ayant été à l'encontre de son intime conviction. « Il fut dix jours sans articuler le moindre mot même au sein de sa famille. » La reine qui a obtenu ce qu'elle voulait, se jette à ses pieds et tente tour à tour de l'effrayer ou de lui exprimer sa tendresse. « S'il fallait périr ce devait être avec honneur et sans attendre qu'on vînt les étouffer l'un et l'autre sur le parquet de leur appartement. » lui dit-elle, ayant le pressentiment comme lui, que la mort se profile de plus en plus près.

Ils devinrent en un jour Monsieur et Madame Veto. Le seul qui, de même que Louis XVI, voulait éviter le conflit, était le roi de Suède, Gustave III. Mais le 8 avril il a été assassiné d'un coup de pistolet tiré à bout portant au cours d'un bal masqué. « Voilà donc le roi de Suède assassiné. Chacun son tour. Il a eu un courage incroyable. » s'écrie Élisabeth.

Elle a revu Pétion chez le roi. Il est exactement le même, l'air engourdi et le ton traînant. Elle emploie soudain dans ses lettres des expressions dérisoires qui trahissent son dégoût pour toutes choses. Elle écrit à Rage « comment va le rhume que vous aviez eu l'esprit de vous apostropher ? » ou bien : « Tilly se porte bien après avoir craché des tubercules » ou encore : « J'ai tant écrit ce soir, que cela m'ennuie à en crever ! » « Embrasse ton gros paquet d'Henri (le fils de Bombe) », « J'ai de l'humeur comme un petit dogue contre tout. » Mais elle revient toujours à son ton moralisateur, sans être forcément inintéressant : « Vis-à-vis de Dieu, l'esprit doit être totalement mis de côté, le cœur doit seul agir. », dit-elle. Ou bien : « Le peuple se lasse un peu des discours corrompus. De plus, il meurt de faim et pourrait bien finir par voir qu'il a été trompé ; son réveil sera furieux. »

Voici une grande lettre qu'elle écrit à son frère Artois pour prendre la défense de la reine qu'elle cache sous le nom de « la belle-mère ». Elle lui garde au sein de cette tempête un profond attachement et tremble du pressentiment que la reine sera la première victime de toute cette folie. « Je vais demander à Dieu d'arranger les affaires de cette famille que j'aime tant, je consacrerai ma vie à le demander à deux genoux, et qu'il fasse cesser le vertige de cette nation si bonne au fond. » Bons sentiments, bon cœur, mais impuissance manifeste.

Le peuple a été voir dame Liberté « tremblotante sur son char de triomphe » mais il haussait les épaules devant cette mascarade. Quelques centaines de sans-culottes la suivaient en criant : « Vive la nation ! Vive la Liberté ! Au diable La Fayette ! » Les gardes nationaux ne se sont pas mêlés à cette manifestation. Ils étaient en colère. Et pendant ce temps les trois armées de soldats français sont en pleine déroute à la frontière des Pays-Bas et dans l'est de la France.

L'attentat des Tuileries

Louis XVI, dans un mélange de résignation, et de dignité, s'est engagé sur un chemin qui le mène vers sa mort. Élisabeth le sait. Elle n'arrivera jamais à l'en détourner. Non plus que Marie-Antoinette. Ces deux femmes se savent donc liées, avec leur consentement, à un homme qu'elles aiment chacune et dont la détermination secrète les emporte sans retour.

Les groupes de factions des faubourgs Saint-Antoine et Saint-Marcel soutenus par les Jacobins qui ne cessent de monter en puissance et ont pris le nom de sans-culottes parce qu'ils ne portent ni culottes ni bas, mais des pantalons, se sont réunis pour une fête de la Liberté. Oui, ils iront planter l'arbre de la Liberté aux portes de l'Assemblée nationale. Et ils exigeront la levée des vetos opposés par le roi.

Le 20 juin, des milliers de manifestants armés de piques et de haches se dirigèrent vers le palais des Tuileries en criant : « À bas le veto ! Vive la Nation ! »

Élisabeth, Louis, Marie-Antoinette et leurs enfants sont dans la chambre du roi. Le tonnerre des cris de la foule surexcitée monte jusqu'à leurs fenêtres. Louis demande qu'on éloigne la reine secouée de sanglots et les enfants. Mais Élisabeth reste à ses côtés. La reine supplie les grenadiers : « Sauvez le roi, mes amis. » Les émeutiers sont aux portes de l'appartement de Louis. Ils s'attaquent à la porte de sa chambre à coups de hache. Le roi fait ouvrir l'autre porte.

Le flot débouche dans un énorme désordre pour tuer le souverain. Monsieur de Bougainville s'écrie : « Mettez le roi dans l'embrasure de la fenêtre et des banquettes devant lui. » Ce qui est fait en un éclair. « Les piques entrèrent dans la chambre comme la foudre » dira Élisabeth. Le temps qu'Élisabeth se protège dans le même réduit que son frère un furieux se jette sur elle l'arme à la main en hurlant : « Mort à l'Autrichienne ». Un grenadier se précipite pour arrêter son geste et le sortir de son erreur. Élisabeth, au milieu des gardes qui l'entourent s'écrie : « Ah ! laissez-leur croire que je suis la reine si cela peut la sauver ! »

Et puis un des factieux ivre de rage, porte sa pique jusqu'à la gorge de Louis XVI, un grenadier détourne son arme en disant : « Malheureux, c'est ton roi ! » et Élisabeth, imperturbable, remonte la pointe vers le haut et dit : « Vous ne voudriez pas faire du mal au roi qui vous aime : écartez votre arme, s'il vous plaît. » Un des gardes qui les défendent au prix de leur propre vie, affirme : « Sire, ne craignez rien. » Mais le roi ne connaît plus ce sentiment-là. Il le dit.

Il prend la main du garde et la pose sur son cœur : « Celui qui n'a rien à se reprocher ne connaît pas la peur ».

Les députés de l'Assemblée alertés arrivent pour défendre le monarque en danger. On lui tend un bonnet phrygien. Il s'en coiffe, sans crainte du ridicule. Sa haute stature, son habit brodé, son calme, sa sœur à côté de lui, transforment cet assaut en un défilé houleux mais maîtrisé par une espèce de magie irréductible à la raison.

Dans cette atmosphère survoltée, au milieu des cris et des vociférations, le roi eut soif. On lui tendit à boire dans une bouteille. Sans gobelet à sa disposition il but au goulot avec tout le naturel d'un homme altéré par la chaleur. Il s'offrait à la vindict d'un peuple aveuglé de colère, dont la pulsion de meurtre s'épanchait en toute liberté.

Sur une planche fixée au bout d'une pique est cloué un cœur de bœuf ensanglanté avec l'inscription *Cœur de Louis XVI*, sur une autre est inscrit *Marie-Antoinette à la lanterne*. Les émeutiers scandent de façon ininterrompue les slogans qui exigent la sanction apportée aux décrets contre les prêtres et le rassemblement des troupes aux portes de Paris. Mais le roi est habité d'un sang-froid sidérant qui en impose à ceux qui défilent en dessous de lui. Sa sœur à ses côtés, semble le rendre intouchable.

Pendant ce temps la reine, morte d'angoisse, n'a pas trouvé ses enfants dans son appartement car les gardes restés fidèles au roi les ont conduits dans la salle du Conseil. À la hâte, ils l'emmènent à son tour les rejoindre et la placent derrière la grande table pour la protéger autant que possible de l'agression des émeutiers. Marie-Antoinette tient son fils, le Dauphin, dans ses bras. Il est assis sur la table. Celui-ci, charmé de cette affluence et par jeu, se coiffe d'un grand bonnet phrygien qui lui descend jusqu'aux yeux. Puis il en tend un à sa mère qui s'en coiffe un instant sur son abondante chevelure. Curieuse vision.

Lamballe, Tourzel et Mackau sont auprès d'elle, glacées d'effroi mais fidèles au poste. Elles ont tout fait pour empêcher la reine de rejoindre son mari. La horde défile devant elles. Les potences en effigies, réclament la mort pour toute la famille royale, pendant des heures. Des femmes vociférantes l'accablent des insultes les plus dégradantes, reprenant les libelles publiés par les clubs qui présentent Marie-Antoinette comme une putain sans scrupule. On entend les bruits terrifiants des portes que l'on défonce à coups de hache dans les appartements royaux. On traîne un canon jusque dans la salle des gardes. Santerre, chef des meneurs, soutient que le peuple aime la reine et ne lui veut pas de mal. Il tente à toute force de calmer les harpies. « L'on ne craint rien, dit Marie-Antoinette, lorsqu'on est avec de braves gens (elle parle des grenadiers venus la protéger). On vous a trompés, ajoute-t-elle, épouse d'un roi de France, mère du Dauphin, je suis Française, jamais je ne reverrai mon pays d'origine. Je ne puis être heureuse ou malheureuse qu'en France. » Les cris, les menaces, les insultes, la bousculade, la vulgarité, rien n'entame le calme, ni la dignité de Marie-Antoinette. Ils sont simplement en train de dévorer son âme.

Maintenant un groupe important de députés et de grenadiers entourent Louis XVI. Élisabeth le voyant en sécurité se précipite pour rejoindre la reine dans la salle du Conseil et la rassurer sur son époux. En la voyant pâle comme la mort, elle la serre dans ses bras et lui annonce que tous maintenant peuvent se rassembler dans la chambre du roi. Marie-Antoinette se jette en larmes auprès de son mari. Madame Royale et le Dauphin parlent en même temps pour raconter à leur père ce qu'ils viennent de vivre. Et le Dauphin surexcité saute dans la pièce lançant au plafond son bonnet phrygien et chantant à tue-tête « Ah, ça ira, ça ira ». « Cet air fameux, disait Pétion, qui réjouit les patriotes et fait trembler leurs ennemis. » On comprend mieux dès lors qu'il n'ait rien fait pour prévenir l'émeute et ne soit arrivé qu'après la bataille, lorsque les Tuileries eurent été saccagées. Élisabeth arrête le jeune garçon dans son élan et lui explique que c'est le chant qui demande la mort de son père. Alors le petit Dauphin lui répond qu'avec son armée il les tuera tous. Et il jette par terre le bonnet phrygien qui est le signe de ralliement de ceux qui en veulent à la vie de ses parents. Madame Royale à jamais choquée par ces violences répétées, s'est réfugiée comme d'habitude dans les bras de son père et reste muette. Lorsqu'elle est ainsi, plus rien ne l'effraye. Elle aime sa mère, mais la prédilection de son cœur est toute à son père, car le Dauphin étant souvent avec Marie-Antoinette, elle a pris l'habitude de se tourner vers celui dont elle a hérité le tempérament secret. Élisabeth lui a appris cela dès son plus jeune âge.

Pétion, le cauteleux, l'infidèle, arriva après la bataille, au bout des trois longues heures où Louis XVI irréductible, ferme, courtois, déterminé, avait tenu tête aux émeutiers. Il se fit annoncer chez le roi qui était entouré de sa famille, et prétendit que tout ceci s'était passé sans effusion de sang et donc dans les formes, puisque la personne du roi avait été respectée, et le serait toujours, par la municipalité. Il disait cela en regardant insolemment Marie-Antoinette et Madame Élisabeth, d'un air satisfait. Ce qui n'échappa pas au roi.

Indigné, Louis XVI répondit : « Est-ce me respecter que d'entrer chez moi en armes et de briser mes portes ? Ce qui s'est passé, monsieur, est un sujet de scandale pour tout le monde. Vous deviez répondre de la tranquillité de Paris. » Pétion se crut autorisé à répliquer qu'il connaissait fort bien l'étendue de ses devoirs. Alors le roi se fit menaçant et dit, plein de colère : « Taisez-vous, Monsieur ! Et retirez-vous ! » Quelques jours plus tard, le département de Paris, considérant qu'il n'avait pas fait son devoir, suspendit Pétion de ses fonctions de maire. La plupart des Parisiens étaient dans la stupeur des événements dont ils étaient témoins.

Élisabeth et la reine étaient effondrées devant les saccages auxquels s'étaient livrés les émeutiers : les portes étaient enfoncées, les serrures emportées, les panneaux brisés. Ils avaient grimpé jusqu'aux combles et sur les toits, laissant partout les traces de leur fureur. Louis XVI écrivit une déclaration officielle à l'Assemblée : « Le Roi n'a opposé aux menaces et aux insultes que sa conscience et son amour pour le bien public… Si ceux qui veulent renverser la monarchie ont besoin d'un crime de plus, ils peuvent le commettre dans l'état de crise où elle se trouve. Mais le Roi donnera toujours, jusqu'au dernier moment, l'exemple du courage et de la fermeté qui peut seul sauver l'empire. »

Il avait dit déjà la veille du 20 juin à son confesseur : « Je m'attends à la mort. Tout est fini pour moi parmi les hommes ; c'est vers le ciel que se tournent mes regards. »

Le roi et la reine manifestèrent une immense tendresse à Élisabeth pour la façon dont elle s'était conduite. Marie-Antoinette lui déclara que dans ces troubles affreux qu'ils traversaient, son courage, sa présence d'esprit et le soutien qu'elle apportait était un bien si précieux, que sans elle, elle serait morte de terreur ou devenue folle. Il lui semblait si grand qu'elle soit restée auprès de son époux au plus fort de l'émeute, tandis qu'elle-même était retenue par ses femmes, malgré toute l'énergie qu'elle avait mise pour rejoindre le roi, qu'elle se découvrait soudain avec elle une sorte de lien profond qu'elle n'avait jamais éprouvé jusque-là.

Aujourd'hui, Louis XVI qui avait cru n'être jamais aimé de personne, se découvrait précieux aux yeux de sa femme, de sa sœur et de sa fille. Et peut-être était-ce ce qu'il avait désiré le plus au monde. Il n'avait qu'un seul moyen de les posséder à jamais, semble-t-il : les entraîner dans la mort avec lui.

D'autant que depuis son enfance la mort a triomphé de tous autour de lui. D'abord son frère aîné, le duc de Bourgogne, puis son père, sa mère, le roi Louis XV, son grand-père et tuteur, ses propres enfants, Louis Joseph Xavier et Sophie Hélène. Et dans ce ballet macabre, la seule qui reste sa compagne d'enfance incorruptible, est Élisabeth. Marie-Antoinette n'est que la victime de ce couple fou, marqué de l'étoile funèbre.

La reine a passionnément aimé le théâtre. Elle a joué sa vie. En toute candeur. Les deux faces puissantes de son caractère sont d'une part la vie et d'autre part la mort. La vie, elle la dévore, l'adore, l'idolâtre, la joue aux dés, la provoque, l'enjôle, la défie. Et jamais ne l'insulte. Ce qui est rare. Mais si elle tourne le dos à ce ballet multicolore qu'elle a dansé avec la vie, alors elle s'offre avec la même folie à la mort. Dépouillée de tout, dévorée par le renoncement, rongée de désespoir. Mais pure de tout calcul.

Incorruptible Élisabeth

Il ne faudrait pas croire qu'Élisabeth est inconsciente du danger, ou même téméraire face à la brutalité des assauts qu'endure la famille royale. Une lettre écrite deux jours plus tard, le 22 juin à l'abbé de Lubersac avec qui elle entretient une correspondance épisodique, ne laisse aucun doute à ce sujet. Le ton n'a plus rien à voir avec la magnanimité qu'elle emploie dans les lettres à ses amies pour ne pas les alarmer : « Le coup qui vient de nous frapper est d'autant plus affreux qu'il déchire le cœur et ôte tout repos à l'esprit. L'avenir paraît un gouffre… Vous devez me croire un peu folle, mais pardonnez à l'excès des maux dont mon âme est atteinte… Je suis fâchée de vous écrire dans un style aussi noir mais mon cœur l'est tellement, qu'il me serait bien difficile de parler autrement. » Et puis elle finit par un sursaut « malgré l'excès de ma noirceur je ne puis croire que tout soit désespéré. »

Non seulement elle fait le don d'elle-même et s'interdit de manifester sa propre angoisse face à ceux qu'elle s'est fait un devoir de soutenir jusqu'au bout, dans les pires épreuves, mais encore elle se croit responsable par son indignité des maux qui les frappent. Elle passe sous silence les moments d'héroïsme qu'elle a vécus face aux poignards et aux piques. Ne se vante de rien. Ne compte pour rien le soutien qu'elle apporte à son frère, le roi, qui l'entraîne dans une spirale de mort. Ne juge pas son attitude sacrificielle. Ne se plaint, ni ne se gausse. Ne songe qu'à combler de son amour ceux pour qui elle donne tout.

Elle a encore le courage de badiner sur la pluie et le beau temps dans une lettre à Rage qui est toujours à Turin. Mais le comte d'Artois y est aussi et Élisabeth n'a de cesse d'avoir de ses nouvelles. D'être sûre qu'il ne trahit pas le roi en rassemblant une armée pour attaquer la France révolutionnaire ce qui signifierait que Louis XVI serait déchu et remplacé par un régent. Depuis l'attaque du 20 juin, Élisabeth participe au conseil des ministres qui se tient aux Tuileries. Chaque jour elle s'entretient avec Montmorin, Malouet ou Boisgelin. Le projet de Liancourt est de s'enfuir par Le Havre. Élisabeth a tout préparé pendant que Marie-Antoinette entretient une correspondance vaine avec Barnave ou la cour d'Autriche.

Toutes deux s'agitent comme des fantômes dans le tourbillon de violences qui ne tient aucun compte de leurs menées. Montmorin, effondré, ne cesse de répéter « nous serons tous massacrés ». Un mois plus tard il montera sur l'échafaud. Sa femme et son fils subiront le même sort un an après. Pourtant il ne renonce pas. La nuit il est encore avec Élisabeth, échafaudant des plans d'évasions improbables. Élisabeth tente de s'attacher le concours de Pétion grâce à une forte somme d'argent. Pétion prend l'argent et trahit. Danton a reçu également trente mille livres pour laisser s'enfuir le roi et sa famille. De tous côtés les fidèles offrent leur fortune pour sauver le roi. Lamartine écrira : « Danton, on l'achetait tous les jours et le lendemain il était encore à vendre. »

On s'agite beaucoup aux frontières. Il y règne même, dirait-on, un certain désordre. Devant une hypothétique offensive austro-prussienne, l'Assemblée déclare solennellement « la Patrie en danger ». On fait monter la pression. Marie-Antoinette voit d'un très bon œil l'arrivée des troupes autrichiennes sur Paris. Il n'en va pas de même pour les Jacobins et leurs clubs, pour les sans-culottes et les factieux de tous poils. Les députés d'opposition accusent le roi de trahison et demandent sa déchéance. Le député Brissot a fait un discours incendiaire à l'Assemblée : « La France ne pouvant plus compter sur aucun allié, déclara-t-il, se doit de considérer le roi comme son plus dangereux ennemi. Frapper la cour des Tuileries c'est frapper tous les traîtres d'un seul coup. » Les ministres démissionnent. Tous.

Après une telle déclaration, on célèbre l'anniversaire du 14 juillet au Champ-de-Mars, où le roi est censé prêter à nouveau serment à la Constitution… Marie-Antoinette et Élisabeth tremblent que Louis soit poignardé. On le supplie de porter un gilet-plastron qui puisse le protéger. Il refuse. On en propose un à Marie-Antoinette, qui n'en veut guère plus. « Si les factieux m'assassinent, dit-elle, ce sera un bonheur pour moi. Mais que deviendront nos pauvres enfants ? » À cette idée elle a hoqueté de sanglots, mais repoussé la potion antispasmodique de sa gouvernante en disant que les maux de nerfs étaient la maladie des femmes heureuses et que « l'état cruel où elle était réduite rendait ces secours inutiles. »

Elle suit donc, tremblante, la cérémonie du Champ-de-Mars à la longue vue, de la voiture, royale, entourée de gardes, au sein de la foule armée de piques. Élisabeth est près d'elle avec les enfants, le Dauphin et Marie-Thérèse, et la princesse de Lamballe. Dans les autres voitures les suites du roi et de la reine. Des cris hostiles en continuité hurlés par la foule : « *Vivent les sans-culottes et la Nation ! À bas le veto ! Vive Pétion ! Les aristocrates à la lanterne ! La tête de l'Autrichienne ou la mort !* »

Une fois de plus le roi, la reine et Élisabeth rentrent brisées de cette cérémonie humiliante où on les promène à la face du peuple pour lui donner l'occasion de les injurier.

Marie-Antoinette et Élisabeth supplient toujours Louis XVI de s'enfuir mais il ne peut soutenir la pensée d'une nouvelle arrestation ou d'une fuite dans les pays étrangers et avoue qu'il renonce définitivement à toute idée de départ.

Les échecs essuyés par les armées françaises aux frontières luxembourgeoises déclenchent les fureurs de l'Assemblée. On signe des décrets pour priver le roi des derniers gardes affectés à sa protection, on lève des armées pour s'engager sous les drapeaux de la Liberté. Les jardins des Tuileries ne sont plus gardés des incursions spontanées des factieux. N'importe qui peut se placer sous les fenêtres de la famille royale pour l'insulter tout son saoul sans être inquiété. Le bruit court qu'on prépare un nouvel assaut sur les Tuileries. Les troupes venues pour le défilé du 14 juillet sèment la panique dans Paris. Élisabeth écrit à Bombe : « Nous avons eu un avantage du côté d'Orchies ; 20 Autrichiens ont été tués, et nous, n'avons perdu que quatre hommes. Il faut espérer que nos succès seront toujours dans la même proportion. »

Évidemment, cette satisfaction aurait du mal à être partagée par Marie-Antoinette. Mais leur situation est telle que cela n'a plus d'importance. D'autres liens que patriotiques se sont tissés entre elles. Une tempête sans pareille se prépare. Leur esquif délicat se trouve malmené si grossièrement qu'elles en perdent la respiration. Élisabeth, dans une de ses dernières lettres, écrit à l'abbé de Lubersac, « ceux sur qui l'orage gronde éprouvent parfois de telles secousses, qu'il leur est difficile de pratiquer cette grande ressource de la prière. Heureux le cœur de celui qui peut sentir, dans les plus grandes agitations de ce monde, que Dieu est encore avec lui ! Demandez cette grâce, Monsieur, pour ceux qui sont faibles et peu fidèles comme moi. »

Et puis, convaincue que cela n'est pas près d'arriver, Élisabeth rêve, calfeutrée dans cette chambre où elle étouffe en plein mois d'août 1792, au jour délicieux où elle pourra revoir ses amies. Et même si ce n'est pas pour demain, comme elle le sait bien, « il est toujours joli d'en parler ».

Un des serviteurs du palais, sans doute gagné à la cause des Jacobins et ayant dérobé la clef du couloir qui menait aux petits appartements de la reine, tenta une nuit de venir la poignarder jusque dans son lit. Seule le petit chien qui couchait dans la chambre de Marie-Antoinette la sauva par ses aboiements.

De ce jour Élisabeth recommanda à la reine de coucher les jours « où il y aurait du bruit dans Paris » dans la chambre du Dauphin où personne n'aurait l'idée d'aller la trouver. Le Dauphin qui adorait sa mère fut ravi de la voir coucher dans sa chambre. Dès qu'elle était réveillée le matin il sautait sur son lit, la serrait dans ses bras et parlait avec elle de ce qu'il allait faire ce jour-là. Il aimait par-dessus tout les récits des voyages de monsieur de Fleurieu qui avait servi dans la marine.

Des factieux sans scrupules ont encore tenté de forcer les portes des appartements des Tuileries, mais la Garde nationale a contré leurs attaques. On préfère conserver la vie du roi pour le traduire en justice et le condamner à mort. Personne ne sait encore très bien comment s'y prendre.

226

Et puis le prétexte va sonner haut et clair comme le tocsin. Voilà que le duc de Brunswick, commandant les troupes françaises massées en Rhénanie, lance de Coblence un manifeste provocateur par la brutalité de son contenu. Si le château des Tuileries est attaqué, s'il est fait la moindre violence à la famille royale, si le pays ne se soumet pas au Roi sur le champ, les souverains d'Europe coalisés livreront la ville de Paris et la France entière aux exécutions, aux supplices et à la guerre, pour en tirer une vengeance exemplaire.

Donc, le roi est reconnu complice des envahisseurs, la monarchie, ennemie de la Nation. Louis, mis dans cette situation intenable, oppose un démenti formel à l'Assemblée.

Rien n'y fait, 47 sections de l'Assemblée sur 48 demandent la déchéance du roi, accusé de vouloir mettre la ville de Paris et la Nation, à feu et à sang. Les factions du faubourg Saint Antoine sont en ébullition. À chaque instant on annonce qu'elles marchent sur les Tuileries pour en finir avec la royauté. Élisabeth n'ose plus se coucher. Elle garde sa robe la nuit et s'étend sur un canapé toute habillée, prête à toute éventualité. Elle passe des nuits blanches auprès de la reine qui est comme un animal traqué, ou en conciliabules avec son frère.

Une nuit que la reine épuisée, dort enfin profondément, on annonce une émeute à quatre heures du matin. Élisabeth se précipite chez le roi pour aviser de ce qu'il convient de faire car elle sait que Louis est capable de se laisser égorger sans réagir. Mais il s'agit d'une fausse alerte. Des gardes ont été blessés aux abords des Tuileries. Dans la nuit Élisabeth panse les blessés. Elle a appris à le faire avec le docteur Lemonnier.

À son réveil, la reine éperdue d'avoir dormi en un moment critique, se mit dans tous ses états. Comme on lui disait qu'elle devait réparer ses forces abattues, elle répondit : « Elles ne le sont pas. Le malheur en donne de très grandes. Élisabeth était près du roi, et je dormais moi qui veux périr à ses côtés : je suis sa femme, je ne veux pas qu'il coure le moindre péril sans moi. »

Incorrigible Marie-Antoinette qui, habituée à être fêtée, veut aussi remporter les palmes de l'héroïsme. Elle n'en aura que trop l'occasion. Lorsqu'elle sort sur la terrasse des

Feuillants avec ses enfants et Madame Élisabeth, des huées épouvantables à son adresse les obligent à rentrer en toute hâte pour échapper aux insultes. La chaleur est insupportable, les nuits d'insomnies se succèdent, le piège se referme sur elles et le roi chaque jour davantage. On appose des affiches indiquant que celui qui s'aventure sur les terrasses, c'est-à-dire, en *terres autrichiennes*, sera immédiatement exécuté.

Les émeutiers ont besoin des renforts de la province. Les bataillons des Bretons, des Bourguignons, des Marseillais sont sur Paris. Ils ont rejoint les factions des Jacobins, des Cordeliers, des faubourgs Saint-Antoine, des gardes nationaux passés de leurs côtés. Toutes ces troupes, remontées contre la royauté, sont prêtes à attaquer le château des Tuileries dès que l'Assemblée en donnera l'ordre.

C'est pour la nuit du 9 août. Le marquis de Mandat, commandant des gardes nationaux a été convoqué par Danton à l'Hôtel de Ville pour faire connaître les mesures qu'il a prises. Il reçoit une décharge de pistolet et est achevé à coups de sabre. Louis XVI confie son poste, pour défendre les Tuileries, au maréchal de Mailly âgé de quatre-vingt-quatre ans. Le château n'est plus défendu.

Tout est prêt pour le carnage.

La nuit du 10 août 1792

Dans la soirée du 9 il fait une chaleur étouffante. On dit qu'une grande insurrection se prépare pour le lendemain. Paris est en ébullition. Pétion est venu faire une dernière visite à Élisabeth pour la prévenir qu'il ne pourrait pas résister aux forces insurrectionnelles. Les gardes fidèles au roi veulent garder le maire en otage et confisquent sa voiture. Pétion s'enfuit à pied par une porte dérobée. Il rejoint l'Hôtel de Ville où il se terre pendant l'émeute.

Élisabeth pour tromper l'angoisse qui étreint chacun, joue au billard avec Louis XVI. Le salon de la reine est rempli des royalistes qui veulent la défendre à tout prix. Ceux qu'on a nommés *les chevaliers du poignard*, alors qu'ils sont armés de façon dérisoire par rapport aux canons et aux fusils qui cernent le château par milliers. Ils ne sont que quelques centaines à offrir leur vie pour les souverains pris au piège. Un écuyer du roi, monsieur de Saint-Soulet, porte, au lieu d'un fusil, la moitié d'une paire de pincette qu'il a partagé avec un page de la reine. Un autre page dont la jeunesse se rit de l'aspect dramatique de la situation, appuie un petit pistolet sur le dos de la personne qui se trouve devant lui et « qui le pria de vouloir bien le poser autrement », note avec humour madame Campan.

Pendant ce temps des bandes innombrables armées de piques et de couteaux emplissent le Carrousel et les rues qui environnent le château. Une rumeur furieuse attaque le silence de la nuit comme une marée montante et vient tordre le ventre des victimes annoncées.

À minuit le tocsin sonna. À l'Hôtel de Ville les chefs des sections se constituent, par la force, Commune insurrectionnelle, en chassant les élus légitimes. Les députés se rendent à l'Assemblée, alertés par le tocsin. Leurs rangs sont plus que jamais divisés et même, clairsemés, cette nuit-là.

Aux Tuileries, à une heure du matin, la reine et Madame Élisabeth dirent qu'elles allaient se reposer dans un entresol dont les fenêtres donnaient sur la cour principale. Le Dauphin et Marie-Thérèse étant couchés, les deux jeunes femmes décidèrent de rester tout habillées et de s'étendre sur un canapé. Élisabeth retira son fichu de mousseline qui était attaché par une épingle de cornaline. Elle avait fait graver dessus : *oubli des offenses et des injures.* « Je crains bien que cette maxime ait peu d'influence auprès de nos ennemis, mais elle ne doit pas nous en être moins chère. » aurait-elle dit alors. Vers deux heures, le roi est allé dormir, sans se dévêtir, dans ses appartements. Tandis qu'il dort profondément les deux princesses ne peuvent fermer l'œil. Elles supputent avec angoisse les moyens de défenses qu'il leur reste. Ils sont bien maigres. Jusque dans les rangs de la Garde nationale, bon nombre sont passés du côtés des Jacobins. Lorsque l'aube paraît et que cette fameuse attaque du château risque d'éclater, le ciel s'empourpre de façon prémonitoire. Élisabeth contemple cette aurore dramatique au bras de la reine.

Mais celle-ci sursaute. L'heure est venue de faire ce qu'elles ont décidé : il faut réveiller le Dauphin qui dort pour se montrer aux troupes massées dans la cour. C'est à cette conclusion que les deux femmes sont parvenues après avoir hésité durant les quelques heures de profonde anxiété qu'elles viennent de traverser : le roi doit aller galvaniser ses troupes accompagné de son fils. C'est en leur parlant avec le cœur qu'il suscitera leur dévouement.

Louis XVI, la perruque en désordre, son habit de soie brodée tout froissé, la face bouffie de sommeil, se montre au balcon avec la reine, le Dauphin et Madame Élisabeth. Paralysé par le renoncement dans lequel il s'est déjà retiré, il bafouille quelques mots, et répond aux cris de mort et de Vive la Nation ! : « Moi aussi j'aime la Nation. Son bonheur a toujours été le premier de mes vœux. » C'est un fiasco. Une reddition. Un constat lamentable. Louis remonte au château, écrasé par la fatalité. Il est venu, tout endormi, saluer ses assassins. Démarche absurde et qui attise la haine et le mépris. Il est dans l'arène face à sa mort.

Le préfet de police Roederer, aimerait bien qu'on en finisse. S'il pouvait obtenir de la famille royale qu'elle se réfugie à l'Assemblée c'est-à-dire au sein de ses ennemis, il n'y aurait plus de roi. On pourrait éviter les affrontements sanglants dans la ville de Paris. Les gardes royaux postés sur le pont Saint-Michel, le Pont-Neuf et le Pont-Royal ont déjà été massacrés et jetés dans la Seine. Le roi est plus pâle que la mort. Marie-Antoinette ne se tient que grâce à Élisabeth, en serrant son fils contre elle. Elle sait que tout est perdu maintenant que le roi a montré publiquement son impuissance.

Les factions déchaînées piétinent d'impatience pour envahir le château. On a lu et proclamé partout l'ordre de défendre la vie du roi comme représentant une autorité constituée. Mais le péril augmente à chaque instant et Roederer prévient le roi que s'il ne se réfugie pas dans les murs de l'Assemblée il sera responsable de la mort de tous les occupants du château sans exception. « Même nous ? » demande le Dauphin. Et Marie-Antoinette frémit. Marie-Thérèse dans les bras de son père pose sur lui de grands yeux épouvantés.

Élisabeth reste seule lucide dans cet affolement général. On entend un coup de feu dans le matin. « Ce ne sera pas le dernier, dit-elle. » Elle décide son frère à monter d'un cran dans l'humiliation et à reculer encore le terme final de leur cauchemar.

De fait, le roi consentit à se rendre à l'Assemblée où régnait le plus grand désordre. Madame Élisabeth, le roi, la reine et leurs deux enfants, accompagnés de la princesse de Lamballe qui avait décidé de donner sa vie pour la reine, et de madame de Tourzel, se dirigèrent vers le Manège. Le cortège conduit par Roederer progressa avec difficulté au milieu d'une haie de gardes suisses, traversa la terrasse jusqu'à la grille du jardin. Il fallut une demi-heure pour parcourir quelques centaines de mètres. La reine, le visage marbré de larmes, tenait le Dauphin par la main, Madame Élisabeth avançait en silence en tenant la petite Madame Royale prise de sanglots.

Elle dit à La Rochefoucauld qui les accompagnait, en voyant les gueules féroces qui l'entouraient : « Tous ces gens ont été égarés. Je ne souhaite pas leur châtiment mais leur conversion. » Pour La Rochefoucauld ce serait plutôt quelques bons coups de canon. Le roi, absent de lui-même, a le visage cireux.

Sur la terrasse des Feuillants des vociférations montèrent de centaines de gorges enrouées par une nuit de veille bien arrosée dans la chaleur de l'été : « À bas les tyrans ! Mort à l'Autrichienne ! Déchéance ! À bas le veto ! » Toutes les insultes apprises revenaient se mêler à la furie du peuple amassé. On tenta de tuer le roi, il y eut une bousculade. Le Dauphin fut arraché à sa mère. Il poussa des hurlements perçants. On crut que la reine allait s'écrouler de terreur. Élisabeth l'emporta presque dans ses bras. Un grand escogriffe s'était emparé du garçon en disant : « N'ayez crainte, je ne vais pas lui faire de mal » et il le porta au-dessus de la mêlée jusqu'à l'Assemblée. Marie-Antoinette fut si pressée par la foule qu'on lui vola sa montre et sa bourse.

En arrivant à la salle du Manège, le roi monta sur l'estrade du président et déclara : « Je suis venu ici avec ma famille pour éviter un grand crime. Je ne saurais être plus en sûreté qu'au milieu de vous, messieurs. » La plupart des bancs sont vides. Un député a l'heureuse idée de faire remarquer que l'Assemblée ne peut délibérer en présence du roi. On décide donc de l'enfermer avec tous ceux qui l'accompagnent, dans la loge où s'écrit *Le Logographe*, journal officiel de l'Assemblée.

Plafond bas, peu d'air, dix mètres carrés de surface. Quinze heures durant la famille royale va étouffer dans cette minuscule cellule, sans boire ni manger. Louis XVI armé d'une lorgnette, suit les débats qui doivent prononcer sa suspension et non sa déchéance car la Constitution ne le permet pas. Élisabeth entend le canon tonner sans broncher, Marie-Thérèse couchée sur ses genoux au fond de la loge. Tandis que la reine, tenant le Dauphin dans ses bras, épuisée, sursaute à chaque déflagration. Et elles sont nombreuses. Le fichu des femmes est collé de sueur et de larmes, la touffeur est irrespirable. L'espoir d'en sortir soutient leur endurance.

Comme on craint l'affrontement sanglant entre les neuf cents Suisses et les trois cents grenadiers fidèles au roi, avec la Garde nationale, on demande à Louis XVI d'écrire l'ordre à ses soldats de déposer les armes.

Le maréchal de camp d'Hervilly porta cet ordre au château et les Suisses tentèrent de regagner leurs casernes. Mais leur costume rouge les désignait facilement aux émeutiers et la plupart furent massacrés sur place.

Alors le peuple en fureur s'engouffra comme une meute hurlante dans les enfilades du château. Le saccage du palais n'eut plus de cesse. Une tuerie sans nom se propagea dans toutes les pièces. Des centaines de soldats, de serviteurs, de gentilshommes, furent dépecés, défenestrés, embrochés sur des piques.

Les portes sont enfoncées à coups de canon, brisées à coups de hache. On trébuche sur les cadavres, on patauge dans le sang. Des femmes, comme des furies, émasculent les morts, découpent les têtes. Tout le palais est pillé, saccagé, incendié. Six cents Suisses ayant cessé le feu par ordre du roi sont ainsi assassinés. Un cri résonne soudain d'un mur ensanglanté à l'autre : « On ne tue pas les femmes ! » C'est Pétion qui de l'Hôtel de Ville où il se cache, pris de remords sans doute, a fait parvenir cet ordre in extremis. Les fontaines qui se trouvent dans l'antichambre de la reine ont été brisées : l'eau se mêle au sang répandu, en formant des rivières pourpres qui dégouttent des escaliers. Les robes des femmes qui s'enfuient traînent sur le sol ensanglanté. Elles sentent l'étreinte glacée du sang refroidi qui colle à leurs chevilles et les font trébucher. On tire des coups de feu, du parapet de la galerie du Louvre, directement à l'intérieur du château. Les balles et les boulets criblent le palais. Les factieux qui ont bu le vin du roi, tranchent les têtes des gardes tués et les portent en triomphe au bout de leurs piques. À la chapelle où le feu n'est pas encore pris, on entend résonner le *dies irae* sur les orgues, les hosties sont jetées à terre, l'autel est saccagé. Tout disparaît dans l'incendie qui ravage les Tuileries et qui commence à inquiéter la municipalité.

Pendant ce temps, à l'Assemblée on a décidé que la famille royale passerait la nuit à l'ancien couvent des Feuillants attenant à la salle du corps législatif, en attendant qu'on délibère sur le choix de l'endroit où le roi serait tenu prisonnier. On leur attribue quatre petites pièces situées au premier étage et donnant sur un corridor. L'ambassadrice d'Angleterre, lady Suntherland leur fait parvenir du linge propre et des vêtements pour le Dauphin, ainsi que de quoi se restaurer. Ils sont exténués et n'ont presque rien pris depuis la veille au soir. Louis s'installe dans une chambre après avoir copieusement dîné. La reine et le Dauphin dans une autre, la princesse de Lamballe, madame de Tourzel, Marie-Thérèse et Madame Élisabeth dans la troisième et, dans la dernière, les gentilshommes qui accompagnent le roi, messieurs de Poix, de Brézé, de Saint Pardou et le baron de Goguelat.

La prison du Temple

Après une mauvaise nuit agitée de cauchemars et traversée de cris rauques et de râles, la famille royale fut à nouveau enfermée dans la loge du *Logographe* et entendit les débats dont elle était l'objet. Suspension du roi, griefs qu'on lui faisait sur sa « tyrannie », sur la guerre qu'il avait déclenché. Puis débats ensuite sur le lieu de sa détention. Ce fut le palais du Luxembourg, puis la Justice, place Vendôme, enfin l'ancien monastère des Templiers, devenu la prison du Temple, fut retenu. Le comte d'Artois avait séjourné en ce palais, mais sans occuper sa tour à l'aspect sinistre qui faisait frémir Marie-Antoinette. Elle murmura à Élisabeth : « J'ai toujours eu une telle horreur pour cette tour, que j'ai prié mille fois le comte d'Artois de la faire abattre. C'était sûrement un pressentiment de ce que nous aurions à y souffrir. » Élisabeth tenta de la calmer mais Marie-Antoinette resta persuadée de son mauvais présage.

De retour aux Feuillants, on leur apprit qu'ils seraient transférés au Temple le lendemain. Ils avaient droit à un serviteur par personne. Le Dauphin eut madame de Saint-Brice, Élisabeth madame de Navarre, la reine, madame Thibault et, Marie-Thérèse, madame Bazire. Le roi eut monsieur de Chamilly, son fidèle premier valet, qu'il aimait tant à voir chatouiller. Monsieur Hue réussit à rester au service du Dauphin et Turgy, aux cuisines. Il y avait encore la princesse de Lamballe et madame de Tourzel avec sa fille, Pauline, que le Dauphin avait supplié qu'on lui laisse.

À six heures du soir tout le monde est monté dans une seule grande voiture de la cour conduite par Pétion. On avance au pas car une foule en liesse entoure le véhicule et entrave sa marche en criant les injures les plus grasses au roi et à la reine.

Ils sont toujours accompagnés de piques ensanglantées et de « brigands » qui montrent le poing en demandant leurs têtes à grands cris. Il faut deux heures et demie pour rejoindre le Temple, situé à l'emplacement de l'actuel square du Temple.

Un grand souper et des illuminations attendent les prisonniers dans la salle des Quatre-Glaces, au Palais des Templiers. Le roi mange copieusement au contraire des femmes qui picorent du bout des lèvres, trop fatiguées pour avaler quoi que ce soit, le cœur soulevé. Puis Louis XVI se dispose à distribuer les chambres à tous. On le laisse faire. Madame Royale dort sur les genoux d'Élisabeth. La reine soupire à tout instant que le petit Dauphin est à bout de force et qu'il tombe de sommeil. Elle ne sait plus que faire de lui. C'est alors qu'un officier municipal s'empare de l'enfant et l'emporte à toute vitesse à travers une longue galerie qui mène à la tour dont la reine a horreur. La reine se précipite à sa suite avec madame de Tourzel. Puis elle soupire devant l'enfant endormi : « Ne vous l'avais-je pas bien dit ? » En effet c'est la petite tour qui est réservée aux prisonniers en attendant que la grande soit prête. On a expulsé monsieur Barthélémy, archiviste du Temple, de son appartement, en quelques heures.

La reine est au deuxième étage avec la princesse de Lamballe, madame de Saint Brice, le Dauphin, madame de Tourzel et Madame Royale. Le troisième étage est pour le roi avec messieurs Hue et Chamilly, Madame Élisabeth et Pauline de Tourzel. Élisabeth se trouve dans une cuisine d'une saleté repoussante, avec des ustensiles graisseux, et une odeur insistante de graillons refroidis. Mais elle est à côté de la chambre du roi. Elle installe pour Pauline un lit de sangles près du sien. Tout ceci ne va pas durer.

Le 19 août les officiers municipaux viennent prévenir les prisonniers que ceux qui ne font pas partie de la famille royale doivent quitter la tour. Marie-Antoinette se bat pour garder la princesse de Lamballe qui est de sang royal, de la famille de Savoie. Rien n'y fait. Le Dauphin intègre donc la chambre de sa mère qui est la plus grande, Madame Élisabeth et Madame Royale prennent son ancienne chambre, et Cléry, le valet de chambre du Dauphin qui a obtenu de Pétion le droit de rester, intègre la chambre qu'occupait madame de Saint-Brice qui a dû partir. François Hue, ancien révolutionnaire, revenu à la royauté, est également autorisé à rester, ainsi que Turgy, le cuisinier qui par son emploi est à la fois dehors et dedans.

Dans l'antichambre où se trouve le corps de garde, les soldats bruyants et sans respect pour les prisonniers, boivent, chantent et jettent des paroles injurieuses sur la situation du roi. Dans *L'Histoire des révolutions*, Gaston Lenôtre dit : « Dans un palais le roi prisonnier fût demeurer un souverain, dans un donjon il n'est plus qu'un criminel attendant son châtiment. » Élisabeth, au comble de la désolation, retrouve les mots d'une prière qu'elle avait apprise à Saint-Cyr : « Que m'arrivera-t-il, aujourd'hui, mon Dieu, je l'ignore/Tout ce que je sais c'est qu'il ne m'arrivera rien que vous n'ayez prévu de toute éternité/Cela me suffit, mon Dieu, pour être tranquille/ Je veux tout, j'accepte tout, je vous fais le sacrifice de tout. » Comme on le voit cette prière n'est nullement une plainte. Elle traduit l'état d'esprit d'Élisabeth. La jeune femme est au terme d'un tourment qui ne disait pas clairement son nom : aujourd'hui, elle sait qu'ils n'ont plus que la perspective de s'enfuir ou de mourir.

Pour ces ultimes projets de fuite, Élisabeth réussit à faire parvenir quelques lettres codées à ses frères et à l'abbé Edgeworth de Firmont qui a été son confesseur. Jusqu'à la dernière goutte d'espoir. Dans ses mémoires celui-ci raconte qu'il les recevait dissimulés dans des pelotons de soie. Malheureusement ces pages « baignées de larmes et emplies de courage » il a du s'en séparer au moment d'être arrêté. Et puis la marquise de Sérent, son ancienne dame d'atours, risque sa vie pour faire passer les lettres d'Élisabeth.

Un jour elle est surprise avec un de ces messages codés. Elle ne sait pas les lire, justement pour le cas où on l'arrêterait. Elle est traduite devant le comité révolutionnaire pour être interrogée. Mais elle affirme qu'en qualité de dame de Madame Élisabeth, son devoir est toujours de veiller à tout ce qui lui est nécessaire et « que la mort seule l'empêcherait de remplir un devoir aussi sacré. » On la relâche. Eckard qui reprend les mémoires de Turgy, ajoute : « Cet acte de courage fut respecté par des hommes qui ne respectaient rien. » Élisabeth et la reine ont encore imaginé de correspondre avec Turgy par signaux, afin d'être tenues, malgré la grossièreté des municipaux qui ne veulent rien entendre, au courant des événements. Ces signaux sont à la fois puérils et dérisoires, peu sûrs et en un mot, baroques dans leur bizarrerie.

« Si les Autrichiens sont vainqueurs du côté de la Belgique, avait écrit Élisabeth, portez le second doigt de la main droite sur l'œil droit. S'ils entrent à Lille du côté de Mayence, portez le troisième doigt comme ci-dessus, les troupes du roi de Sardaigne, le quatrième doigt comme ci-dessus.

« Nota. On aura soin de tenir le doigt arrêté plus ou moins longtemps suivant l'importance du combat.

« Y a-t-il une trêve ? relevez votre col. Approvisionne-t-on Paris ? la main sur le menton. Les Espagnols cherchent-ils à rejoindre les Nantois ? frottez les sourcils. Croit-on que nous serons encore ici au mois d'août ? mouchez-vous sans vous retourner.

« Ne pourriez-vous pas s'il survenait quelque chose de nouveau, nous le mander en écrivant avec du citron sur le papier qui sert de bouchon à la carafe où l'on met la crème, ou bien dans une balle que vous jetterez chez ma sœur, un jour que vous serez seul ? » Élisabeth espère que le roi de Sardaigne, son beau-frère, peut encore les sauver, ce qui est totalement utopique et porte à croire qu'elle fait tout pour instaurer ce jeu complexe de messages, en définitive pour occuper les journées désespérément vides et donner corps à l'espoir.

Quant à Marie-Antoinette qui s'inquiète de l'armée autrichienne, elle croit encore être sauvée par son neveu François II qui a succédé à son père Léopold. Le bon, l'excellent Turgy, se plie avec talent à toutes les fantaisies – vitales – imaginées par ces deux femmes en détresse. Il racontera dans ses mémoires : « La correspondance par écrit développait ce que je n'avais fait qu'indiquer par les signaux, car, malgré la surveillance de huit ou dix personnes, il ne s'est presque point passé de jour, pendant les quatorze mois que je me suis maintenu au Temple, sans que les princesses n'aient eu quelque billet de moi, soit par les objets de mon service, soit dans une pelote de fil ou de coton que je cachais dans un coin d'armoire, sous la table de marbre, dans les bouches de chaleur du poêle, ou même dans le panier aux ordures. Un signe des yeux ou de la main indiquait le lieu où j'avais pu déposer le peloton. La facilité que j'avais de sortir deux ou trois fois par semaine pour les approvisionnements, me mettait à même de prendre les renseignements ou les avis dont on me chargeait pour leurs Majestés. Je me trouvais également aux fréquents rendez-vous que monsieur Hue me donnait, dans les quartiers les plus isolés de Paris, ou hors de la ville, dans lesquels il me remettait des écrits pour le Roi ou des réponses à ses ordres. » Que de dévouement pour ce qui ne reste au fond qu'un jeu capable de faire endurer le pire…

On s'agite terriblement autour des prisonniers. Il ne ferait pas bon les laisser fuir. Tout serait à recommencer. La royauté bouge encore. Même tronçonnée, elle n'est pas encore morte. Il faut dresser des murs ; d'une épaisseur énorme. Encercler la Tour, la faire garder par des guichetiers, des porte-clefs, des gardes municipaux, des fusils, des canons. Il faut barricader des portes, poser des verrous, fermer des accès, clouer des planches aux fenêtres, couper les arbres proches, détruire les maisons mitoyennes. C'est un véritable chantier dont le remue-ménage incessant rythme la vie au ralenti que mène la famille royale.

Élisabeth se lève à six heures, réveillée par les bruits des travaux et des municipaux qui chantent et traînent les pieds dans les corridors. Elle s'habille, se coiffe péniblement car elle n'en a pas l'habitude seule, puis elle aide la reine à habiller les deux enfants. À neuf heures tout le monde monte chez le roi pour prendre un copieux petit-déjeuner, café, chocolat, pâtisseries, laitages, fruits. Puis on descend chez la reine dont la chambre claire donne sur le jardin. Un garde ne quitte pas la pièce. Tout au long du jour, Élisabeth brode ou fait de la tapisserie avec Marie-Antoinette. On conserve un grand tapis brodé au petit point qu'elles ont réalisé ensemble sur un motif dessiné par Madame Élisabeth. On imagine les deux belles-sœurs penchées sur le même ouvrage pendant des centaines d'heures, cherchant à communiquer entre elles sans que les gardes les

239

entendent. Et pourtant attachées à la finition de ce tapis qui ornerait une des pièces de la Tour si peu accueillante. Quelle union profonde faut-il qu'il y ait eu entre elles deux pour que sortent de leurs mains conjointes une œuvre aussi minutieuse.

Élisabeth n'est jamais inactive, si elle ne brode pas, elle donne des cours de calcul au Dauphin, quand ce n'est pas la reine qui enseigne l'histoire à son fils. Pendant ce temps Louis XVI lit, il ne lira pas moins de deux cent cinquante-sept livres pendant son incarcération. Il en a relevé le nombre lui-même. Ou bien il apprend la géographie à Madame Royale sur une grande carte de France étalée sous ses yeux. Mousseline gardera précieusement le souvenir des cours que lui donnait son papa.

À deux heures de l'après-midi tout le monde descend à l'étage en dessous pour « la » dinée. Le souper est à neuf heures. On prend le repas en silence sous l'œil des gardiens soupçonneux. La nourriture est copieuse. Le vin est bon. À l'extérieur on parle déjà de banquets et d'orgies. Mais au palais du Grand prieur du Temple, il y a une vingtaine de personnes employées aux cuisines et à la paperasserie, qui se repaissent des restes des repas, quand elles ne se servent pas en premier. Quatre municipaux surveillent la promenade dans le jardin, qui a lieu vers cinq heures, après la sieste. Occasion de nouvelles grossièretés, que le roi ignore superbement, s'intéressant à tous avec bienveillance.

Lenôtre écrira : « Tenir en leur pouvoir et injurier à loisir un Roi issu de tant de Rois, et la Reine du Trianon, quelle voluptueuse et perverse aubaine pour des hommes pleins de haine. » Le porte-clefs se vante d'avoir forcé la reine et Madame Élisabeth à lui faire « la révérence ». « Le guichet est si bas, dit-il, qu'il faut bien qu'elles se baissent devant moi. Chaque fois que je peux je flanque à cette Élisabeth une bouffée de fumée de ma pipe. » Celle-ci demanda : « Pourquoi ce Rocher fume-t-il toujours ? » trahissant discrètement son agacement. Il lui fut répondu sans détour : « Apparemment que ça lui plaît ! » Ce ne sera pas toujours ainsi. Les gardiens qui meurent de trouille d'être guillotinés pour la moindre faute, reconnaissent qu'Élisabeth a l'air bien plus tranquille qu'eux. Certains des gardes

municipaux, comme Toulan, Lepître, Goret, sont déconte-
nancés par le calme et la réserve des prisonniers. Ils changent
d'attitude et se font plus discrets.

Dans la cour, Élisabeth joue avec ses neveux à la balle ou au
volant pour leur donner de l'exercice. Louis discute avec les
gardiens. Marie-Antoinette se met sous un arbre et laisse le
temps couler en contemplant ses enfants. Quand on remonte
vers huit heures, Santerre inspecte la Tour de fond en comble,
à grands fracas. Par principe, il est en colère, par principe il
tempête à tout propos. Puis il s'en va en faisant résonner ses
bottes dans la galerie, fou furieux. C'est ainsi qu'il en impose.

Après le souper, Élisabeth joue au billard avec le roi, dans le
salon de l'archiviste. Marie-Antoinette est dans sa chambre
avec le Dauphin qui ne sait pas rester seul dans le noir. Les
yeux grands ouverts, elle essaye encore d'imaginer la fuite dont
elle rêve depuis des années. Le roi reprend sa lecture jusqu'à
minuit. Élisabeth brode et répare les vêtements endommagés
car les détenus n'ont de vêtements que ceux qu'ils avaient en
arrivant. Puis on se couche. Le cœur blessé des calomnies et
des injures que les gens des faubourgs trouvent dans *Le Père
Duchesne*, le journal où Hébert n'aura jamais fini de traîner les
souverains dans la boue.

Les assassins en liberté

L'armée du Nord reculait devant l'invasion prussienne.
L'armée du Centre se repliait sur Sainte-Menehould, Verdun
était envahi le 30 août, la Vendée entrait en ébullition. Le bruit
courait qu'un complot royaliste allait délivrer les prisonniers et
l'on parlait d'un massacre des patriotes qui aurait lieu dans la nuit
du 2 au 3 septembre. Il y aura bien un massacre mais pas celui-là.

Le 2 septembre la famille royale en promenade dans le
jardin entend sonner le tocsin et les tambours. La fièvre monte
dans les rues avec l'arrivée des troupes ennemies à Verdun. Le
valet Hue est arrêté. Il ne reviendra plus. Un garde municipal,
Mathieu, fait remonter tout le monde brutalement. Il hurle :
« Les ennemis sont à Verdun ; la patrie est dans le plus grand
danger ; vous répondrez de tout le mal qui peut résulter de
cette guerre ; nous savons que nous périrons, mais nous serons
vengés car vous périrez tous avant nous ! »

Les enfants sont terrorisés. Madame Royale pleure en
silence et le Dauphin s'accroche à sa mère en disant : « Mère,
je les tuerai tous. Ils ne pourront rien vous faire. » Mais son
petit menton tremble. Les égorgeurs sont aux portes des prisons. Tout ce qui se trouve là, doit être massacré. On tue à
l'Abbaye, on tue aux Carmes, des moines, à la Salpêtrière, des
fous, des prostituées, à Bicêtre, tout ce qui passe, sans discer-
nement. Les « septembriseurs », comme on les surnomme, ne
laissent derrière eux que carnage et ruissellement de sang,
corps mutilés, têtes coupées à la hache ou à l'épée. Parfois un
tribunal s'improvise, les prêtres et les aristocrates sont
condamnés d'office. Les cadavres sont dépouillés de leur
argent, leurs bijoux et même de leurs vêtements. On assassine
aussi à la prison de la Force. Où furent emmenées la princesse
de Lamballe et madame de Tourzel.

Vers onze heures les gardes ont fait sortir la princesse de sa cellule pour la mener devant le tribunal d'Hébert qui est un ramassis d'« hommes de sang, mal vêtus, à moitié ivres, aux regards barbares et féroces » nous dit madame de Tourzel.

— Jurez la Liberté, l'Égalité, la haine du roi et de la reine.

— Je jurerai les deux premières mais je ne puis jurer la dernière, elle n'est pas dans mon cœur.

Le public retient son souffle, estomaqué par le courage de la princesse, attendant que tombe la sentence. Elle tombe. Noire.

— Qu'on élargisse Madame !

Pour ceux qui savent, cela veut dire la mort. Des gardes l'emportent défaillante, vers l'arrière-cour de la prison. La princesse découvre une vision d'horreur. Un monceau de cadavres sanguinolents. Des têtes coupées. Une odeur de sang et de macchabées envahis de mouches, dans la chaleur du plein midi, lui saute au visage. Ses yeux se révulsent tandis qu'un sabre transperce son corps. D'autres coups pleuvent, poignards, épées, couteaux. La princesse est dépecée. On lui coupe la tête. On lui ouvre le ventre. On arrache son cœur. On le plante au bout d'une pique. On se dispute des morceaux de ses membres, les mains rougies de sang s'agrippent. La foule des assassins ne se connaît plus. Quelqu'un propose d'aller au Temple montrer à la reine ce qu'on a fait de sa favorite d'autrefois. Mais il faut la maquiller. Un barbier coiffe la tête plantée sur une pique, la frise, met du rouge à joue sur cette face blafarde, du rouge à lèvres sur ces lèvres de cendres. La barbouille affreusement au milieu des cris de « À bas la royauté ! Les putains à la lanterne ! À mort l'Autre-chienne ! » On traîne le corps en loques au bout d'une corde et l'on s'en va aux accents du « ça ira » vers le Temple. Les faces sont enflammées. Les yeux exorbités. Une forêt de bonnets rouges s'assemble derrière la tête suppliciée, comme une procession derrière une relique. Les bourreaux sont aussi les adorateurs du crime. Une démente jubilation leur arrache des cris de joie sauvage.

Au Temple, il est maintenant trois heures. La rumeur lointaine enfle à chaque instant. En bas Cléry qui est descendu pour le déjeuner voit soudain à la croisée du guichet une tête au bout d'une pique. La femme Tison reconnaît la princesse de Lamballe, sanglante, défigurée, outrageusement maquillée et pousse un hurlement.

Les émeutiers crurent que c'était un cri de la reine. On entendit des rugissements de joie. Mais ils voient leur erreur. Cléry se précipite auprès du roi pour le prévenir qu'on essaye de montrer à Marie-Antoinette les restes de sa dame d'honneur. La famille royale est encore dans la cour. Un municipal, l'œil mauvais, leur ordonne d'aller se montrer au peuple à leur fenêtre, pour lui prouver qu'ils sont toujours là. Ils remontent et trouvent quatre hommes envoyés par les émeutiers qui exigent qu'ils se laissent voir au balcon. Un jeune municipal explique au roi : « On veut vous cacher la tête de la Lamballe que l'on vous apportait pour vous faire voir comment le peuple se venge de ses tyrans. Je vous conseille de paraître si vous ne voulez pas que le peuple monte ici. »

Incrédule, on s'approche et Marie-Antoinette se trouve nez à nez avec la tête défigurée de la princesse de Lamballe. Elle pousse un cri d'horreur et tombe évanouie. Madame Élisabeth la reçoit dans ses bras et la porte dans un fauteuil. Ses enfants fondent en larmes et la caressent pour la ranimer. Les hommes sont toujours là. Le roi, ferme et choqué, dit : « Nous nous attendons à tout, messieurs, mais vous auriez pu vous dispenser de montrer à la reine ce malheur affreux. » Les hommes s'en retournent, satisfaits.

La reine, revenue à elle, va cacher ses pleurs dans la chambre d'Élisabeth d'où l'on entend moins les clameurs de la rue. Cléry est resté dans la chambre de la reine. En regardant par la fenêtre il voit celui qui porte la tête, grimpé sur les décombres des maisons que l'on détruit pour isoler la Tour. Un autre à côté de lui tient au bout d'un sabre le cœur ensanglanté que les émeutiers avaient arraché à la Force.

Mais la foule n'est pas satisfaite. Elle n'a de cesse que d'entrer dans la Tour pour exécuter les membres de la famille royale. Pendant plusieurs heures encore il fallut se battre pour les empêcher de pénétrer dans les lieux. Les municipaux durent se faire les défenseurs du roi et de la reine que le Tribunal révolutionnaire entendait juger avec pertes et fracas. Un malheureux ruban tricolore tendu à la porte d'entrée était supposé arrêter le peuple. Ce fut le cas. Un municipal en faction répétait aux furieux : « La tête d'Antoinette ne vous appartient pas. Elle est à la Commune qui la jugera. » Mais jusqu'au soir on ne sut pas si les souverains ne seraient pas massacrés ce jour-là à leur tour.

Élisabeth est restée toute la nuit auprès de sa nièce. Elles ont entendu battre le tambour jusqu'au matin. Dans sa chambre, Marie-Antoinette a laissé dormir le Dauphin. Ses larmes ne cessent de couler. Elle étouffe ses pleurs dans un mouchoir trempé et se tient dans l'anti-chambre, indifférente à la présence d'un garde qui, elle ne l'a pas vu, a été demandé avec force à ses compagnons de se taire. Ils chantaient à tue-tête : « Madame Veto avait promis de faire égorger tout Paris/ Mais son coup a manqué grâce à nos canonniers/Dansons la Carmagnole/Vive le son du canon. » L'homme a été touché par sa douleur. Il risque l'échafaud. Marie-Antoinette reste debout et sanglote sans bruit une partie de la nuit. Le corps dénudée de la princesse est traîné tout autour de la Tour.

À peine l'émeute achevée, le lendemain, Pétion envoya son secrétaire au roi pour faire des comptes d'apothicaire sur les dépenses ordinaires. La reine qui gardait les yeux fixés dans le vague, ne voyant rien de ce qui se passait autour d'elle, oubliait même de s'asseoir et l'homme de Pétion crut que c'était par respect pour lui. Élisabeth essaye de savoir ce qui se passe dans Paris, elle a une conversation avec une sentinelle de bonne volonté à travers le trou de la serrure. L'homme qui répond à ses questions parle d'une voix entrecoupée de sanglots. On soupçonne de plus en plus les moindres gestes d'Élisabeth, de la reine et même de Madame Royale. Un garde vérifie que ses leçons ne contiennent pas de messages dissimulés dans le texte. Il regarde par-dessus son épaule pendant qu'elle étudie avec sa tante. On supprime également tous les journaux. Excepté un jour où on en apporte un au roi en lui disant qu'il y a là quelque chose qui l'intéressera. Il découvre qu'on projette de faire un boulet de canon avec sa tête. « Le silence calme et méprisant de mon père trompa la joie que l'on avait montrée en apportant cet infernal écrit. » raconte Madame Royale, Marie-Thérèse Charlotte de France, qui deviendra duchesse d'Angoulême. L'adolescente est alors à peine âgée de quatorze ans.

Dans Paris, la terreur révolutionnaire n'est pas stoppée pour autant, les tueries continuent les jours suivants. Et dans la France entière il en va de même. À Paris on a transporté l'échafaud de la place du Carrousel à la place de la Révolution, anciennement place Louis-XV.

Pour ne pas perdre la raison, Élisabeth et Marie-Antoinette redoublent d'efforts pour faire passer des messages à l'encre sympathique à l'abbé de Firmont. Élisabeth ne cessera jamais ses messages et ses signaux.

Donjon et persécutions

Au contraire de Louis XVI qui dévore lecture et nourriture avec un appétit gargantuesque, Élisabeth et Marie-Antoinette ne mangent presque rien. Elles sont méconnaissables. Plus de parures, ni de plumes, de dentelles et de bijoux ; elles ont terriblement maigri. La reine a les cheveux blancs, son visage s'est creusé. Elle est droite et fragile. Sa sœur, belle, et belle-sœur, prend des allures d'ange. Désincarnée mais pleine d'énergie. Galvanisée par ce minuscule royaume d'amour dont elle a toujours rêvé. Paradoxalement, de même que son frère ayant déposé le fardeau de l'État, elle semble être dans une sorte de situation idéale. N'a-t-elle pas toujours voulu être loin de la cour ? Au plus près de ce frère qui est le seul qui lui reste sur les trois ; dans une intimité quotidienne avec la famille royale resserrée au maximum ? Ses amies lui manquent ? Elle donne tout à ses neveux et à sa belle-sœur. Artois est loin ? Elle réussit encore à lui faire passer des messages de tendresse.

Elle se fait un îlot de bonheur au sein de la tourmente. Elle chante. Elle est gaie, légère, héroïque, mais pas trop. Elle s'active, elle nettoie, elle coud, elle joue du clavecin, enseigne sa nièce, court avec le Dauphin. Marie-Antoinette la contemple d'une autre planète lointaine, accrochée à la vie turbulente de son « chou d'amour » comme une noyée à un jeune arbrisseau. Tenant dans ses bras épuisés « Mousseline la sérieuse », comme elle nomme sa fille. Élisabeth, respectueuse et ferme, ne s'apitoie pas.

Hélas, tout ceci ne pouvait durer. Le 21 septembre 1792 la royauté est abolie. On proclame la République. Les Prussiens et les Autrichiens, battus, se sont retirés de France. Le 29 septembre, la grande Tour, humide et froide, est prête. Nouvelle Bastille fortifiée, le donjon du Temple est devenu une geôle idéale. Les grandes salles du deuxième et du troisième étage ont chacune été divisées en quatre petites pièces à faux plafonds. Les fenêtres sont équipées de hottes en bois qui mangent la lumière du jour. On ne sait par quelle fantaisie nouvelle, on sépare les deux femmes du roi. Celui-ci est installé au deuxième étage avec le Dauphin ; et la reine et Madame Élisabeth, avec Mousseline, au troisième.

Ils ont interdiction de se voir. « À cette affreuse nouvelle, ma mère perdit son courage et sa fermeté ordinaires. » écrit Madame Royale. On se sépare en larmes. La reine refuse désormais toute nourriture. Les municipaux inquiets, autorisent la famille à se retrouver pour les repas. Il leur est interdit de se parler autrement que très fort. Le ménage Tison s'installe également au troisième étage. Les disputes du couple sont incessantes. Les sentinelles de la Tour, souvent ivres par désœuvrement, chantent et tiennent des propos grossiers qui atteignent les prisonniers. Tison et sa femme sont les espions à la solde des municipaux. Ils détectent le système des messages et dénoncent Marie-Antoinette. Elle prépare son évasion disent-ils.

Plus exactement, à l'extérieur, le baron de Batz la prépare pour elle. Une quarantaine de soldats occupent le corps de garde du premier étage. Le rez-de-chaussée est réservé aux commissaires du salut public. Simon, le savetier, qui sera bientôt chargé du Dauphin, fait déjà partie des municipaux. La reine, qui ne cherche pas à se faire haïr lui dit un jour : « Vous avez bien chaud, monsieur Simon, voulez-vous boire un peu de vin ? » À quoi l'homme réplique : « Mais je ne bois pas comme ça avec tout le monde ! » Élisabeth éclate de rire. Elle n'a pas d'aversion pour Simon qui a eu la bonté de lui apprendre, un jour qu'elle le questionnait là-dessus, que les Dames de Saint-Cyr sont dispersées et que la maison n'existe plus. Elle a pris ce jour-là un tel air d'enfant puni, les yeux emplis de larmes que Simon a grommelé : « Ces bougres de femmes finiraient par me faire chouiner. »

Le roi tombe malade, il a la fièvre. Le Dauphin à la coqueluche, Élisabeth des rages de dents épouvantables et Mousseline s'est blessée à la jambe. Élisabeth obtient que le docteur

Lemonnier vienne les soigner. Elle le revoit avec tant de bonheur que soudain c'est le paradis. Mais les nouvelles sont désolantes. Montreuil est à l'abandon. On a volé les vaches, saccagé le potager, mis les scellés sur la maison. Jacques et sa femme ont été contraints de regagner la Suisse pour ne pas périr. Le personnel a été soit massacré, soit expulsé. Cléry, le messager, tombe malade à son tour. Un nouveau municipal nommé Toulan, est de service à la Tour, mais à la vue de la famille royale, il est touché de compassion et dans la mesure du possible, fait tout ce qui est en son pouvoir pour adoucir leur séjour. Élisabeth le surnomme Fidèle.

En lisant la Déclaration des droits de l'homme et du citoyen qu'on a placardée dans sa chambre, Louis XVI soupire : « Comme cela serait beau si cela pouvait se réaliser ! » Peut-être pense-t-il simplement à lui-même. On ne lui laisse aucun droit à se défendre. Le roi va passer devant la Convention. On craint qu'il attente à sa vie. On supprime les couteaux, ciseaux, et objets contondants de toute sorte. Élisabeth ne peut plus coudre. Louis XVI remarque : « Quel contraste, ma sœur, avec votre joli Montreuil où il ne vous manquait rien. » Élisabeth ne s'attendrira pas :

— Ah, mon frère, pourrais-je avoir des regrets quand je partage vos malheurs !

Elle a failli dire « quand je suis assez heureuse pour partager vos malheurs ». Marie-Antoinette qui se dessèche loin de son fils, retrouve sa respiration : pendant le procès de son père, aucune information ne doit filtrer, le Dauphin remonte chez sa mère. Louis XVI ne reverra plus sa famille sauf une fois, la veille de sa mort. Il lit les Psaumes, les lettres de saint Augustin, une Histoire d'Angleterre en dix-huit volumes, les *Métamorphoses* d'Ovide, un *Itinéraire des routes de France* de Dutens, La Fontaine, Corneille, Tacite, Suétone.

Pendant ce temps, après le sac des Tuileries, l'Assemblée apprend l'existence de papiers compromettants placés dans une armoire de fer, derrière des lambris. Là, le roi a dissimulé des courriers et des documents attestant ses relations avec les souverains étrangers. Ne refaisons pas le commentaire du procès de Louis XVI. Il fut tenté des centaines de fois. Le roi est condamné. Élisabeth imagine de communiquer avec lui en faisant descendre des petits papiers de sa fenêtre à celle de son frère. Qu'ont-ils à s'apprendre qu'ils ne sachent ? Rien, si ce n'est ce lien de sang, indestructible, qui ne se rompra jamais. Le roi répond de même, par des messages qui remontent jusqu'à la chambre supérieure, par les soins de Cléry.

On annonce l'arrestation de nombre d'émigrés. « Ma mère, comme à l'ordinaire, ne dit mot et n'eut pas même l'air d'entendre, rapporte Madame Royale, souvent son calme si méprisant et son maintien si digne en imposaient ; c'était rarement à elle qu'on osait adresser la parole. » On s'adresse plus facilement à Élisabeth qui s'occupe de tout. Elle a supplié dans un message secret l'abbé Edgeworth de Firmont qui est son chapelain et directeur de conscience depuis mars 1791, d'assister le roi dans ses derniers instants, si, comme on le pressent, il est condamné à mort. Fils d'un clergyman anglais il semblerait que sa nationalité le préserve. Il n'a pas prêté serment à la Constitution civile du clergé. On a sur une feuille simple la grande écriture d'Élisabeth : *Abbé Edgeworth de Firmont, n° 483, rue du Bac*, qui est en fait l'adresse des Missions Étrangères où réside le prêtre. Seul le numéro a changé.

La nuit du 25 décembre, alors qu'on a interdit partout la célébration de la messe de minuit, Louis prend la plume et de sa petite écriture serrée, sans rature, écrit son testament en deux exemplaires. Il y parle à Dieu, à la reine, à sa sœur et à ses enfants. À Dieu, il remet son âme, à la reine il demande pardon de ce qu'elle souffre pour lui, à Élisabeth, il dit : « Je prie ma sœur de vouloir bien continuer sa tendresse à mes enfants et de leur tenir lieu de mère, s'ils avaient le malheur de perdre la leur. » Puis il ajoute encore : « Je prie mes enfants de regarder ma sœur comme une seconde mère. » Il sait bien que c'est déjà le cas.

Ce ne sont pas là les mots d'une âme agitée. Il transparaît dans ses dernières paroles une étrange paix, comme si son destin s'accomplissait. Comme s'il rendait les armes, sans aigreur, à cette compagne de toute sa vie : la mort. Il avait dit à Malesherbes au sujet d'Élisabeth : « Rien n'a pu la séparer de moi ; elle s'est attachée à mes malheurs comme d'autres à mes prospérités. » Il savait donc, malgré tout, s'emparer de certains cœurs à tout jamais.

Au Temple on apprend seulement le 20 janvier la sentence de mort, par des colporteurs qui viennent la crier sous les fenêtres de la reine. Alors Marie-Antoinette, dans un dernier cri de révolte et d'indignation s'écrie : « Ces gens-là seront peut-être mes bourreaux ; ils ne seront jamais mes juges. » On autorise la famille royale à descendre faire ses adieux au roi sous haute surveillance. On craint tant que le roi ne meure avant d'être tué. Mais Louis n'a plus de passion à ce moment que pour les détails du peu de vie qui lui reste. Il sait la faiblesse de la reine et veut lui éviter de boire l'eau glacée qui est sur la table. « Apportez de l'eau qui ne soit pas à la glace, elle pourrait en être incommodée. »

Voilà tout Louis XVI dans ce mot. La reine se moque de l'eau glacée, même si elle devait la tuer, la reine frémit d'horreur devant la mort annoncée de celui qu'aujourd'hui elle respecte de toute son âme. Car il fut grand, toujours ; insensible au Mal ; généreux pour tous ; et jamais, au grand jamais, grossier. Et puis il l'a aimée, autant qu'il l'a pu, mettant à ses pieds tout ce qu'il avait. Elle le sait, et cette fin injuste la déchire. Surtout qu'en ce moment, Élisabeth, l'alouette au chant si clair, Élisabeth défaille. Celui pour qui elle a donné sa vie, son « père », son modèle, celui qu'à Reims, pendant le sacre, elle s'est juré de ne jamais quitter, celui qui à ses yeux est l'héritier sacré de cette royauté divine qui seule la fait s'agenouiller, voilà que celui-là lui est retiré.

Comme a dit le poète, chaque être aime *un* être plus que tout. Pour Élisabeth, c'était Louis. Même si Artois avait conquis son cœur par ses folies de jeune homme trop gâté. C'est auprès du frère aîné qu'elle est restée. Elle n'a pas suivi Artois en exil. Non. C'est à Louis qu'elle s'est consacrée. Certaine de sa mission auprès de lui. Même si cette mission n'était que d'amour et non politique. Le Dauphin dans les jambes de son père sait très bien que demain les méchants vont le faire mourir. Il serre ses bras autour de son cou et lui promet qu'il ira demander au peuple que son père ne soit pas assassiné. « Je leur dirai moi ! » assure-t-il. Marie-Antoinette gémit et sanglote sans pouvoir retenir sa douleur. Élisabeth s'est tue. La petite Madame Royale s'est évanouie. Élisabeth met de l'eau sur son front. Le roi pleure. La conviction des gardes en faction s'effrite peu à peu.

L'heure a passé sans qu'on s'en rende compte. Il faut se séparer. Pour toujours. Cela semble impossible. Marie-Antoinette supplie qu'on les laisse passer cette dernière nuit tous ensemble. On lui refuse brutalement. On les congédie. Élisabeth demande à son frère de promettre qu'ils se reverront le lendemain matin avant le supplice. « Promettez-le nous » dit-elle, la petite Mousseline évanouie, dans les bras. Louis promet.

Mais à sept heures, le lendemain, il dira à Cléry : « Dites à la reine, à mes chers enfants et à ma sœur, que je leur avais promis de les voir ce matin, mais que j'ai voulu leur épargner la douleur d'une séparation si cruelle. » Il lui remit son anneau de mariage, les cheveux de sa famille qu'il gardait avec lui et les siens dans un petit médaillon, et le sceau royal en or de la France.

Le 21 janvier, à dix heures vingt-deux, on entendit au Temple les roulements de tambour sinistres qui annonçaient l'exécution du roi. Élisabeth et Marie-Antoinette avaient passé une terrible nuit d'insomnie. Madame Royale écrit : « Ma mère avait eu à peine la force de se déshabiller et de coucher mon frère ; elle s'était jetée tout habillée sur son lit où nous l'entendîmes toute la nuit trembler de froid et de douleur. » Désormais la fille du roi dit naturellement « nous » en parlant d'elle-même et d'Élisabeth. Dès l'enfance de sa nièce, Élisabeth s'est en effet toujours beaucoup soucié d'elle à un moment où la reine était encore enivrée de ses plaisirs. C'est elle qui lui avait appris à monter à cheval, à suivre les chasses de son père, elle qui lui donnait des leçons de mathématiques ou de morale. En un mot, Marie-Thérèse considérait sa tante comme sa deuxième maman même si Marie-Antoinette ne s'était jamais démise de son rôle de mère. Elle avait tant attendu ce premier enfant qui la faisait reine aux yeux de tous.

Aujourd'hui les trois femmes ont passé la nuit dans la chambre de la reine, incapables de se séparer, toutes trois orphelines du seul homme qui leur restait. Les roulements de tambour les ont jetées à genoux, vaincues. Elles étouffent leurs sanglots pour ne pas réveiller le nouveau petit roi qui dort dans la chambre d'Élisabeth. Ce fut une longue nuit blanche.

Nouveaux supplices

Marie-Antoinette demande des habits de deuil. Élisabeth reste en blanc comme elle aime à être la plupart du temps. Elle soigne chaque jour la jambe de Marie-Thérèse qui ne guérit pas. Même le petit Dauphin que sa mère a sacré Louis XVII, à genoux devant lui, participe aux soins en tenant les fioles de pharmacie. Il est vêtu de noir. Pendant ce temps Monsieur, comte de Provence, s'apprête à se déclarer Régent du royaume, en attendant de devenir plus tard le roi Louis XVIII.

Marie-Antoinette s'enferme dans un mutisme si hermétique que sa fille craint qu'elle finisse par étouffer. Élisabeth prend sur elle, pour vaincre cet immense chagrin qui s'est abattu sur leur vie. Elle tient comme à la prunelle de ses yeux aux reliques données par le roi à Cléry avant de mourir. Mais Cléry n'est plus autorisé à venir au Temple après les dénonciations de la femme Tison. Celle-ci a soutenu que des messages circulaient dans la famille royale pour un projet d'évasion de la reine. Que le roi avait passé des messages à sa sœur pendant son procès. Que le médecin qui les soignait venait seulement pour leur donner des indications pour leur fuite. Et que la reine traitait son fils comme le prochain roi de France en le servant à table et restant debout près de lui. Et tout ceci est rigoureusement exacte.

Alors un soir tard, Hébert l'affreux Hébert, débarque dans les chambres et met tout en l'air et fouille partout et confisque tout. Puis il terrorise les femmes atterrées. À Élisabeth on prend un cachet de cire, à la reine un bâton de cire. Un municipal arrache le petit Dauphin de son lit pour fouiller son matelas. Il grelotte de froid. Enfin, dernière prise de guerre, il s'empare dans la chambre d'Élisabeth, d'un chapeau ayant appartenu à Louis XVI, qu'elle conserve comme un trésor. Ils veulent savoir d'où il vient, depuis quand elle le conserve et pourquoi elle tient si fort à le garder. Élisabeth répond que le chapeau appartient à son frère, le roi défunt, et qu'elle le conserve pour l'amour de lui. Mais les gardes l'avertissent qu'ils vont l'emporter et l'obligent à signer la déclaration relative à l'objet. Élisabeth plaide que ce souvenir est inoffensif et n'a aucune valeur à leurs yeux. Mais ils s'en saisissent en tant que « chose suspecte » et emportent le chapeau comme un trophée digne de leur courage. Élisabeth avale tout. Comme elle l'a lu dans la vie de Thérèse d'Avila. « Si nous ne sommes pas capables d'avaler la souffrance et la mort, nous ne ferons jamais rien. »

Elle reprend avec obstination ses messages. Elle écrit à Turgy fin janvier 93 : « Vous remercierez Hue pour nous. Sachez de lui s'il a pris les cheveux lui-même ou s'il a dû les acheter. Et si, par ses connaissances, il ne pourrait pas savoir ce que le Comité de sûreté générale veut faire de nous. » Car Hue s'est emparé des objets du roi, le médaillon, l'anneau nuptial et le sceau de France, et les fera parvenir au risque de sa vie par des personnes différentes jusqu'au comte de Provence.

Élisabeth voudrait tant rassurer la reine qui meurt d'angoisse maintenant pour son fils. Quel sort le Comité leur réserve-t-il ? La mort ? L'exil ? L'éloignement des enfants ? La reine tremble. Élisabeth, pour la soulager écrit, toujours à Turgy, le cuisinier, à qui Fidèle passe les messages : « Tachez de savoir si l'on ne veut pas rejeter les mouvements de violence sur ma compagne (la reine). Et si on ne veut pas emmener son bien (ses enfants) plus loin que deux lieues. Cette question est moins pressée. Toulan (Fidèle) nous a donné le journal hier. La manière dont vous nous servez est toute notre consolation. » En effet il a été question dans le journal, qu'Élisabeth lit par petits morceaux minuscules, de mettre Louis XVII et Madame Royale au château de Choisy-le-Roi. Marie-Antoinette a cru en mourir. Il faut dire qu'elle est maintenant si frêle et si malade que toute atteinte lui est fatale et la porte aux pires malaises. Pourtant elle reste droite et déterminée. Chaque fois qu'elle trébuche, elle se relève grâce à cette femme angélique et ferme à ses côtés qui sait qu'avant de mourir il lui reste à donner sa force à ceux qui l'entourent. Tous les après-midi Élisabeth monte tout en haut, sur la terrasse, pour faire prendre l'air aux enfants quelques instants.

En jouant avec son cheval de bois, le Dauphin se blesse un testicule qui se met à enfler. La douleur est lancinante. On fait venir un médecin qui prescrit pommade et bandage. À l'occasion de ces soins, l'enfant qui tripote ses pansements, découvre de nouveaux plaisirs solitaires. Sa mère et sa tante qui le surprennent dans cette activité, le grondent et lui interdisent de s'y livrer. Mais il en a pris l'habitude lorsque l'inquiétude et l'ennui le rongent.

En mai le Dauphin tombe malade. Sa fièvre s'accentue, il parle de points de côté lancinants qui le font étouffer. Le manque d'air et d'exercices – Marie-Antoinette ne peut plus passer devant la chambre vide du roi –, les continuelles terreurs entretenues par les gardes, les chocs, les secousses, les larmes, les violences, la mort, qui l'assaillent depuis des années ont détruit la santé de l'enfant. Élisabeth dort plus souvent dans la chambre de la reine avec lui que dans la sienne. On a mis de simples lits de sangles qui ne permettent pas un très bon sommeil mais Élisabeth pense qu'elle dormira au ciel.

Madame Tison, prise de remords, devient à moitié folle, elle pousse des cris, voit les fantômes des gens qu'elle a dénoncés, ne reconnaît plus sa fille qu'on lui amène ; la nuit elle hurle de terreur, on l'enferme à l'asile. Elle est pourtant bien responsable des nouvelles mesures de répression dont sont victimes les trois femmes du Temple. Tison accuse le Dauphin de l'avoir calomnié, celui-ci proteste. La reine précise alors : « Sachez qu'aucun des nôtres n'est d'un caractère à frapper les gens dans l'ombre, ni moi à le tolérer. » Toujours cette indomptable fierté.

Toulan, c'est-à-dire Fidèle, a réussi à faire entrer au donjon le chevalier de Jarjayes qui tente encore de mettre à exécution un plan d'évasion. Élisabeth et la reine sortiront déguisées en gardes municipaux, Madame Royale en allumeur de réverbère et le petit Louis-Charles, caché dans le panier à linge sale que Turgy emporte chaque jour dans ce but. On endormira les

Tison avec un narcotique puissant et on gagnera l'Angleterre par la Normandie et Le Havre.

Mais après les dénonciations la surveillance est renforcée. Plus rien ne semble possible. Fidèle propose que la reine s'évade seule. Jamais ! Elle écrit à Jarjayes : « Nous avons fait un beau rêve voilà tout. Je ne pourrai jouir de rien sans mes enfants et cette idée ne me laisse même pas un regret. » Jarjayes emporte les lettres d'Élisabeth et de Marie-Antoinette au comte d'Artois. Par message codé Élisabeth écrit ensuite : « Quel bonheur pour moi, mon ami très cher, mon frère, de pouvoir après un si long temps, vous parler de tous mes sentiments ! Que j'ai souffert pour vous ! Un temps viendra j'espère où je pourrai vous embrasser, et vous dire que jamais vous ne trouverez une amie plus vraie et plus tendre que moi. » Et puis à nouveau des consignes pour des gestes qui disent les nouvelles. « Si vous avez besoin que je demande du lait d'amande, vous tiendrez votre serviette basse lorsque je passerai. »

Mais ces jeux ne trompent pas la tension qui monte après les dénonciations du ménage Tison. La Commune est effrayée par les insurrections de Vendée et du sud de la France. Prud-homme se dresse en criant : « Délivrez-nous par les lois de tous les compagnons de Capet. (Jamais le roi n'avait porté ce patronyme). Sa femme, sa sœur, ses enfants sont encore parmi nous ! » Hébert et le Comité de Salut Public sont obsédés maintenant par la présence du petit Louis XVII.

Le soir du 3 juillet 1793, les enfants sont couchés, il est déjà tard. Élisabeth coud. La reine lit. Ou laisse errer son esprit. Soudain on frappe violemment à la porte. Six commissaires empanachés de plumes tricolores débouchent dans la chambre. L'un d'eux lit avec une voix de stentor le décret de la Convention : « L'Assemblée a décidé que le fils Capet serait séparé de sa mère et de sa famille. Veuillez nous le remettre. »

La reine, muette comme une statue, semble ne pas comprendre. Puis elle se lève, tremblante et pâle comme la mort. Elle articule « comment ? » et le garde lui hurle au visage. « Remettez-nous le fils Capet ! ! » La reine soudain crie « jamais ! ». Puis elle tenta de se dominer pour ne pas alarmer son fils qui venait de se réveiller et entrait dans la pièce tout

260

ensommeillé. Elle se jeta sur lui et le protégeant de son corps, elle dit : « La Commune ne peut vouloir me séparer de mon fils, il est trop jeune, mes soins lui sont nécessaires. » Élisabeth s'est jetée à genoux devant les gardes et les supplie sans vergogne : « Au nom de vos enfants, au nom de vos mères, n'enlevez pas cet enfant à sa mère, vous les feriez mourir tous les deux ! » Pauvre Élisabeth, c'est justement ce qu'ils veulent. Mais pas de cette façon. Pas si vite. Le Dauphin hurlait plus fort que tout le monde « Maman, maman, je ne veux pas aller avec eux ! Sauvez-moi ! » Marie-Antoinette s'était repliée sur le lit de son fils qu'elle couvrait du mieux qu'elle pouvait aidée d'Élisabeth et de Marie-Thérèse. Les municipaux menaçaient d'employer la violence, sourds aux supplications d'Élisabeth. La reine déclara qu'ils n'avaient qu'à la tuer s'ils voulaient lui arracher son enfant.

Une heure durant elle lutta avec eux, recevant injures, menaces, jusqu'au moment où lassés des pleurs et des cris qui ne cessaient plus, ils assurèrent qu'ils allaient tuer les deux enfants de la reine si elle ne leur remettait pas le Dauphin. Leurs épées étaient prêtes et la reine savait combien ils en faisaient usage aisément. À bout de force, elle céda enfin. Laissant Élisabeth habiller le garçon en larmes. Les trois femmes pleuraient. Le petit les embrassa malgré ses sanglots. Marie-Antoinette supplia qu'on lui permît de voir son fils au moins aux heures des repas. On lui promit pour avoir la paix. « La Nation pourvoira à l'éducation de ton fils », lui fut-il répondu en paroles d'adieu.

Après avoir pleuré pendant deux jours entiers, le petit Louis-Charles se campa devant Simon, son geôlier, et lui demanda de lui montrer la loi qui autorisait qu'on le séparât de sa famille. Simon lui apprendra à boire, à chanter des couplets obscènes, à se conduire comme une bête sauvage, à mentir, à calomnier les siens et même à couvrir cette mère qu'il adore de honte et d'ignominie.

Élisabeth ne sait comment consoler la reine qui n'a plus de nouvelles de son fils pendant les quatre jours suivants. Elle cherche le moyen de savoir quelque chose sur l'enfant, ou de le voir. Enfin elle découvre après avoir guetté pendant des heures, qu'on peut l'apercevoir une fraction de seconde de la petite fenêtre de la garde-robe lorsque Simon va le promener sur la plate-forme de la Tour. Elle vient prévenir la reine de sa découverte. Marie-Antoinette passera des heures à attendre la silhouette chérie pour laquelle elle continue à supporter de vivre.

Les gardes ont quitté les princesses. Elles sont enfermées, cadenassées. Plus personne ne les sert. Elles préfèrent d'ailleurs. Élisabeth fait les lits avec Mousseline. On leur passe la nourriture par un tour. Tison, pris de remord, lui aussi, s'entremet pour donner des nouvelles de l'enfant mais elles sont si tristes qu'Élisabeth lui demande de ne les dire qu'à elle. Louis-Charles chante la Carmagnole, se saoule, porte le bonnet phrygien, insulte les royalistes, son père et sa mère. Élisabeth est effondrée. Mieux vaut que la reine ne sache rien. Marie-Antoinette survit dans l'espoir de revoir son fils. Dehors, Charlotte Corday assassine Marat. Elle part à l'échafaud en disant fièrement : « Le chef de l'anarchie n'est plus ! La paix va revenir ! »

Élisabeth envoie des messages : « Marat est-il tout à fait mort ? Cela a-t-il créé du mouvement ? » et puis : « Dites à Fidèle : ma Sœur a voulu que vous le sachiez, nous voyons tous les jours le petit (Louis XVII) par la fenêtre de l'escalier de la garde-robe ; mais que cela ne vous empêche pas de nous en donner des nouvelles. » et encore : « Écrivez à madame de Sérent de ma part, que je la prie de ne pas rester à Paris pour moi. La motion des Cordeliers contre les nobles me tourmente pour elle. »

Incroyable Élisabeth qui, dans les pires conditions du malheur, ne perd jamais le souci de ceux qu'elle a aimés ou aime encore. Elle demande à plusieurs reprises qu'on lui rende le chapeau du roi mais on le lui refuse.

La Convention ne pense qu'à se défaire de tous les éléments de la famille royale. Elle vote le 1er août un décret déférant la veuve Capet à la Conciergerie, antichambre de la mort. Marie-Antoinette avait bien dit : « Vous verrez qu'ils nous feront tous mourir les uns après les autres. »

Tient-elle encore à la vie et la vie tient-elle encore à elle ?

Seules

Il est deux heures du matin, dans la nuit du 2 août. Les trois femmes dorment pendant les quelques heures du cœur de la nuit où la longue fatigue qui les tient a vaincu leurs forces. Dans un bruit de tonnerre, quatre municipaux débouchent dans les chambres. Ils viennent lire à la reine le décret de la Convention qui l'envoie pour son procès devant le Tribunal révolutionnaire. Elle va être transférée immédiatement à la Conciergerie. Le procédé est on ne peut plus délicat. Marie-Antoinette entend la lecture du décret sans manifester la moindre émotion. Elle a seulement gardé la force d'aller jusqu'à sa mort dans la dignité.

Élisabeth qui, ainsi que la reine, dort tout habillée dans l'attente de ce genre d'aimables surprises, demande avec force aux gardes d'avoir le droit d'accompagner sa belle-sœur. Madame Royale renchérit dans les larmes. Ils lui ont pris son père, ils lui ont pris son frère, ils ne peuvent lui prendre sa mère. Mais si. Tout est rejeté. Élisabeth en pleurs rassemble les effets de Marie-Antoinette. Un garde les fouille. Les poches doivent être vides. La reine a droit à un mouchoir et à un flacon de sels « dans la crainte qu'elle ne se trouve mal. » En effet elle est plus pâle qu'un fantôme, mais avec cela, dans une détermination irréductible qui lui ferait traverser les murailles. Elle prend sa fille dans ses bras en murmurant « Je reviendrai, mon enfant chéri… écoute bien ta tante comme le disait ton père. Elle a toute ma confiance. » Puis elle se jette dans les bras d'Élisabeth comme pour emporter avec elle un peu de sa force. Le dernier regard qu'elles échangent dépasse tout ce qu'il y a d'humain. La reine, les yeux secs, donne son âme à cet instant. Dans son regard il y a sa confiance, un serment de fidélité, son accord absolu à tout, sa reconnaissance, son « à Dieu jusqu'au ciel », son respect pour celle qui s'est donnée à eux, les rois maudits. Son salut de « frères d'armes » dans un combat de sang. Élisabeth soutient fièrement ce regard de foi vive. Les deux femmes se comprennent pour l'éternité.

Les gardes qui fouillent s'impatientent. Leurs voix grasseyantes font sursauter les prisonnières. Marie-Antoinette sort de la pièce. Tout est dit.

En bas, elle se cogne la tête au guichet où le municipal se piquait de la faire s'incliner devant lui. On lui demande en riant si elle s'est fait mal. Elle répond : « Oh non. Rien à présent ne peut me faire de mal. »

On l'emmène à la Conciergerie dans une chambre sale, humide et malsaine. Élisabeth demande avec obstination à être réunie à la reine. Mais toujours on le lui refuse. Elle se ronge d'inquiétude de la façon dont sa belle-sœur est traitée. Elle prie les commissaires qu'on lui fasse porter son eau de Ville-d'Avray, la seule qu'elle supporte. Pendant que l'un accepte, l'autre s'y oppose. Pour que le lien subsiste entre les deux prisons, la reine fait demander son tricot. Mais on lui interdit les aiguilles avec lesquelles elle pourrait attenter à ses jours. Elle ne pourra pas terminer les bas qu'elle faisait pour le Dauphin, elle ne recevra pas les pelotes de soie et de laine qu'Élisabeth s'est procuré pour elle. Et pourtant elle ne restait jamais inactive au point « qu'elle avait fait une énorme quantité de tricots de laine de toutes espèces et même un tapis (avec Élisabeth) », nous dit Madame Royale.

Le sieur Simon fait quitter son petit habit de drap noir au Dauphin qui portait le deuil de son père, il l'habille de mille couleurs, le fait boire du vin, le matin, le soir, le rend bouffi, idiot, odieux. On lui a ordonné « d'élever le petit Capet comme un sans-culotte. » Il en rajoute. L'enfant, un jour qu'il joue à un jeu de boule, entendant un grand remue-ménage au-dessus de sa tête où il pense que se trouvent sa mère et sa tante s'écrie, rouge de colère, : « Est-ce que ces sacrées putains-là ne sont pas encore guillotinées ! » Le municipal, Daujon, qui le garde ce jour-là, l'abandonne sur place, sidéré par les mots qui sortent de la bouche du petit. Bien sûr ils viennent tout droit de son « précepteur » qui lui apprend à parler ainsi de sa mère.

Élisabeth déploie des trésors d'ingéniosité pour avoir des nouvelles de la reine. Elle trouve toujours un garde compatissant qui lui en donne en grand secret. Régulièrement ceux-là disparaissent et sont mutés ailleurs. Ou guillotinés. Chaque fois que le tambour résonne Madame Royale croit que les massacres du 2 septembre vont recommencer.

On retire aux deux jeunes femmes, en les faisant déshabiller, leur encre, leur papier, leurs crayons et même leurs tapisseries entamées, sous prétexte qu'elles pourraient également receler des messages pour leur fuite. On met maintenant Élisabeth et sa nièce dans une seule chambre dans laquelle plus personne n'a le droit d'entrer. Elles font maladroitement leur lit et balayent elles-mêmes. On leur retire leurs grands draps de peur qu'elles ne s'évadent et on les remplace par des toiles épaisses et grasses. Des couverts de fer remplacent l'argenterie, et la faïence, les porcelaines.

Pendant ce temps, à la Conciergerie, il y a tant de mouvement secret pour faire évader la reine, que tout se précipite. On l'enferme dans un autre cachot où elle est surveillée nuit et jour par un ou deux gardes. Une Anglaise, madame Atkins, un prêtre, l'abbé Magnin, une demoiselle Fouché ; Rougeville, l'envoyé de la « conspiration des œillets », le couple Richard et le municipal converti, Michonis, tous se démènent pour sauver la reine. Celle-ci a écrit avec des piqûres d'épingle un message ultime : « Je suis gardée à vue. Je ne parle à personne. Je me fie à vous. Je viendrai. » Mais rien n'est possible. Tout finit par se savoir au jeu des dénonciations. Marie-Antoinette est confinée dans un froid glacial, plus morte que vive sous les yeux de ses geôliers. Elle prie et laisse la vie s'en aller par le sang qui s'écoule d'elle maintenant.

Le 3 octobre 1793, la Convention décrète que le Tribunal révolutionnaire va faire passer la reine en jugement. Pour cela Fouquier Tinville demande les chefs d'accusation. Il lui en faut de solides. Hébert consulte le terrible Simon qui a l'idée lumineuse de faire témoigner l'enfant défiguré dont il a la charge. Avec lui, il fait dans l'ignoble avec une immonde jouissance. Il lui a appris des jeux grossiers sur l'onanisme. Mais il a trouvé que le garçon en savait déjà long sur le sujet comme bien des enfants et, – il l'oublie –, grâce à toutes les horreurs qu'il lui a lui-même apprises depuis qu'il le côtoie chaque jour. Il le persuade sans mal que toutes ces pratiques et bien d'autres lui viennent de sa mère et de sa tante. Mais si, voyons, tu sais bien que c'est elles qui t'ont tout appris. Comment saurais-tu sinon que l'oiseau entre dans le trou, comme le faisait ton cochon de père ?

L'enfant, abruti d'alcool – il n'a que huit ans –, ayant perdu tous ses repaires, affolé de malheur, perdu de grossièreté, acquiesce à tout ce qu'on lui dit, puisque désormais son père, sa mère, sa sœur, sa tante, ont disparu de son horizon. Et même, dans son esprit embrumé, l'ont abandonné. Simon les yeux allumés de joie, entrevoit déjà le résultat de son travail et combien Hébert sera content de lui.

Une fois que Simon lui a appris toutes les réponses par cœur, le petit Louis-Charles est interrogé le 6 octobre 1793, par les envoyés du Tribunal révolutionnaire. Il est fort mal à l'aise mais soutient derechef tout ce que Simon lui a enseigné. Oui, sa mère lui a montré comment se tripoter, oui elle l'a caressé dans son lit, oui, elle a commis une copulation avec lui, aidée de sa tante. Et, oui, cela s'est reproduit souvent. C'est pourquoi il avait eu ce gonflement des parties intimes pour lequel il avait porté un bandage. On se souvient qu'en jouant avec son cheval de bois, l'enfant s'était blessé à cet endroit. Les juges du Tribunal en ont pour leur compte. Tout est parfait. L'Antoinette va être traînée dans la boue par le peuple et jusqu'à la guillotine, sans problème. Chargée comme cela elle ne s'en sortira pas, la gueuse ! On va confronter le petit à sa sœur et à sa tante pour voir s'il maintient ses accusations.

Le 8 octobre, Élisabeth et Madame Royale sont en train de se vêtir. On frappe à leur porte. La Convention leur envoie Chaumette, Pache et David, le peintre David qui croquera Marie-Antoinette partie pour l'échafaud, d'un crayon impitoyable. Ils demandent à la jeune fille de les suivre. Élisabeth veut l'accompagner. On le lui interdit. Marie-Thérèse va être interrogée en présence de son frère. Sur le même sujet que lui.

Elle ne le sait pas. En le voyant, elle se jette dans ses bras malgré la répugnance que lui inspire son aspect dégoûtant. Il est gras, sale, le visage bouffi et empreint d'un mauvais sourire qu'elle ne lui a jamais vu.

Pendant trois heures, de midi à quinze heures, ils vont la torturer pour lui faire avouer tout ce qu'elle ignore. Les projets d'évasion, les serviteurs gagnés à la cause des souverains, l'argent qu'ils ont reçu, et enfin les infamies sur sa mère et sa tante. Elle est atterrée, « ce que je comprenais était si horrible que je pleurais d'indignation. Je répondis que c'était une infâme calomnie. » dira-t-elle. Ensuite on lui fait raconter tous les épisodes de la fuite à Varennes. Mais elle n'a qu'une obsession, retrouver sa mère. Ayant banni toute pudeur après un tel interrogatoire, elle supplie qu'on la laisse être réunie à sa mère. Il n'en est pas question. Trois municipaux la reconduisent dans sa chambre, en larmes, avec l'interdiction formelle de rien dire à sa tante sur cette confrontation, sous peine d'être mise au cachot. Élisabeth la reçoit dans ses bras toute tremblante. Mais les municipaux la repoussent et enjoignent sa tante à les suivre sans délai.

Le cœur battant, Élisabeth descend au milieu des gardes. Mais c'est aujourd'hui une femme de vingt-neuf ans qui ne se laissera pas intimider aussi facilement que les deux enfants qu'on a terrorisés. Ils cherchent à lui faire trahir les personnes qui ont tout fait pour passer ses messages. Elle ne connaît pas ceux auxquels ils font allusion. Elle ne les a jamais vus. Quand on lui lit la déposition de son neveu, Élisabeth qui ne veut pas le regarder tant sa vue l'épouvante, réplique avec hauteur qu'une pareille infamie est trop au-dessous d'elle pour qu'elle y réponde. À quoi Chaumette lui dit de baisser un peu le ton. On la confronte avec l'enfant en demandant à ce dernier si vraiment sa tante ici présente, a participé aux séances d'attouchements en question. L'enfant, le regard torve, répond que oui. Élisabeth, incrédule, laisse échapper malgré elle :

— Oh, le monstre...

On lui prête ce mot, mais Élisabeth sait que Louis-Charles n'est plus lui-même et c'est les yeux pleins de larmes qu'elle remonte auprès de Marie-Thérèse morte d'angoisse. Elle croyait ne jamais revoir sa tante.

Le petit roi signe sa déposition du nom que les geôliers lui donnent, *Louis-Charles Capet*. Son écriture gauche et lourde trahit le trouble d'un enfant qui accuse la mère qu'il adorait et qu'on s'emploie à lui faire haïr.

Élisabeth tente encore auprès de l'horrible Simon de le faire revenir à de meilleurs sentiments envers l'enfant dont il a la charge. Peine perdue, celui-ci répond brutalement : « Je sais ce que j'ai à faire ! ».

La femme Tison a dénoncé Fidèle (Adrien Toulan) qui est obligé d'aller se cacher, puis il revient, est repris et exécuté en juin 1794, âgé de trente-trois ans. Turgy est expulsé du temple mais il reviendra plus tard pour accompagner Madame Royale en Russie. Il sera anobli par Louis XVIII. Hue est arrêté. L'abbé de Firmont s'enfuit en Normandie. Les deux princesses sont maintenant totalement isolées, fouillées plusieurs fois par jour, nourries au pain noir et au bouilli.

Pendant ce temps le procès de la reine, qui se tient droite malgré sa faiblesse, déroule son cortège de monstruosités. Lorsque le juge Hébert lui soumet les accusations de son enfant, la reine ne répond pas.

Un membre du Tribunal fait remarquer au sein d'un lourd silence que la reine n'a pas répondu.

Dans le cœur en sang de la reine un pâle sourire vient de se dessiner.

Ils ont osé.

Elle revoit la tête blonde. Elle n'a pas connu l'enfant défiguré. L'émotion est considérable dans la salle. Une vague de murmure traverse le temps suspendu. La reine parle :

— Si je n'ai pas répondu, c'est que la nature se refuse à pareilles inculpations faites à une mère. J'en appelle à toutes celles qui sont ici.

Une houle d'indignation venue des femmes présentes dans la foule, parcourt le public en faveur de la reine offensée. Hébert a perdu l'occasion de se taire. Il se fera vertement tancer par ses supérieurs pour avoir déclenché la sympathie envers celle qu'il doit rendre haïssable…

Celle-ci endure plus de vingt heures d'audience. Avec une dignité, une majesté qui en imposent et exaspèrent ses bourreaux. Ils ne cherchent plus désormais qu'à rendre ses derniers moments les plus terribles possible.

Dans la nuit qui précède son supplice, Marie-Antoinette entre quatre heures et six heures du matin écrit une dernière lettre à « sa tendre sœur », Élisabeth.

Au matin, elle monte sur l'échafaud, le 16 octobre 1793, à peine âgée de 38 ans. Huit mois après son mari, le roi Louis XVI. Elle était reine de France depuis 23 ans.

Et pourtant, en août 1793, Madame de Staël, la fille de Necker, réfugiée en Suisse, a publié à l'adresse du Tribunal révolutionnaire un plaidoyer pour sauver la reine. L'ont-ils seulement lu ? Elle écrivait :

« Ô vous femmes de tous les pays, de toutes les classes de la société, écoutez-moi avec l'émotion que j'éprouve... Je ne voudrais que pleurer, et cependant il faut raisonner, discuter un sujet qui bouleverse l'âme à chaque instant... La calomnie s'est attachée à poursuivre la reine, parce qu'elle était la plus heureuse des femmes. Imposante, douce, bonne, sans perdre la majesté qu'on exigeait d'elle, le peuple la reçut comme une reine adorée et il lui savait gré d'être charmante. Qu'est-il arrivé ? On n'a pas même cherché la vraisemblance dans le mensonge. Vous qu'elle a secourus, vous, les mères de famille qu'une prédilection si touchante l'engageait à préférer, dites si c'est vous qui demandez qu'on l'accuse pour les dons qu'elle vous a prodigués tout au long de son règne !

« On a dit aux Français qu'elle était l'*Autrichienne*, certains de frapper ainsi l'esprit du peuple qu'un mot égare, qu'un mot rallie.

« Partie de Vienne à treize ans, où elle tenait un rôle insignifiant, on est assez insensé pour croire qu'elle préférerait cette patrie à la France dont elle est reine ! Quelle fureur, que d'insultes, que de fanatisme, que d'adresse dans l'emploi de moyens étrangers à la vérité mais plus efficaces qu'elle, n'a-t-on pas employés ! Dites, vous qui l'accusez, quel est le sang, quels sont les pleurs qu'elle a jamais fait couler, celle qui

269

souffre ces tourments inouïs ! D'une bonté parfaite, au temps où ses sentiments pouvaient se satisfaire sans nulle crainte, pourquoi aurait-elle changé aux prises avec le malheur ? Elle a réuni toutes ses forces pour une résolution sublime : s'attacher au sort de son époux et de ses enfants, le charme de son cœur et la gloire de sa vie. Si vous voulez affaiblir ce grand caractère, amenez-lui ses enfants, mais n'espérez rien de vos supplices, car cette âme ne sait point se courber et vous avez besoin de son estime alors même que vous la persécutez. Elle a reçu la leçon du malheur comme un ange et comme un philosophe.

« Tout ce qui est écrit en lettres de sang sera lu par l'univers ! Quelle honte pour les Français de condamner la reine parce qu'elle serait sans défense ! Vous gouvernez par la mort et la terreur ! Là où existait un trône vous avez élevé un échafaud ! En immolant la reine, vous la consacrez à jamais ! »

Et c'était une des femmes philosophes la plus éclairée de son temps et la plus distante de Marie-Antoinette, de son propre aveu, qui parlait ainsi !

Derniers combats

Ni les ennemis ni les amis d'Élisabeth n'ont pu ou n'ont voulu lui annoncer la mort de la reine. La tante et sa nièce ne savent rien. Dans leur isolement elles continuent à espérer qu'on les réunira. En revanche Élisabeth sait qu'on veut se défaire de Turgy et s'en inquiète dans les derniers billets qu'elle a réussi à lui faire passer. « Votre sort se décide-t-il ? Réponse sur cette question. S'il était nécessaire que nous eussions votre billet promptement, appuyez-vous sur le mur en baissant votre serviette. Tison nous empêche quelquefois de le prendre de suite ; mais nous le surveillons, soyez tranquille. » Puis elle apprend que Turgy est bel et bien congédié. Elle arrive encore à lui écrire : « Je suis bien affligée. Ménagez-vous pour le temps où nous serons plus heureux. Emportez la consolation d'avoir bien servi de bons et malheureux maîtres. Recommandez à Fidèle de ne pas trop se hasarder avec ses signaux. » (il chantait des airs significatifs avec son cor pour passer des informations).

Et puis dernier message jamais envoyé : « Ma petite prétend que vous m'avez fait signe hier matin. Tirez-moi d'inquiétude si vous le pouvez encore. Je n'ai rien trouvé. Si vous l'avez mise sous le sceau (la boule de papier), cela aura pu couler avec l'eau et ne sera pas trouvé. Adieu honnête homme et fidèle sujet. J'espère que le Dieu auquel vous avez été fidèle vous soutiendra et vous consolera de ce que vous avez à souffrir. » Il finira premier valet de chambre de la petite Madame Royale devenue duchesse d'Angoulême.

Le 6 novembre 1793, elles apprennent par des bruits de rue la mort du duc d'Orléans. Avant de monter sur l'échafaud, Philippe Égalité dira : « J'ai mérité la mort pour l'expiation de mes péchés : j'ai provoqué la mort d'un innocent. »

271

Au milieu de toutes les violences qu'elles ont subies, Élisabeth a gardé une blessure au bras qui ne guérit pas. On lui fait attendre pendant des mois les désinfectants dont elle a besoin. Elle ne mange presque plus rien, gardant tout pour sa nièce. Un peu de café le matin, un peu de pain le soir. Du bouillon clair de temps en temps. Les fouilles sont le dernier tourment que leur infligent les municipaux. Certaines durent jusqu'à quatre et cinq heures d'affilée. Les gardes sont ivres, ils plaisantent, injurient les deux jeunes femmes, se couchent sur leur lit, ronflent et se réveillent en sursaut. Ils prennent les dernières babioles, les livres, les cartes à jouer « parce que les figures des rois blessent leur foi républicaine ».

Élisabeth demande à faire maigre le vendredi c'est-à-dire à manger du poisson. On lui rit au nez : « Mais, citoyenne, tu ne sais donc pas qu'il n'y a plus que les sots qui croient à tout cela ? » On les accuse de faire de la fausse monnaie. Avec quoi on se le demande. En fait elles jouent au tric-trac. En brimade on leur refuse le bois de chauffage. Elles meurent de froid et ont les mains couvertes d'engelures. On les fouille trois fois par jour à tour de rôle. Le petit Dauphin, terrorisé par Simon, continue de dénoncer sa tante comme conspiratrice contre la république. Elle est abreuvée d'injures mais ce qui la fait rougir c'est qu'on la tutoie. On leur supprime les chandelles. Elles se couchent et se lèvent avec le jour. L'hiver est d'une infinie tristesse. Élisabeth devient transparente. Elle sait maintenant que la mort l'attend de la façon dont les geôliers la traitent. Ils la menacent chaque jour d'être « raccourcie ». « Et que là elle sera bien aise de ne plus craindre d'être pendue à la lanterne ! »

Élisabeth a caché dans un interstice du mur de la cheminée la petite croix en argent que lui a légué sa mère, la Dauphine Marie Josèphe de Saxe, en mourant. La petite fille avait à peine deux ans. Elle ne s'en est jamais séparée. On lit en effet dans le testament de la Dauphine : « Je lègue ma croix reliquaire en argent à ma petite Élisabeth. » Mais comme on leur prend tout, Élisabeth a caché son dernier trésor dans une anfractuosité du mur. Quand la porte est bien fermée au verrou, elle s'agenouille devant sa petite croix et prie Dieu d'avoir le courage de tout supporter. Une fleur de lys est gravée à chaque extrémité, d'un côté se trouve le Christ et de l'autre une Vierge drapée du Moyen Âge. Lorsque Napoléon, en 1808, ordonna la destruction de la Tour du temple, on retrouva la croix d'argent dans les gravas. Madame Royale dans la joie du départ, l'avait oubliée ou bien, elle l'ignorait. Il nous reste cette croix d'Élisabeth et le double cœur en or qui fut offert à la cathédrale de Chartres.

Mais Élisabeth ne fait pas que prier, elle enseigne à sa nièce à garder le respect d'elle-même. Il faut se laver, se coiffer, faire son lit, marcher, s'agiter dans la chambre pour ne pas s'anky-loser, lire, apprendre des textes par cœur, même si à la fin il ne leur reste que un ou deux livres de prières. Ainsi le temps s'étire lentement jusqu'au printemps.

Hébert qui ne dételle pas de sa haine lance une motion pour se défaire des prisonnières du Temple. Robespierre qui aurait dit-on le projet d'épouser Élisabeth, prend sa défense en objectant que sa mort n'apportera rien de plus. Hébert doit trouver des chefs d'accusations politiques contre Madame Éli-sabeth. Il achète donc un témoin pour déposer qu'elle a envoyé ses diamants au comte d'Artois pour financer une armée d'insurrection. Le 3 mai 1794, Élisabeth a eu trente ans. Elle reçoit les baisers de sa nièce. Mais elle lui dicte une demande de soins pour le petit Louis-Charles dont elle redoute à travers les faibles échos qu'elle a pu en avoir qu'il soit très mal traité. Ne serait-ce pas le premier souci de la reine si elle était là ? La lettre est adressée à Robespierre qui n'en tiendra pas compte.

Le 9 mai, au moment où les deux jeunes femmes vont se coucher, les verrous tournent dans les serrures. De violents coups sont frappés à la porte pour qu'elles ouvrent le dernier verrou de leur côté. Élisabeth se rhabille en hâte et donne quelques instructions à sa nièce. Les gardes donnent des coups de pied dans la porte comme s'ils allaient l'enfoncer. « Ouvrez ! » « Je mets ma robe. » « Ça ne peut pas être si long ! » tonne l'un d'eux. Élisabeth, rhabillée, ouvre la porte.

— Citoyenne, suis-nous.

— Et ma nièce ?

— On s'en occupera après.

Marie-Thérèse est en larmes. Élisabeth lui demande tout bas de se calmer et lui dit : N'aie crainte, je vais remonter.

— Non, tu ne remonteras pas, assène le garde. Prends ton bonnet et descends. On est pressés.

Et une bordée d'injures et de coups l'envoie dans l'escalier. Marie-Thérèse se précipite pour l'embrasser et Élisabeth disparaît dans la nuit à la lueur dansante des lanternes. La jeune fille entend les pas s'éloigner, les voix s'éteindre. Elle reste seule, sans appui, sanglotante et désespérée. On lui prendrait donc tout. Au-dehors la pluie tombe, monotone et macabre, sur les hottes de bois qui aveuglent les fenêtres.

Arrivé en bas, au guichet, on demande à Élisabeth de vider ses poches. Elle n'a rien. On lui prend sa montre et la chaîne en or qui va avec. Les municipaux écrivent un long procès-verbal pour se décharger de sa personne en bonne et due forme. Enfin les gardes, l'injure à la bouche, l'emmènent en voiture, à la Conciergerie.

Une nuit à la Conciergerie

La voiture stoppe dans la cour du Mai du Palais de justice. Le bruit assourdissant des roues sur les pavés a assommé Élisabeth. Le garde la rabroue. Elle est absente. On la fait entrer dans le premier guichet par une petite porte taillée dans une plus grande chargée de lourds verrous. Un porte-clefs farouche la dévisage avec insistance. Il voit passer chaque jour un déferlement de condamnés, greffiers, guichetiers, fournisseurs, visiteurs, employés du Tribunal. Les serrures s'entrechoquent. Les portes grincent sur leurs gonds, les gardes s'interpellent bruyamment. Élisabeth se laisse conduire dans la salle du greffe, en entrant à gauche où l'on va inscrire son nom et sa qualité. Le greffier prend sa plume et prêt à écrire lance d'une voix grasse :

— Ton nom et ton prénom, citoyenne !

— Élisabeth de France, sœur du roi Louis XVI.

— Ah te v'là toi ! s'écrie le greffier en relevant la tête de dessous son bonnet rouge, on va te raccourcir aussi, ma fille ! Tu l'as bien mérité !

— Active ! Il y en a vingt autres qui attendent, interrompt le garde, agacé.

— Ton âge, citoyenne ci-devant sœur du roi, ricane-t-il.

— J'ai eu trente ans il y a une semaine.

— Bon anniversaire, citoyenne, lance-t-il dans un gros rire.

— As-tu de quoi payer ta chambre au moins ? Sinon je te mets avec les rats sur la paille des « pailleux ».

Élisabeth ne répond pas. Le garde l'emmène chez le concierge Richard où madame Richard est prévenue de son arrivée à la Conciergerie. Ils sont les dieux tout-puissants de ces lieux sinistres. Ils gardent les clefs par centaines. Le Concierge a sous ses ordres les guichetiers qui gardent les portes d'entrée, les portiers des cachots, les porte-clefs, les cuisiniers, les gardes, toute une armée qui lui obéit. Il gouverne, gère, accorde des faveurs contre espèces sonnantes : laisser-passer de visiteurs, requêtes de prisonniers, lettres de réclamation, sollicitations en tout genre concernant les vêtements, les soins, la coiffure, les messages, des prisonniers les plus fortunés. En général il est impressionné par la qualité de ses éphémères pensionnaires. Plus les assignats sont nombreux plus on peut espérer de sa bonté. Tout s'achète et se vend à prix d'or. Une cuvette, un rasoir, du fil et une aiguille, se monnayent dix fois leur prix ordinaire.

La femme Richard s'est attendrie sur le sort fait à Marie-Antoinette, mais lorsqu'elle voit Élisabeth, elle tressaille. Elle voit entrer un ange dans cette chambre obscure. Le concierge est calé dans son confortable fauteuil. Après l'écrou de la princesse, il faut encore la mettre quelque part. Il regarde sa femme d'un air perplexe. Cette jeune femme frêle, en robe immaculée, va-t-elle passer sa dernière nuit sur un lit de paille humide ? En compagnie de gueux venus des provinces de France pour être guillotinés ? Non, cela ne leur semble pas possible. Non, malgré les risques encourus, madame Richard a tout fait pour adoucir le sort de la reine isolée pendant quarante-quatre jours. Elle l'a payé ainsi que son mari d'un séjour de deux mois en prison. Puis on les a réintégré dans leur charge car il n'est pas si aisé de trouver des remplaçants. Élisabeth attend patiemment leur décision. Tous les cachots sont pleins. Il n'y a plus de « pistole » vacante, ces petites pièces qu'on attribue aux détenus fortunés, avec un lit, une chaise, une table et une chandelle. Ils se regardent et sont d'accord. Élisabeth passera la nuit dans la chambre où était restée Marie-Antoinette, à côté de leur logement.

La femme lui montre le chemin suivi par deux gardes. Mais Élisabeth n'a qu'une obsession. Savoir où se trouve sa belle-sœur. Arrivée dans sa cellule, elle supplie à voix basse :

— Je vous en prie dites-moi où se trouve ma sœur.

— Elle était dans cette même pièce où je vous place aujourd'hui.

— Pourquoi dites-vous elle « était » ?

— Citoyenne, vous ne savez donc pas qu'elle est montée sur l'échafaud en octobre dernier…

— Mon Dieu ! ses pauvres enfants ! s'écrie Élisabeth qui n'a pas reçu et ne recevra jamais la lettre de sa « sœur ». Elle était innocente, je vous le jure sur tout ce que j'ai de plus cher ! Nous n'avons rien su. Tant mieux, ses enfants ont été épargnés jusqu'ici… Vous avez dit dans ce cachot ? Sans lumière du jour, sans chauffage, elle devait avoir si froid…

Puis elle se tait. Un flot de larmes coule sur ses joues pâles. Elle tombe à genoux et se prosterne jusqu'à terre. Elle embrasse le sol par dévotion. Parce qu'elle ne peut plus rien faire d'autre pour la mémoire de sa « sœur ». La femme Richard la relève, émue.

— J'ai fait ce qui était en mon pouvoir pour adoucir sa vie ici. Je lui apportais des fleurs. Je lui préparais des soupes chaudes, des plats de légumes frais, du poulet, des desserts. Je lui ai fourni une plume et de l'encre pour qu'elle écrive son testament. Je lui donnais l'eau de Ville-d'Avray et même de la poudre et une houppe. Et puis des linges fins, des draps de fil au lieu des grosses toiles des autres détenus. Elle regrettait si fort de ne plus voir ses enfants que j'ai voulu lui amener mon fils cadet qui me semblait le plus proche du Dauphin. En le voyant elle a souri mais elle s'est mise à trembler en le prenant dans ses bras. Elle a dit « Tu ressembles à mon fils. Il est en prison au Temple. Il a ton âge je crois bien… Je vous remercie madame. Vous avez tant de chance d'être auprès de vos enfants. À quoi me sert-il d'être reine de ce pauvre pays, si c'est pour y avoir perdu ce que j'aimais le plus au monde ? Mon Dieu pourquoi m'avez-vous réservé le pire supplice qui soit pour moi ? » Et en disant cela, elle se mit à pleurer si fort ! Mon Dieu, je compris que la vue de mon enfant lui faisait plus de mal que de bien et je ne lui ai plus proposé de le voir ensuite. Je crois que sans le vouloir je lui ai causé ce jour-là un mal horrible…

— Mais non, madame, vous avez tenté de la soulager, mais c'était impossible… Il y a donc encore dans ce pays des gens dont le cœur bat…

— Oh, il y en a beaucoup, mais ils sont en danger. Nous-mêmes, nous avons été emprisonnés mon mari et moi, pour avoir été accusés d'avoir soutenu la « conspiration des œillets ». Vous pensez ! Comme si la reine avait pu s'échapper d'une telle forteresse gardée jour et nuit par des centaines de soldats ! Elle avait sans cesse des visiteurs qui rêvaient de la faire évader mais elle était si faible et si surveillée dans sa chambre qu'elle ne risquait pas de leur fausser compagnie.

— Merci pour tout ce que vous avez fait pour elle ! reprit Élisabeth. Je n'ai plus rien à vous offrir mais je prierai Dieu pour vous.

En juillet 1796, la femme Richard sera tuée d'un coup de couteau par un prisonnier rendu fou à l'annonce de sa condamnation.

Élisabeth est convoquée au Tribunal révolutionnaire pour un premier interrogatoire. Il est onze heures du soir. On lui a épargné la fouille honteuse nommée « rapiotage » au cours de laquelle on confisque au prisonnier argent, bijoux, boucles, bagues, et tout ce qu'il porte encore sur lui au plus près de sa peau. Ce qui donne lieu à toutes sortes d'attouchements malhonnêtes ; humiliant et violant les prévenues de sexe féminin plus que leurs compagnons. Certaines se retrouvent nues et hagardes aux mains de leurs tortionnaires.

Dans la salle du Tribunal se presse, même tard le soir, une foule interlope composée de vagabonds et de tricoteuses payées pour être là. Un rapport de police indique que « la grande salle où se trouve le public ressemble à une ruelle. Il s'y vend de tout. L'on y fait des indécences de toutes espèces. La majeure partie de ceux qui y passent la journée est composée d'oisifs, de filles publiques et même d'individus sans asile qui y passent la nuit. » Empanachés de noir, les juges, du haut de leur estrade, contemplent leur victime avec mépris ou insolence. Le bureau de l'accusateur public occupe le centre de l'estrade. À droite, les jurés. En face d'eux, les défenseurs. Qui ne sont là que pour la forme. La condamnation est décidée d'avance. Ce soir-là, le président Dumas, s'adresse à Élisabeth :

— Où étiez-vous à l'époque des complots contre le peuple ?

— J'étais au sein de ma famille, à Versailles. Je n'ai aucune connaissance d'événements de cette nature.

— Lors de la fuite du Tyran à Varennes, ne l'avez-vous pas accompagné dans le but de passer les frontières ?

— J'ai su dans la soirée du 20 juin que nous devions tous partir la nuit même. Je me suis conformée aux ordres de mon frère. Jamais ni moi ni le roi mon frère, n'avons eu l'intention de quitter la France.

— Vous avez appelé les puissances étrangères à venir combattre la Nation, vous avez donc trahi le peuple, et êtes complice du Tyran.

— Je n'ai jamais désiré, comme ma sœur et mon frère, que le bonheur des Français. Vous appelez mon frère « tyran » mais jamais s'il eût été ce que vous dites, vous ne seriez où vous êtes, ni moi devant vous.

L'interrogatoire se poursuivit ainsi jusqu'à une heure du matin avec de grands blancs entre les questions, car le Tribunal avait bien du mal à trouver matière à accusation. Élisabeth répondait calmement. Son visage lumineux ne se défaisait pas sous les accusations fantaisistes qu'elle entendait. Elle ne pensait qu'à défendre la mémoire salie de son frère et de sa belle-sœur et déclenchait par là, la fureur du président du tribunal qui s'essuyait le visage avec le drapeau de la commune.

Comme on ne pouvait rien en tirer, on interrompit la séance. On lui fit signer sa déposition que le greffier avait plus ou moins fidèlement recopiée. Elle traça son nom d'une main légère : « Élisabeth, Marie Philippine ». Et les gardes la ramenèrent dans sa cellule.

Épuisée, elle passe les brefs moments d'un sommeil entrecoupé sur la couche où Marie-Antoinette l'a précédée quelques mois auparavant.

Dans une salle contiguë un groupe de femmes vit sa dernière nuit : des sanglots, des plaintes déchirantes s'élèvent de cette salle où gisent les condamnées à même le sol.

Vingt-quatre autres accusés attendent comme elle l'heure de passer dès le lendemain matin devant le Tribunal révolutionnaire pour y être jugés de façon expéditive et envoyés à l'échafaud. Élisabeth ne dort pas. Elle guette le petit jour pour avoir le droit de les y rejoindre.

Récemment on a fait venir dans la salle du Tribunal, des charpentiers qui ont édifié en une nuit des gradins qui montent jusqu'au plafond. Car on entasse au cours d'une même comparution des dizaines de condamnés de toutes sortes. Des fournées de trente, quarante, cinquante personnes allant des princes et des aristocrates de tout poil jusqu'aux simples citoyens et domestiques, sur la foi d'une dénonciation. Comme ce petit marquis qui passe sur l'échafaud parce qu'il portait des talons rouges, insignes de la noblesse de cour. « Jour et nuit les verrous s'agitaient… De tous les coins de France on charriait des victimes à la Conciergerie. »

Faux procès et noces de sang

Sept mois après le procès de la reine qu'il avait défendue sans préparation, l'avocat commis d'office, maître Chauveau-Lagarde, fut requis le 9 mai pour défendre Madame Élisabeth. Tout ceci n'était bien sûr qu'une vaste mascarade. Lorsque, dans l'instant, il se présenta à la prison pour s'entretenir avec elle de son acte d'accusation, on lui refusa le droit de la voir. Il alla trouver Fouquier Tinville et celui-ci le trompa en l'assurant qu'elle ne serait pas jugée de sitôt. Le lendemain, dès le matin, il se rendit au tribunal. Élisabeth était là, environnée d'une foule d'autres accusés, toujours vêtue de sa robe blanche, sur le haut des gradins où on l'avait placée exprès pour qu'elle soit bien en vue et hors d'atteinte du peuple qui la considérait comme intouchable.

On l'appelait la « sainte Geneviève des Tuileries ».

C'est en 1816 que l'avocat de Marie-Antoinette et d'Élisabeth retrace, dans le langage de l'époque, l'absurde défense sans objet qu'on lui a perfidement confiée après l'avoir emprisonné à la Conciergerie pour prix de son labeur. Il retrace dans des termes pétris de respect pour les deux femmes, les trois chefs d'accusation portés contre Élisabeth.

En premier lieu, elle avait été ce qu'« ils » appelaient complice du Roi et de la Reine dans les journées du 6 octobre, du 20 juin et du 10 août. Ainsi renversaient « ils » les rôles.

Deuxièmement, on lui reprochait d'avoir entretenu, avec la reine, le fils du roi, Louis XVII, dans l'espoir de succéder au trône de son père et de s'être ainsi rendue coupable de provocation envers la République.

Après quoi on terminait en l'accusant d'avoir donné des secours aux blessés du Champ-de-Mars, et de les avoir pansés de ses propres mains. « Accusation monstrueuse et bien digne de ces temps d'immoralité, où ce qui paraissait le plus criminel à ces pervers, était précisément ce qu'il y avait de plus sacré parmi les hommes. », ajoute avec passion son avocat.

Mais le procès de la Reine présentait toutefois les apparences d'une sorte d'instruction. Tandis que celui de Madame Élisabeth n'offrait rien de semblable. On n'opposa aucune pièce. Aucun témoin ne fut entendu contre elle. On ne lui fit subir aucun interrogatoire excepté les trois simples questions auxquelles elle répondit en quelques mots :

— Pourquoi vous êtes-vous mêlée de panser les blessures des assassins du peuple ?

— L'humanité seule a pu me conduire à panser leurs blessures. Je n'ai pas eu besoin de m'informer de la cause de leurs maux pour m'occuper de leur soulagement. Je ne m'en fais point un mérite mais je n'imagine pas non plus qu'on pût m'en faire un crime.

— Qu'avez-vous à répondre aux accusations portées contre vous par les déclarations du fils Capet lui-même ?

— Tous ces faits qui me sont imputés sont autant d'indignités dont je suis bien loin de m'être souillée.

— Où étiez-vous le 6 octobre ?

— J'étais avec le Roi et la Reine, répond Élisabeth « avec douceur » précise Chauveau-Lagarde

— Où étiez-vous le 20 juin ?

Elle fait la même réponse.

— Où étiez-vous le 10 août ?

— J'étais avec le Roi et la Reine car je ne les ai jamais quittés dans ces grandes occasions, répond-elle avec une certaine solennité.

Et bien qu'on ait interdit à son avocat de se concerter avec elle, il prend la parole. Et, vingt ans après, il rend compte en substance de ce que fut sa plaidoirie.

« Je fis observer qu'il n'y avait au procès qu'un protocole banal d'accusations, sans pièces, sans interrogatoire et sans témoins et que par conséquent là où il n'existait aucun élément légal de conviction, il ne saurait y avoir de conviction légale. »

Puis il avait ajouté au risque de sa vie elle-même :

« La Princesse qui a été à la cour de France le plus parfait modèle de toutes les vertus, ne peut pas être l'ennemie des Français. »

Il raconte ensuite qu'on ne peut peindre la fureur avec laquelle Dumas, le président du Tribunal, lui reprocha « d'avoir eu l'audace de parler de ce qu'il appelait les prétendues vertus de l'accusée, et d'avoir ainsi corrompu la morale public. »

Élisabeth à ce moment s'émut car elle comprit que pour la défendre, l'avocat mettait sa vie en danger. Elle déclara alors :

— À quoi servent toutes vos questions ? Vous voulez ma mort. Je suis prête. Il y a longtemps que j'ai fait le sacrifice de ma vie.

Chauveau-Lagarde affirme encore « Je n'ai jamais cru que ma profonde admiration pour Madame Élisabeth de France exagère à mes yeux la grandeur et la beauté de son caractère. Elle conservait dans cet épouvantable déchaînement de toutes les douleurs humaines, une religieuse impassibilité. »

Le Tribunal lui reprocha d'avoir fait retentir ses murs de ses blasphèmes contre la Révolution, « d'être le fauteur salarié de la tyrannie et voué à la défense des ennemis du peuple ». Il fut déchu de ses droits civiques pour avoir défendu « la Capet », enfermé à la Conciergerie et libéré sans raison, après la mort dc Robespierre.

Tous les accusés sont condamnés à mort avec Élisabeth. Leurs biens sont confisqués. Dix-sept membres de la noblesse, deux prêtres, l'abbé de Loménie et l'abbé de Chambretrand ancien carme, et cinq personnes de la petite bourgeoisie. Élisabeth demande l'assistance de l'abbé Magnin qui a entendu Marie-Antoinette. On lui refuse. Fouquier Tinville qui mourra sur l'échafaud, un an juste, après elle, s'exclame cyniquement : « Bah, elle mourra bien sans la bénédiction d'un capucin ! »

L'audience commencée à dix heures n'a duré que deux heures. Expédiée. Les condamnés sont menés dans une salle basse où l'on procède à leur « toilette ». Cheveux coupés, mains liées dans le dos. On dépouille les cous, les poignets, les doigts des bijoux qui y seraient encore. On vide les poches de leurs derniers trésors : tabatières, crucifix, montres, portraits, lorgnons. On ne laisse sur les corps que les vêtements indispensables à la décence. Puis les aides des bourreaux entrent en scène. On assoit les condamnés sur un escabeau pour échancrer les chemises, abattre les chevelures. Le sol se couvre de boucles blondes ou brunes, de tresses, de catogan tranchés, et même de mèches grises ou blanches que l'on revendra bientôt. Certains sont muets, d'autres sont en larmes.

Madame de Sénozan est au bord de l'évanouissement, son grand âge n'a pas supporté tant d'émotions. Madame de Crussol pousse un cri déchirant : elle vient de voir une araignée. La comtesse de Montmorin a vu son mari massacré en septembre 1792. Elle est suffoquée par la condamnation de son fils de 20 ans qui est assis auprès d'elle la tête dans les mains. Son indignation est à son comble. Élisabeth la prend dans ses bras. Sa parole ne peut plus se comprendre à froid. Elle explique sans broncher à la pauvre femme : « Vous aimez votre fils et vous ne voulez pas qu'il vous accompagne ? Vous allez trouver le bonheur du ciel et vous voulez qu'il reste sur cette terre qui n'est qu'une vallée de larmes ? »

On peut dire les choses comme cela, mais enfin le jeune homme a du mal à les comprendre ainsi. La seule excuse d'Élisabeth dans son désir de calmer la douleur qui lui fait face, c'est qu'il n'y a pas moyen d'éviter l'échafaud. Sauf pour la jeune femme enceinte de six semaines, Anne Marie Louise de Sérilly qui sera, comme d'autres, sauvée par Thermidor.

Les voitures « aux trente-six portes », appelées ironiquement ainsi parce qu'elles n'en ont aucune, sont avancées.

Dans la cour du Mai, plusieurs charrettes sont prêtes. La foule est massée aux grilles. Les mains liées derrière le dos, les condamnés grimpent tant bien que mal sur les bancs de bois. On embarque les condamnés. Élisabeth, occupée de ses compagnons, comme si elle partait pour un voyage tout naturel, ne semble en aucun cas affectée.

Elle a déjà tant prié devant sa petite croix d'argent, cherchant au fond d'elle-même le lieu de la paix. Puis elle y a planté l'arbre de son amour. Et que lui importent les tempêtes, cet arbre-là ne meurt jamais. Il chante à tous les vents. Il peut sur sa ramure accueillir tous les maux. Élisabeth est heureuse.

Son arbre chante. Elle n'entend rien d'autre. Elle accroche toutes les larmes à ses branches. Cela fait un bruit cristallin. Elle sourit. Et ceux qui pleurent sont soulagés. Vingt-quatre. Ils sont vingt-quatre de tous les âges. Trente ans, soixante ans, vingt-six ans ; soixante-seize, cinquante-deux, vingt et un. Elle sourit. Dans l'arbre de son amour, elle a caché tous ceux qu'elle a perdus. Elle les voit. Ils vont bientôt la retrouver. Ne la réveillez pas, elle s'est envolée dans son rêve. La vie ne lui suffisait plus. C'est cela qu'elle attendait. Elle est déjà tellement prête. Pure comme un oiseau. Transparente comme un pétale de lys. Une foule silencieuse et incrédule la contemple les yeux dilatés de stupeur. Élisabeth ? Non, pas elle. Pas cet ange. Le docteur Dassy a appris la nouvelle horrible. Il est là. Elle ne le voit pas. Elle est si occupée à rassurer les siens. Un enragé s'écrie : « On a beau lui faire des salamalecs, la voilà foutue comme l'Autrichienne. » Car certains, à son passage, se signent et enlèvent leur chapeau. Augustin Dassy, le cœur soulevé d'horreur, pleure comme un enfant. Son cœur lui fait mal. Il titube et s'écroule les bras tendus vers elle. On dit que rentré chez lui, il en mourut. Des gens se prosternent sur son passage. Car tous la connaissent. Elle a soigné ou nourri tant de ceux qui la voient passer aujourd'hui les mains liées.

Au *Cabaret de la Guillotine* la liste des condamnés du jour est affichée. Le peuple est massé sur la terrasse des Tuileries en ruine. Aucun cri ne s'élève plus. On arrive au lieu du supplice, près de la statue de la Liberté… Élisabeth, légère, descend la première et s'assoit, comme on l'y pousse sans ménagement, sur la banquette qui tourne le dos à la guillotine. Elle sera appelée en dernier. Cruauté ou déférence ? On ne saura jamais. Chaque femme lui demande à l'embrasser. Chaque homme s'incline devant elle. C'est la dernière cour d'honneur d'Élisabeth de France « charmante de jeunesse et de beauté » dira la duchesse de Vendôme qui se cache dans l'assistance, le cœur navré.

Maintenant, c'est à elle. On appelle Élisabeth Capet, 30 ans, sœur du dernier Tyran des Français. Elle gravit l'échelle prestement. Un garde écarte son fichu de mousseline. Elle porte au cou une médaille de la Vierge et un petit portefeuille qui contient quelques cheveux de la reine et du roi. L'aide-bourreau les lui enlève, met les objets dans sa poche et s'apprête à enlever le fichu qui couvre sa poitrine. Élisabeth murmure :

— Au nom du ciel, couvrez-moi, monsieur…

Ce sont ses derniers mots. Comme une jeune épousée vêtue d'un léger voile blanc, elle se présente aux noces de sang qu'elle appelle de ses vœux depuis toujours. Novalis dira : « C'est dans la mort que l'amour est le plus doux. » Le roulement de tambour sinistre ne se fait pas entendre quand la tête blonde roule dans le panier plein de sang. Le jeune capitaine Macé, chargé de l'assurer, est tombé sans connaissance. Il n'en pouvait plus, ou bien Élisabeth est la victime de trop. Dans la foule atterrée on entend seulement des sanglots. Le corps dans sa robe blanche, comme un lys foudroyé, est emporté dans la charrette jusqu'au cimetière des Errancis, aujourd'hui disparu. À l'emplacement de l'actuel 97 rue de Courcelles. Le jeune Calixte de Montmorin est mort en criant « Vive le Roi ! »

Vingt-cinq ans plus tard, le comte de Provence, devenu Louis XVIII, ne voudra pas entreprendre de recherches pour transférer les restes de sa sœur à Saint-Denis, sépulture des rois de France.

Lorsque Angélique apprit la mort d'Élisabeth, ce fut comme un tremblement de terre. Son mari, le marquis de Bombelles, fit le récit de cette commotion un peu plus tard au comte Ferrand.

Depuis qu'Élisabeth avait convaincu son amie chérie de s'éloigner de Paris et même de France pour préserver sa sécurité et celle de sa famille, les Bombelles étaient partis vivre à Brünn, en Moravie. Élisabeth avait obtenu pour eux une pension auprès de la reine de Naples, sœur de Marie-Antoinette. Angélique avait bien des fois supplié Élisabeth de l'autoriser à reprendre sa charge auprès d'elle. En vain. La princesse de cœur ne pensait qu'à protéger ses amies les plus tendres en les tenant éloigner de la Révolution et en espérant âprement se voir un jour réunies.

Jusqu'aux derniers moments de sa vie Élisabeth parvint à faire passer des messages aux « émigrés ». Angélique tremblait pour elle mais priait le ciel que son amie soit épargnée par la Terreur. Robespierre n'avait-il pas fait remarquer que la mort de cette princesse semblait désormais inutile ? Il avait, paraît-il, l'intention de l'épouser.

Les gazettes et les courriers secrets apportaient les échos de la Révolution. Les amies d'Élisabeth les attendaient le cœur battant, redoutant chaque fois le pire.

Ce matin-là, à Brünn, à l'arrivée de la poste, on ouvrit les journaux. La nouvelle de la mort d'Élisabeth se répandit comme un trait de feu dans tout le château. Il y eut des cris et des lamentations dans les coursives, les cuisines, les communs, les soupentes et les appartements. Angélique était encore dans son lit, affaiblie par une sixième grossesse. Sa femme de chambre entre, le visage couvert de larmes, et peut à peine prononcer les mots de l'horreur que déjà Angélique pousse un cri perçant. Puis elle s'évanouit. Son mari se précipite pour la prendre dans ses bras. Elle revient à elle suppliant qu'on la détrompe, qu'on lui dise que ce n'est pas vrai, qu'« ils » n'ont pas fait cela. Son mari muet de désolation la regarde les yeux pleins de larmes. Alors Angélique part d'un rire strident de folle et l'on crut qu'elle perdait la raison. Ses yeux se révulsèrent. Le marquis, cherchant soudain à la faire revenir à elle, demanda que l'on fît se rassembler auprès d'elle tous ses enfants. « Ses enfants ! criait-il, faites venir ses enfants ! Vite ! »

Trois d'entre eux avaient bien connu Élisabeth. Ils avaient passé des journées de bonheur dans sa propriété de Montreuil. Ils arrivent en pleurs, grimpent tous, petits et grands, sur le lit de leur mère, et la couvrent de caresses tout en répétant le nom d'Élisabeth. C'est alors que, dans ce nid de tendresse, la jeune mère, âgée de trente-trois ans, recouvre peu à peu ses esprits.

Mais elle ne retrouva jamais ses forces. Ou plus exactement elle se dépensa sans compter auprès des pauvres et des malades jusqu'à l'extrême limite de sa résistance.

Angélique mourra comme un ange de bonté, six ans plus tard, âgée de trente-neuf ans, jamais consolée de la mort injuste de cette amie qu'elle aimait tant. Les villageois, atterrés, lui feront un cortège solennel, défilant pendant plusieurs jours devant son cercueil ouvert.

Il est à noter que les révolutionnaires, ne tardant pas à se déchirer entre eux, s'envoyèrent mutuellement à la guillotine sans aucun état d'âme.

Pour la seule année 1794 où Élisabeth monta sur l'échafaud, elle fut suivie ou précédée de : Hébert, 35 ans, Danton, 34 ans, Camille Desmoulins, 33 ans, Lucile Desmoulins, 23 ans, d'Ormesson, 42 ans, Lamoignon de Malesherbes, 72 ans, Robespierre, 35 ans, Saint-Just, 26 ans, Simon, 58 ans. Et des milliers d'autres.

Et pour clore le tout, le 7 mai 1795, Fouquier-Tinville, l'accusateur public, 49 ans, fut à son tour guillotiné.

Un voile épais s'est déposé sur une des plus hautes figures de France. On a gommé son visage sur les tableaux de l'Histoire. Comme honteux du sort inouï qui lui fut réservé. Et pourtant elle se tenait au premier rang, dans l'ombre, à chacun des épisodes essentiels du règne de son frère, le roi de France, Louis XVI. Le cœur ferme, l'esprit lucide, comme il y en eut peu, dans cette tourmente sanguinaire. On l'a évincée des livres d'étude parce qu'elle était femme. Parce qu'elle était petite-fille et sœur de rois. Parce qu'elle n'avait pas de charge officielle. Toutes qualités méprisables. À la barbarie elle n'opposa que son amour. Erreur fatale.

288

Bibliographie

Actes du Tribunal révolutionnaire, Mercure de France, 1968.

Angoulême (Princesse de France, duchesse d'), Marie-Thérèse Charlotte, *Mémoire sur la captivité des Princes et Princesses ses parents, depuis le 10 août 1792 jusqu'à la mort de son frère, arrivée le 9 juin 1795*, Plon, 1892.

Balde, Jean, *Madame Élisabeth de France*, SPES, 1935.

Beauchesne, (comte de) Adelstan, *Vie de Madame Élisabeth, sœur de Louis XVI*, Plon, 1869.

Bertière, Simone, *Les Reines de France au temps des Bourbons. Marie-Antoinette, l'insoumise*, Bernard de Fallois, 2002.

Bijaoui, Rémy, *Prisonniers et prisons de la Terreur*, Imago, 1996.

Boigne, (comtesse de), Éléonore-Adèle d'Osmond, *Mémoires*, Mercure de France, 1999.

Campan, (Madame), *Mémoires*, Mercure de France, 1988.

Chateaubriand, (vicomte de), François-René, *Mémoires d'outre-tombe*, Gallimard, 1946.

Chauveau de Lagarde, Claude-François, *Note historique sur les procès de Marie-Antoinette, Reine de France, et de Madame Élisabeth de France*, Gide, 1816.

Cléry, Jean-Baptiste, *Journal de ce qui s'est passé à la Tour du Temple*, Mercure de France, 1968.

Fennebresque, Juste, « Dernières années de Madame Élisabeth à Versailles » *in Revue de l'Histoire de Versailles*, Aubert, 1904.

Fennebresque, Juste, *Versailles royal*, Champion, 1910.

Ferrand (comte), Antoine, *Éloge historique de Madame Élisabeth*, 1861.

Feuillet de Conches, Félix-Sébastien, *Louis XVI, Marie-Antoinette, Madame Élisabeth, lettres et documents inédits*, Plon, 1864.

Feydeau, Élisabeth de, *Jean-Louis Fargeon, parfumeur de Marie-Antoinette*, Perrin, 2004.

Fleury (comte), Émile-Félix, *Angélique de Mackau, Marquise de Bombelles et la cour de Madame Élisabeth*, E. Paul, 1905.

Fresne de Beaucourt, (marquis du), Gaston, *Étude sur Madame Élisabeth d'après sa correspondance, suivie de lettres et documents*, 1864.

Genlis, Stéphanie-Félicité du Crest, *Mémoires*, 1810.

Guénard, (Madame), Élisabeth, *Histoire de Madame Élisabeth de France, sœur de Louis XVI*, Lerouge, 1802.

Lenôtre, Gaston, *Histoire de la Révolution française*, 1930.

Lever, Évelyne, *Louis XVI*, Fayard, 1985.

Levis, (duc de), Gaston, *Souvenirs et portraits*, Mercure de France, 1993.

Marie-Antoinette, *Correspondance*, réunie par Évelyne Lever, Tallandier, 2005.

Mercy-Argenteau, (comte de), Florimond Claude, *Correspondance secrète du Comte de Mercy-Argenteau avec l'Empereur Joseph II et le prince de Kaunitz*, Armeth et Flammemont, 1889-91.

Nolhac, Pierre de, *Marie-Antoinette à Versailles*, Flammarion, 1932.

Oberkirch, (baronne d'), Henriette-Louise, *Mémoires de la baronne d'Oberkirch sur la cour de Louis XVI et la société française avant 1789*, Mercure de France, 1989.

Petitfils, Jean-Christian, *Louis XVI*, Perrin, 2005.

Raigecourt, (marquis et marquise de), Anne-Bernard-Antoine et Louise-Marie, *Correspondance pendant l'émigration 1790-1800*, Société d'histoire contemporaine, 1892.

Sapori, Michelle, *Rose Bertin, ministre des modes de Marie-Antoinette*, Éditions du Regard, 2003.

Savine, Albert, *Madame Élisabeth et ses amies*, L. Michaud, 1910.

Sion, Madeleine Louise de, *Élisabeth de France*, Beauchesne et Fils, 1957.

Staël, (Madame de), Germaine, *Réflexion sur le procès de la Reine*, 1793.

Tourzel, (duchesse de), Louise Élisabeth de Croÿ d'Havré, *Mémoires de la gouvernante des enfants de France de 1789 à 1795*, présentées par Jean Chalon, Mercure de France, 1969.

Vergne, (Madame de la), Yvonne, *Madame Élisabeth*, 1956.

Zweig, Stefan, *Marie-Antoinette*, Grasset, 1933.

Remerciements

J'adresse ma profonde reconnaissance à madame Béatriz Saule, conservateur en chef du château de Versailles, qui m'a permis de travailler sur le domaine du Petit Trianon pendant le mois de juillet 2006, là où erre toujours l'esprit des deux belles-sœurs inoubliables,

à mademoiselle Rose, gardienne des Archives Municipales de Versailles, qui m'a communiqué la copie de nombreux documents, merci aussi à son assistante, madame Todeschini, pour son aide,

aux Bénédictines de Solesmes pour leur accueil,

à Jean-Jacques Boin qui m'a reçue au pied levé à Saorge, au moment où je désespérai de trouver le calme pour terminer mon manuscrit,

à Mathilde qui gère si harmonieusement l'ancienne abbaye de Verneuil où j'ai pu aussi travailler, merci pour ses délicates attentions,

à Frédéric Castaing grâce à qui j'ai rencontré mon éditrice Françoise Samson,

à Zéline Guéna, directrice littéraire, pour sa gentillesse et sa patience,

enfin, à madame Olga « de Grèce », chez qui j'ai trouvé un écho touchant et inattendu de mon travail.

Table des matières

Achevé d'imprimer par GGP Media GmbH, Pößneck
en avril 2008
pour le compte de France Loisirs,
Paris

Nº d'éditeur: 51550
Dépôt légal: mai 2008

Imprimé en Allemagne